《永修名人》编委会

主　任　张义红
副主任　潘海涛　万镇宇　戴熙良　余　平　郭三仁
　　　　张百玲　吴学宝
委　员　杨细焱　吴立新　罗勇来　徐　婵　淦家凰
执　笔　淦家凰

永修文化丛书

张义红　主编

永修名人

《永修名人》编委会　编

江西人民出版社

图书在版编目（CIP）数据

永修名人/《永修名人》编委会编．-- 南昌：江西人民出版社，2024.12
（永修文化丛书/张义红主编）
ISBN 978-7-210-15290-3

Ⅰ.①永… Ⅱ.①永… Ⅲ.①历史人物—生平事迹—永修县 Ⅳ.① K820.856.4

中国国家版本馆 CIP 数据核字（2024）第 030692 号

永修名人
YONGXIU MINGREN

《永修名人》编委会　编

组稿编辑：李月华
责任编辑：李鉴和
封面设计：大　尉

江西人民出版社 出版发行
Jiangxi People's Publishing House
全国百佳出版社

地　　　址	：江西省南昌市三经路 47 号附 1 号（邮编：330006）
网　　　址	：www.jxpph.com
电 子 信 箱	：jxpph@tom.com
编辑部电话	：0791-86892125
发行部电话	：0791-86898815
承　印　厂	：南昌市红星印刷有限公司
经　　　销	：各地新华书店

开　　　本	：787 毫米 ×1092 毫米　1/16
印　　　张	：18.75
字　　　数	：280 千字
版　　　次	：2024 年 12 月第 1 版
印　　　次	：2024 年 12 月第 1 次印刷
书　　　号	：ISBN 978-7-210-15290-3
定　　　价	：80.00 元

赣版权登字 -01-2024-849

版权所有　侵权必究
赣人版图书凡属印刷、装订错误，请随时与江西人民出版社联系调换。
服务电话：0791-86898820

序

永修古称艾地，秦隶九江郡。汉高祖六年（前201）置海昏县，为建置之始。南朝宋元嘉二年（425）"废海昏，移建昌居焉"，改称建昌县。1914年因与四川建昌道同名，遂恢复古县永修名字，取意"泮临修水，永蒙其利"，改称永修县。

永修是一个拥有2000余年悠久历史的古县，文化资源极为丰富，历史文化灿若星河。

习近平总书记指出："一个民族、一个国家，必须知道自己是谁，是从哪里来的，要到哪里去，想明白了、想对了，就要坚定不移朝着目标前进""文化自信是一个国家、一个民族发展中最基本、最深沉、最持久的力量。"

2021年10月，我任职于永修县政协，深感永修文化底蕴丰厚，名人荟萃，群星璀璨。我想编写一套全面展示永修文化的丛书，正是"文化自信"的体现。今年年初，县政协文史委拟定了《永修文化丛书编纂工作方案》，制定了具体的编纂目标："全面贯彻落实党的二十大及历次全会精神，按照'存史资政、团结育人'的要求,发扬省、市、县编纂政协文史资料的优秀传统,确保高质量、高标准完成'永修文化丛书'编纂工作,立足全县工作大局,紧扣文史主题,真实客观记述我县古今历史、名人、佳作、民俗非遗等方面的优秀成果、特色名片,更好地发挥政协文史资料存史资政、团结育人功能,为科学决策提供依据,为社会各界了解、研究永修提供系统的更高价值的好资料,为宣传永修提供一个宽领域、一览式、整体化视角。给丛书定位为党政机关的伴手礼、接待礼品、文化丛书、永修宣传册。"

这就是永修人民的"文化自信"。"坚定文化自信,就是坚持走自己的路""文化兴国运兴,文化强民族强。没有高度的文化自信,没有文化的繁荣兴盛,就没有中华民族伟大复兴。"(习近平语)为了实现这一目标,5月10日县政协启动了这项工作。

海昏秀域,人杰地灵。

早在汉时,汉武帝刘彻之孙刘贺,经过昌邑王、皇帝、西汉废帝、海昏侯的嬗变,历经"王、帝、侯"的沧桑人生,实乃史上奇迹,为后世嗟叹不已。三国时太史慈,信义笃烈,堪称古人风范。晋时许逊孝廉树典范,治水除孽蛟。南北朝文学家、史学家沈约,62岁时为尚书仆射,同时分封为"建昌县侯",写下了在中国文学史上占有极其重要地位的长赋《郊居赋》。

唐朝永修出现了本邑第一位进士徐元之,还有孝行天下的县丞熊仁瞻。杨於陵、杨嗣复父子二人,一个是户部尚书,一个是宰相,人称"建昌二杨"。大诗人李白游遍艾城、吴城和柘林;江州司马白居易踏遍了建昌的青山绿水,留下了许多名篇佳句。高僧昙晟、道膺,治基立寺,弘扬禅宗佛法。五代官员吴白创办"云阳书院",在永修教育史上留下了一段佳话。

宋朝永修文化空前繁荣,出现了李常、戴如愚、董有林、李燔、彭俟以及邑外苏轼、秦观、朱熹、文天祥等名人,尤其是李氏家族文化底蕴深厚。李常一家书香泽被,其姐安康郡君、文城君,兄李莘、弟李布,妹崇德君，族孙李彭，乃至与其家族有着深厚渊源关系的黄庭坚、洪师民、洪朋、洪刍、洪炎、洪羽，皆颇负文名，他们极大地丰富了永修的文化内涵。

元明清时期，更是人才辈出。元朝燕公楠、程钜夫、虞集、范椁、揭傒斯活跃了永修文坛；明朝蒲秉权、徐中素、熊德阳、魏源、袁均哲、袁懋芹推动了永修文化的繁荣进程，云居山僧洪断、颛愚、戒显，均为一代宗师，对弘扬佛学起到很大作用。清朝李凤翥、李凤彩、陈思燏、叶一栋、郭祚炽、吴一嵩、吴坤修、李道泰、马旋图、陈惟清、雷发达，他们共同谱写了永修的优美诗篇。

近现代出现了革命烈士王环心、淦克群、张朝燮、王经燕和曾文甫、曾修甫、曾去非等，他们共同书写了永修革命史的华章；还出现了禅宗泰斗虚云、刑法学先驱蔡枢衡、航空先驱王弼等。历代名人为永修文化发展与繁荣作出了不可磨灭的贡献。

现在该书汇编成集，可谓大功一件，可喜可贺，值得点赞。值此《永修名人》付梓之际，特向为本书编纂付出辛勤劳动的全体编委会成员表示诚挚的敬意。在永修这块沃土上，你们以《永修名人》为媒，为永修后人留下的一笔极为宝贵的文化遗产与精神财富，我们将永远铭记。历史滚滚向前，时代奔腾变迁。以史为鉴，可以知兴替；以人为鉴，可以明得失。在中国式现代化的发展征程上，让我们以广大历史先贤为师、为友、为镜，踏光前进，逐梦前行，共同谱写更新更美的永修历史篇章。

张义红

2023 年 10 月 26 日

（作者系永修县政协党组书记、主席）

| 目 录 |

第一章 本土名流 ……………………………………………………… 1

后人临大江，慨然叹沧桑——汉废帝刘贺 ……………………………… 2
周生述孔业，祖谢响然臻——庐山三隐之周续之 ……………………… 9
夕鸟栖林人欲稀，长歌哀怨采莲归——刺史徐元之 ………………… 12
孝行天下，世为典范——县丞熊仁瞻 ………………………………… 14
刚正不阿，超凡脱俗——户部尚书杨於陵 …………………………… 16
比屋初同俗，垂恩击坏人——宰相杨嗣复 …………………………… 20
开悟得道，顿悟其理——云岩禅师昙晟 ……………………………… 24
治基立寺，弘扬德风——云居山祖师道容、道膺 …………………… 26
弦诵声中思孔孟，衣冠座上讲虞唐——云阳书院创立者吴白 ……… 28
创白石山房，拓丝绸之路——户部尚书李常 ………………………… 29
文采卓越，政绩卓著——吏部尚书彭休 ……………………………… 35
建雷塘书院，育建昌四英——司马参军洪师民父子 ………………… 41
长廊响僧呗，凉月耿松门——佛门诗史李彭 ………………………… 44

踏雪访浩然，采菊效陶潜——刺史董有林 …………………… 48

旧治卜居垂燕翼，执政功烈绘凌烟——建昌县令戴如愚 …… 50

半窗明月半空字，一枕清风一枕瑟——理学名人李燔 ……… 51

岁晏欲谁与，风致美无度——大司农燕公楠 ………………… 58

孝行素著，文章练达——文学家程钜夫 ……………………… 61

庐山面目真难识，叠嶂层峦竞胜奇——庐山道士周颠 ……… 64

战功突出，驸马封侯——驸马都尉广平侯袁容 ……………… 68

三年大比拔群英，一榜修江得四名——刑部尚书魏源 ……… 71

望穷楚徼乾坤大，坐底松乔日月闲——音乐家袁均哲 ……… 75

殷殷侍五帝，坎坎人生路——太医李宗周 …………………… 78

文存大雅　武以抗倭——兵部侍郎、工部尚书吴桂芳 ……… 81

智水消心火，仁风扫世尘——一代宗师洪断 ………………… 84

碧溪流水隔远尘，明月湖光自古闲——圆通和尚观衡 ……… 87

宁畏四知，不受一缗——上虞县令邹复宣 …………………… 89

气引千钧争一发，官无九品重千秋——赣州府训导淦君鼎 … 92

丹心垂霄汉，劲节在人寰——知县戴文宁 …………………… 97

虽云一方事，谁为报琴庭——御史熊德阳 …………………… 99

主人奚必钓鱼，饮水数杯亦足矣——建昌县令蒲秉权 …… 101

官居高位，文才出众——兵部主事、山东兵备佥事徐中素 … 107

遭逢乱世，归隐故乡——太常卿熊维典 …………………… 112

教人先教己，正己后责人——督辅员外郎邹魁明 ………… 114

何时上庐岳，携手白云巅——《禅门锻炼说》作者戒显 … 119

勤政爱民，严正廉明——知府李道泰 ……………………… 122

诚信为人，精勤做工——样式雷始祖雷发达 ……………… 124

文兄武弟，青云得志——《大清一统志》主纂李凤翥家族 … 131

才高德馨，尽孝至诚——左副都御史叶一栋 …… 134

赢得芳名齐九畹，终持晚节傲黄花——知府吴一嵩 …… 137

若使据鞍能顾盼，马蹄偕计踏长安——《四库全书》分校官郭祚炽 …… 139

战功卓著，热爱家乡——著名将领吴坤修 …… 141

征战沙场，勤政为民——台湾知府陈思燝 …… 147

体虽俳而情则正，词虽俚而意则深——草根诗人赖学海 …… 150

百年苦行度众生，一件衲衣承五脉——禅宗泰斗虚云 …… 154

"绿林"之魁，勇杀日寇——抗日英雄蔡家明 …… 161

聚首共事，造福民众——共青团一大代表叶纫芳 …… 164

创办学校，为国为民——龙起凤兄弟 …… 167

治学严谨，精研法律——著名刑法学家蔡枢衡 …… 170

身为异客，心系故园——翻译家淦克超 …… 172

反对"台独"，维护统一——南社诗人刘宗向 …… 174

师古不泥古，书飘海内外——书法家熊尧昌 …… 176

医术高明，医德高尚——医家戴会禧 …… 178

勤于创作，以书为伴——长篇小说家郭国甫 …… 180

第二章 名人足迹 …… 183

信义笃烈，古人风范——吴国大将太史慈 …… 184

孝廉树典范，治水除孽蛟——道教四大天师之许逊 …… 188

高才博洽，一代英伟——文学家沈约 …… 193

仲宣原隰满，子建悲风来——高斋学士庾肩吾 …… 196

陶令八十日，长歌归去来——"诗仙"李白 …… 198

乱峰深处云居路，共蹋花行独惜春——江州司马白居易 …… 201

对床老兄弟，夜雨鸣竹屋——东坡居士苏轼 …… 208

天上楼台山上寺，云边钟鼓月边僧——江西诗派开山之祖黄庭坚… 217

我独不愿万户侯，惟愿一识苏徐州——"苏门四学士"之秦观…… 225

何用建遗烈，寒泉荐孤芳——理学宗师朱熹……………………… 227

六朝古迹招诗客，几忘囚服束吾身——民族英雄文天祥………… 239

儒林四杰　元诗大家——元诗四大家之虞集、范梈、揭傒斯……… 244

遥忆故乡何处是？望湖亭下有渔矶——《永乐大典》总纂修解缙… 249

最怜清净金仙地，返作豪门放牧场——紫柏大师真可……………… 252

第三章　红色英杰 ……………………………………………… 255

甘棠暴动，宁死不屈——革命烈士曾文甫……………………………… 256

游击斗争，视死如归——革命烈士曾修甫……………………………… 259

反帝爱国，殉难抚州——革命烈士曾去非……………………………… 261

献身航空，鞠躬尽瘁——新中国航空先驱王弼………………………… 263

播撒火种，革命花开——革命烈士王环心、淦克群…………………… 270

碧血丹心，浩气长存——革命烈士张朝燮、王经燕…………………… 280

后记 …………………………………………………………………… 286

第一章

本土名流

后人临大江，慨然叹沧桑

——汉废帝刘贺

据《建昌县志》载，汉海昏侯刘贺墓："在县西北六十里，昌邑城内有大坟一所，小坟二百许，旧称百姥冢。"还有汉昌邑王陵："县北六十里。"按《汉志》："汉宣帝封刘贺为昌邑王，实在海昏，即今建昌（今永修）也。薨逝葬此。"海昏，是汉初设置的县，为西汉豫章郡十八县之一。在江西省北部，范围大致包括今南昌市新建区北部、永修县、安义县、武宁县、靖安县、奉新县等地。《九江年鉴》中说，东汉后期先后把海昏分为：建昌、海昏、新吴（今奉新）、永修、西安（今武宁）等地。史书上还记载有"……又上潦营，在县南十七里，相传昌邑王刘贺所筑"，在古县城艾城的南面，有潦河蜿蜒，或许这与海昏侯刘贺的"上潦营"有些合理的关系。在南昌市新建区大塘乡至今还保留着刘贺的海昏侯墓。2016年3月2日，考古人员在首都博物馆召开新闻发布会，正式对外确认南昌西汉海昏侯墓墓主人的身份，即第一代海昏侯——汉废帝刘贺。最终海昏县于南朝宋元嘉二年（425）废。

刘贺（前92—前59），汉武帝刘彻之孙，昌邑哀王刘髆之子，为西汉第九位皇帝。

刘髆，汉武帝第五子，孝武李夫人之子。他于公元前97年受封为昌邑王，建都昌邑（今山东省巨野县昌邑镇），此即昌邑哀王。他在王位10年去世，公元前87年，他的儿子刘贺承嗣王位。

汉武帝之后，汉昭帝刘弗陵八岁登基，在帝位13年，汉元平元年（前74）6月5日因病去世，年仅21岁。那一年，上官皇后才15岁，还没有生孩子。

汉武帝去世前，将天下和幼弱孤儿全托付给大将军霍光（霍去病的弟弟），此刻，霍光与群臣商议立谁为新皇帝，群臣都主张立18岁的昌邑王刘贺。霍光与群臣商定，并征得上官皇后的同意，决定还是让刘贺继承皇位最合适。

于是，霍光就以上官皇后的名义下了一道诏书，并派少府乐成、总正刘德、光禄大夫丙吉等去迎接昌邑王，请他到长安接皇帝玺绶，正式即位。

刘贺在位仅仅27日，就被废黜，贬为庶人。原昌邑王国被废除，降为山阳郡，遣送刘贺回原籍。霍光另立汉武帝的曾孙刘询为帝，史称汉宣帝。

《汉书·刘贺传》叙述了刘贺为海昏侯的缘由及经过，是迄今为止最早涉及永修历史（海昏县、海昏侯）记录的文献。

据记载，昌邑王刘贺在自己的封国里，一向狂妄放纵，所作所为毫无节制。汉昭帝去世，他依旧如故，一点都不哀伤悲戚。在为昭帝治丧的时候，他竟带着随从去打猎。按照有关规定，这是极其严重的罪过。

刘贺手下有个中尉叫王吉，他抓住这件事，狠狠地数落了刘贺一顿。刘贺就赏给王吉五石酒和五百斤牛肉，表示一定要改过自新，可是事后还是老样子。王吉与郎中令龚遂常常引经据典，陈说利害，甚至声泪俱下地规谏刘贺。然而，刘贺常常捂着耳朵离去，说道："郎中令他们专门揭人家的短处！"龚遂选择一些通晓经书而又行为端正仁义的郎官与刘贺一起生活，使刘贺坐则诵读《诗经》《尚书》，立则练习举止礼仪。刘贺表面上应允，可暗中又很快地将这些人一一轰走。

皇后征召刘贺继承皇位的诏书很快赶到昌邑。当乐成、刘德、丙吉等人来到昌邑时，正赶上半夜里。昌邑王刘贺急忙命人点起灯火，给他照着看诏书，看罢，喜出望外。

第二天，他还没有收拾齐备，就匆匆忙忙地带着随从出发了。从中午出发前往长安，下午就到了定陶，不到半天的时间就走了130里，以致沿途都有累死的马匹。

王吉急忙告诫刘贺说："如今大王因丧事而受征召，本应日夜哭泣，以示悲哀之情才是，绝不可如此急不可耐！（霍光）大将军仁慈宽厚、足智多谋，天下人哪有不知道的。如今大将军请大王去即位，大王当应敬重大将军，一切听从他的安排。希望大王处处留心，别忘了臣下的这番话。"刘贺仍毫无顾忌。

快到长安东都门时，龚遂便对刘贺说："大王，按照礼仪，凡是前来奔丧的人，一看到国都，便应开始痛哭，前面就是长安外郭东郭门了。"刘贺说："我的咽喉疼痛，哭不出来。"又走了一会，来到了城门前，龚遂再次提醒他，刘贺说："城门和郭门一个样。"

将至未央宫的东门了，龚遂说："前面就是昌邑国吊丧的帐幕了，大王应下车步行，面向西方，伏地痛哭，极尽哀痛之情后，方能停止。"刘贺这才步行上前，依礼哭拜了几声。

当然，这些情况，霍光和大臣们都是不知道的。他们把昌邑王刘贺接到皇宫，先让他参见上官皇后，然后再让上官皇后下诏书，立他为太子。

此时，汉昭帝的灵柩还停在前殿，仍在居丧期间，原昌邑国的官吏便全部被征召到长安，很多人得到破格提拔，刘贺还调用皇太后专门乘坐的小马车，以及皇帝专门的车驾，来往奔驰于北宫、桂宫之间。

等汉昭帝出了殡，霍光和大臣们又请上官皇后出面，把皇帝的玺印交给皇太子刘贺，让他即位登基。15岁的上官皇后，算是新皇帝的母亲，被尊为皇太后。

刘贺接受了皇帝的玉玺，一回到住处，便将印玺取了出来，接连不断地向四面八方派出使者，携带皇帝的符节诏令，使各官署为其办理各种事务。又天天跟他那班从昌邑国带进京的两百多人饮酒作乐，淫戏无度，即位27天内，就干了1127件荒唐事，将皇宫闹得个乌烟瘴气。据《汉书·霍光金日磾传》记载："（刘贺）受玺以来二十七日，使者旁午，持节诏诸官署征发，凡千一百二十七事。"

这时，霍光也没有想到自己拥立了这么一个浪荡皇帝，真是又气愤又后悔。

于是，霍光亲自召集丞相、御史、将军、列侯、中二千石、大夫、博士，在未央宫合议，公开废帝计划。群臣闻之大惊失色，全都唯唯诺诺，谁也不敢贸然发表意见。

大司农田延年持剑走到群臣前面，说道："如今朝廷被一群奸佞小人搞得乌烟瘴气，国家危亡。为了江山社稷，今日必须立即做出决断，群臣中谁如果犹豫不决，立即斩首！"

霍光道："所有责任应由我来负。"于是，参加会议的人都叩头称是，表示愿遵大将军命令。随之，霍光率群臣晋见太后，陈述刘贺种种无道行径。

皇太后乘车前往未央宫承明殿，下诏命皇宫各门不许放原昌邑国臣属入内。守门的太监们接到太后诏令，每人把守一扇宫门，刘贺一进入温室殿，太监们立即将门关闭，把跟在后面的原昌邑国的臣属都挡在外面。

刘贺面带惧色，问道："这是干什么？"

霍光在旁跪道："太后有诏，不许原昌邑国的群臣入宫。"

刘贺说："慢慢吩咐就是了，何必如此吓人！"

霍光命人将昌邑国的群臣全部驱赶到金马门之外，令张世安率领的羽林军全部逮捕，关进监狱。同时，霍光又命曾在汉昭帝时担任过侍中的太监专门守护刘贺，命令道："一定要严加守护，谨防刘贺被害或自杀，让我在天下人面前负上弑君之名。"

此时，刘贺还不知内因，便问身边的人说："我以前的群臣和从属们犯了什么罪？大将军为何要将他们全部关押起来？"

等到皇太后下诏召见时，刘贺这才感到害怕，说道："我犯有什么错？太后为什么要召见我？"就这样，刘贺在霍光与文武群臣的联名参劾下，皇太后下诏将他废黜。

刘贺仍不死心，说："我听说'天子只要有七位耿直敢言的大臣在身边，即使荒淫无道，也不会失去天下'。"

霍光说："你已被废黜，岂能再称天子。"随即抓住刘贺的手，将他身上佩戴玉玺的绶带解下送与皇太后，然后扶他下殿，直送到长安所设置的昌邑王官邸。

刘贺当了27天的皇帝，连一个年号也没有定下来，就被糊里糊涂地废掉了。原昌邑国的臣属共两百余人，除王吉、龚遂少数人外，皆被处死。

刘贺是中国历史上在位时间最短的八位皇帝中排名第三的人，史称汉废帝。以至于在《中国历代纪元表》中都没有他的记载。古代凡是被废的王侯，都必须"屏于远方，不及以政"。朝廷会把他们赶到远远的地方去。

霍光亲自送他回到原封地昌邑（今山东省巨野县昌邑镇），保留王号（昌邑王），令刘贺食邑两千户。

霍光新拥立的汉宣帝刘询心底到底有些忌惮（这说明刘贺绝非庸人），在即位的第二年就让山阳太守张敞考察刘贺，发现他的"囚徒"生活很卑微不堪，年纪虽然只有26岁，可是行动不便，也不再有复辟的打算。还生养了22个子女，猥琐度日。皇帝看他如此可怜，便保留了他的性命。

地节四年（前66）四月，汉宣帝在豫章郡的鄱阳湖畔海昏县内划了一块地方作为刘贺的封地，封为海昏侯，食邑四千户。古代王侯领地叫"国"，所以也叫"海昏国"。

在这个侯国里面，刘贺艰难地生活了七年，神爵三年（前59），刘贺就去世了。

据传，在海昏的七年中，刘贺很善待百姓，还喜交当地的侠义绅士。虽然已经解除软禁，但仍然被周边的官吏秘密监督。

一天，刘贺乘舟在鄱阳湖游玩后，在滩头和渔夫们促膝聊天。有个过路的老者提醒他："君侯这样做朝廷一旦知道会感到害怕的，深居简出才能保全君侯啊。"刘贺以为海昏偏远，朝廷鞭长莫及，不以为然。

有一次，刘贺与一个叫孙万世的人闲聊。孙万世问刘贺："在被废黜皇位前，君侯为什么不坚守内宫、关闭宫门，斩杀霍光，却听凭他们夺取皇位玺绶呢？"刘贺说："是啊，当时我因为年幼不懂事，来不及搜罗能人智者。唉，这真是我的一大失策啊。"孙万世又希望刘贺做豫章王，不要甘心做一个小小的海昏侯。刘贺说："道理是这个道理，但是话不能这样

南昌汉代海昏侯国国家考古遗址公园（摄影/淦家凰）

说啊，传出去不好，隔墙有耳啊。"

后来扬州刺史"柯"将这件事上报朝廷，于是朝廷下令查办，差点要逮捕他。后来汉宣帝又以刘贺"交通外人"的罪名，削户三千，于是只剩下1000户人口与赋税，不久刘贺愤愤而死。

当地老百姓为了纪念他，就在海昏城郊刘贺与家人经常围坐在一棵大树墩上朝北凝思的地方（修河永修恒丰段鄱阳湖入口处）立了一块石碑，取名"公树墩"。如今石碑早已不知去向，但"公树墩"这个名字在永修县已是妇孺皆知，家喻户晓。

又据《豫章记》载：在海昏期间，刘贺常在鄱阳湖上乘船出游，总是停在离城以东十三里的江边赣水口（今永修三角花篮嘴），每次向东远望，总是慨叹而返，故后人称此地为"慨口"。

豫章太守"廖"报告了他的死讯，提请朝廷商议。

刘贺生了22个子女，其中有三子承袭其位：刘充国、刘奉亲、刘代宗。海昏侯的爵位本来应由长子刘充国承袭，但是朝廷的诏书还在发送途中，年少的刘充国竟然莫名其妙地突然死了。于是又再次向朝廷报告，要求改封刘奉亲继承海昏侯。这次更加不可思议，朝廷还来不及颁发诏书，又接到海昏国的报丧，更年轻的刘奉亲又莫名其妙地突然死了。刘贺的两个儿子连续死亡，大概是死于疫情（传染病）。然而古人对此却不能解释，因此汉宣帝刘询认为这是天意要灭海昏侯一族，于是下令废除海昏侯国。公元前48年，刘询的长子刘奭继位，称为汉元帝。刘奭为了安抚皇室宗族，把已经废除十年的海昏侯国重新恢复，封刘贺儿子刘代宗为海昏侯，此即海昏釐侯（也作海昏僖侯）。海昏釐侯传位给儿子刘保世，刘保世传位给儿子刘会邑。公元8年，王莽篡汉时，海昏国被废除，刘会邑被削藩贬为庶民。后来刘秀建立东汉王朝，恢复刘氏天下，海昏国又被恢复，刘会邑又被恢复为海昏侯。海昏国远离朝廷，偏安一方，在鄱阳湖之滨平平静静地延续数代。

周生述孔业，祖谢响然臻

——庐山三隐之周续之

周续之（377—423），字道祖，生于东晋孝武帝太元二年（377）。他的祖辈为雁门广武（今山西代县）人，后代由雁门移居豫章建昌县（今江西省永修县）。在他八岁时父母双亡，由兄长抚养。十二岁时到郡学读书，此时，豫章太守范宁设学豫章，四面八方前来求学的学子很多。范宁对魏晋以来的玄学思潮大加抨击，而以儒家经典教授学子们。周续之十二岁从范就学，数年间，精通"五经""五纬"，号称"十经"，名冠同门，被同学誉为"颜子"。

周续之是一位钻深研透的学者，兼通儒释道三学，而以老庄为主。他的主要成就就是融通儒释道三家精髓，有晋宋间真玄学家的气质和行为。在玄学兴盛的时代，既不盲目效仿玄学家的放达，也不持他老师范宁斥玄学家为桀纣的武断，而是不趋时尚，唯求知识的博深与个人精神的悠游自在，无挂无碍。

周续之后来闲居在家，读《老子》《庄子》《周易》这三玄，也涉猎一些佛教典籍，对儒释道三学进行比较认识，尤对老庄有心得。因而老庄思想较多地影响了他的人生观。他认为要在晋末那样腐朽的社会保持名节高志，就不能去应聘做官，更不能娶妻生子徒增累赘。因此他过着布衣蔬食的独身生活。他常常诵读嵇康的《高士传》，十分欣赏书中那些高士的风度，甚至情不自禁地为之做注。他与东林名寺著名的高僧慧远，有同乡之谊，史载他是慧远门下五贤之一。处事为人也有慧远之风。他与彭城刘遗民、陶渊明等人，切磋诗赋，相互唱和，俱不应徵，时称"庐山三隐"（亦称"浔阳三隐"）。

东晋南朝时期，虽然帝王与高门士族过着腐朽的生活，但是他们常迎合世风附庸风雅，征用一时名望以示用贤得人。豫州刺史抚军将军刘毅镇守姑孰时，请周续之去当抚军参军，晋帝又征聘他做太学博士，他都没有接受。江州刺史刘柳每次请他出任下属官职，他都一一拒绝。

一次，刘柳向刘裕推荐周续之。此时，刘裕身为大将军有心成就大业，重视征用名士，并授以太尉椽职务，周续之也没有接受。刘裕知道他心气高洁不肯为官，称他"真高士也"。于是赐给他丰厚的礼物，但是周续之在高官厚礼的隆遇下，一如既往、不出仕、不欣喜，依旧在山中过他平静的平民生活。

刘裕称帝后，为周续之在彭城外设立书馆、召集门徒进行教学。还亲自到学馆中向他请教《礼记》中"傲不可长""与我九龄""射于矍园"这三句话的义理。周续之为刘宋武帝一一做了精辟的辨析。他学识渊博，时人称为"名通"。周续之平素患有风痹，但他与学不知寒暑，与教孜孜不倦。周续之病重不能继续讲授了，于是就住到钟山养病，卒于南朝宋少帝景平元年（423），终年47岁。周续之"思学钩谋"，勤于笔耕，中年去世，实在可惜。著有《毛诗序义》《礼论》《丧服注》《圣贤高士传赞注》等传世。其事略《宋书》卷九十三《列传》第五十三《隐逸》有载。

再说"庐山三隐"中陶渊明与周续之，可谓是感情笃厚。

陶渊明（约365—427），字元亮，晚年又名潜，号"五柳先生"，私谥"靖节"（死后由朋友刘宋著名诗人颜延之所谥），故世称靖节先生，浔阳柴桑（今江西省九江市）人。东晋末期南朝宋初期伟大的诗人、辞赋家。唐人避唐高祖讳，称陶深明或陶泉明。曾任江州祭酒、建威参军、镇军参军、彭泽县令等，做彭泽县令80多天便弃职而去，从此归隐田园。他是中国第一位田园诗人，有《陶渊明集》。被称为"千古隐逸之宗"。

陶渊明写给周续之的诗作《示周续之祖企谢景夷三郎》就是证明。周续之、祖企、谢景夷等人受江州刺史檀韶邀请，到浔阳城马肆旁讲解校勘《礼》经。陶渊明有感于此，作下此诗，从中可以看出陶渊明与周续之关系非比寻常。诗中"祖企、谢景夷"据萧统《陶渊明传》所记,二人皆为州学士。

示周续之祖企谢景夷三郎

负疴颓檐下,终日无一欣。

药石有时闲,念我意中人。

相去不寻常,道路邈何因?

周生述孔业,祖谢响然臻。

道丧向千载,今朝复斯闻。

马队非讲肆,校书亦已勤。

老夫有所爱,思与尔为邻。

愿言诲诸子,从我颍水滨。

此诗作于晋义熙十二年(416),陶渊明52岁。萧统《陶渊明传》说:"刺史檀韶苦请续之出州,与学士祖企、谢景夷三人共在城北讲《礼》,加以雠校。所住公廨,近于马队。是故渊明示其诗云:'周生述孔业,祖谢响然臻。马队非讲肆,校书亦已勤。'"从诗中"意中人"等语中可以看出,陶渊明与周续之等三人亦为知交好友。陶渊明认为他们校书讲《礼》,十分勤苦,这是对孔子之业的发扬光大,值得赞扬;但他们所居之处近于马队,与所从事的事业极不相称,未免滑稽可笑。"颍水滨"是一典故,讲的是尧时有位隐士叫许由,隐居于颍水之滨,箕山之下,尧召他出来做官,许由不愿听,洗耳于颍水。陶渊明借"颍水滨"故事,抒写情怀,所以诗中有称扬,也有调侃,最终以归隐相招,表明了诗人的意趣与志向。

夕鸟栖林人欲稀，长歌哀怨采莲归

——刺史徐元之

徐元之（约695—764），又名玄之，建昌（今永修县）人，自幼聪明且有悟性，酷爱学习，见识广博，对古代的经书和历史特别有研究。十八岁就考中进士。据《江西省志》《南康府志》《建昌县志》等方志资料记载，他为建昌县第一位进士。

在《钦定四库全书》之《江西通志》卷四十九和卷九中，分别有所记录："乾元中进士徐元之，建昌人，官曹州刺史""徐元之，建昌人，幼颖悟，博通经史，年十八第进士，为监察御史。累迁邠王府长吏，改曹州刺史。有《文集》十卷。"

在《西江志》中，对徐元之的记录也基本相同，只是把他中进士时的年纪更改，写为"年十七"第进士。官职也丰富起来，写为"累迁监察御史、谏议大夫，出为湖州刺史，迁邠王府长史，改曹州刺史"。《正德南康府志》卷六、《同治建昌县志》卷八中记录为："徐元之，幼颖悟，博通经史，年十七登进士，累迁监察御史，升为湖州刺史，迁邠王府长史。有文集十卷藏于家。"

《全唐诗》中，收集了他的一首《采莲》诗——

> 越艳荆姝惯采莲，兰桡画楫满长川。
> 秋来江上澄如练，映水红妆如可见。
> 此时莲浦珠翠光，此日荷风罗绮香。
> 纤手周游不暂息，红英烂熳殊未极。
> 夕鸟栖林人欲稀，长歌哀怨采莲归。

值得一提的是，唐李玫著的传奇《纂异记》里面撰写的忠而被害的故事，题目就叫《徐玄之》。据现代作家分析，所咏虽为汉朝之事，但结合唐人常借汉言唐，这里对于唐代帝王的指责却是极为明显的，把历代士子的悲剧渊源系之于帝王的身上。

徐元之与建昌缘分很深。在历史记录的蛛丝马迹中，发现徐元之籍贯有建昌、剡城、南昌等多种说法，有待于今后去探究。徐元之当时注籍为建昌县，肯定有其原因，有些细节难考。

现在，徐元之的后裔较多，很多永修徐氏、南昌徐氏、吴兴徐氏以之为始祖。而他的注籍地建昌（今永修），因其后裔南唐名臣徐铉、徐锴又落户于新建县乌石（当时属建昌县），乌石徐成了名门望族，并于宋朝分支到今永修县九合乡光明村老基徐、立新乡南徐等村，再进一步散布为九合新基徐、立新北徐、上南徐等各处。在明朝时，乌石徐还分支到吴城吉山，形成吴城老基徐、新基徐村庄，1998年特大洪水后，逐渐迁至吴城菜园大队。

孝行天下，世为典范

——县丞熊仁瞻

熊仁瞻（生卒年不详），字子发，唐代洪州建昌县（今永修县燕坊一带）人，以孝行闻名于世。官至江西宜春县丞、萧山县令。

熊仁瞻生性至孝。唐大历年间（766—779），他在袁州宜春县做县丞，其母亲亡故。他告假护送母亲灵柩回老家安葬，墓地选在县城西边三十里的归义乡成山区荆坂。因道路险峻，有的地方非水道不能到达。他倾尽家产，挖地通江。巧遇大雨，水涌成川，方得到达。将母亲安葬后，他又守制六年。江西观察使路嗣恭闻听此事，奏报朝廷，旌表其门。熊仁瞻官至萧山县令，其孝行也感动了萧山百姓。

熊仁瞻死后葬在母亲墓旁（今燕坊金坂，有墓碑），其孝行为后世所景仰。为了纪念他，当地人将原有的地名改成孝子港、孝感桥、孝锡坊等（今属燕坊金坂）。

理学家朱熹知南康军时，发布了一道"敦厉风俗"的牒文。他在吊祭熊仁瞻墓时，撰写了《祭熊仁瞻孝子墓文》这篇祭文以表赞誉：

> 维淳熙六年，岁次己亥五月戊午朔，具官朱熹谨遣某致祭于唐故孝子、宜春县丞熊府之墓。熹叨被朝廷假守兹土，视事之始考诸图经以求此邦前贤，潜德隐行之实。于建昌得陈大中大夫、从事中郎二司马君以及府君之事。盖皆以孝德闻，而府君精神之感致涌水成川之应，私心窃敬仰焉。然按图以求其故迹，则二司马君之墓不可知，而府君之墓宅学基犹有遗处，谨命有司依准敕令禁御樵牧，其旌表旧门亦已复请于朝，俟报修立，而先遣僚吏

敬以椒浆蕙肴之奠，昭格此诚，尚其鉴享。

明嘉靖版《江西通志》中载："熊孝子墓在建昌县东三十里。即唐孝子熊仁瞻也。"不仅如此，《中国人名大辞典》《永修县志》等轶闻传说中也有载。

刚正不阿，超凡脱俗

——户部尚书杨於陵

杨於陵（753—830），字达夫，汉太尉震之第五子杨奉之后。父杨太清死于"安史之乱"。当时杨於陵才6岁，因战乱开始逃难，定居到建昌（今永修），少年就有奇志。唐贞元年间，杨於陵18岁中进士，授句容县（今属江苏）主簿，娶节度使韩滉之女为妻。韩为宰相时，权倾中外。因丈人韩滉当宰相，他就"回避"，回到建昌（今永修县）读书，直到丈人去世，才出来做官。他为人刚正不阿，德宗很欣赏他。

贞元八年（792），杨於陵入朝任膳部员外郎、右司郎中等职，后出任绛州刺史。唐德宗闻其名，拜为中书舍人。后调任秘书少监。德宗死后，遗诏杨於陵任职太原、幽州。赴任时，节度使送来厚礼，遭杨於陵拒绝。后改任华州刺史，再迁浙东观察使。当时，"越人"发生饥荒，他开仓出米30万石救济贫民，从此声名愈显。受诏入京，授京兆尹，迁户部侍郎。元和初年（806），牛僧孺等以贤良方正对策，杨於陵将他名列第一。

809年4月，已经担任吏部尚书的杨於陵，选拔了针砭时弊、才华出众的牛僧孺（后曾任宰相）。向朝廷尽力推荐，惹火了宰相李吉甫，被贬斥为岭南节度使。

杨在岭南，咨访得失，见乡里多是茅舍蒲屋，易患火灾，教百姓改以陶瓦盖屋。监军许遂振，捍戾贪肆，惮杨刚正清廉，命人在京都散布流言蜚语。唐宪宗听信谗言，将杨罢归。杨去任后，许遂振领军，严刑逼供库吏，诬杨贪赃。吏说："杨公对送上门的贿赂，尚且不受，何能贪污官钱！"宰相裴枢面奏朝廷，为杨洗冤，后授杨为吏部侍郎，惩治了许遂振。

810年至814年，杨於陵回到吏部（主管官员选调）工作。他发现很多任用官员方面的工作弊病,建议把"考判"和"任命"官员的工作合并起来,并进行甄选、检实。于是"吏不能为奸""监察奸吏,调补平允""居四年,凡调三千员,时谓为适",说明他对当时的官吏任用制度的初步改革是有成绩、比较成功的。

杨於陵担任了"京兆尹"。此前有很多"编民",故意在禁军也就是"北军"中,挂一个虚假的军籍,然后截留这些假造的士兵的"空饷",或者依靠这个名头到处招摇撞骗、横行作恶。杨於陵请求进行查核、限制和全面清理,于是"奸人无所影赖,京师豪右大震"。可以看出,杨确实是一个刚正有魄力的人,为此他也曾经多次担任过边防军事职务。

杨於陵和儿子曾长期管理户部,对财政管理有一系列的贡献。针对当时百姓的困苦和"钱荒"问题,提出了财政税费改革建议。着手进行一系列稳定物价、增加货币供应的措施;在税法上进行改进,对于除了盐茶之外的税项,进行"实物抵税",想方设法丰富市场货币总量,积极培植财源。

杨於陵后任御史大夫、判度支。唐穆宗时迁户部尚书、东都留守。杨於陵数次上疏,请罢职退仕,皆未许。不久,授太子少傅、弘农郡公、尚书左仆射。大和四年(830)卒,册赠司空,谥号贞孝,年78岁。杨於陵传载《新唐书》。

杨於陵留下的诗篇有《赠毛仙翁》《郡斋有紫薇》《和权载之离合诗》等。

赠毛仙翁

先生赤松侣,混俗游人间。昆阆无穷路,何时下故山。
千年犹孺质,秘术救尘寰。莫便冲天去,云雷不可攀。

郡斋有紫薇

晏朝受明命,继夏走天衢。逮兹三伏候,息驾万里途。
省躬既局踏,结思多烦纡。簿领幸无事,宴休谁与娱。
内斋有嘉树,双植分庭隅。绿叶下成幄,紫花纷若铺。
摘霞晚舒艳,凝露朝垂珠。炎沴昼方铄,幽姿闲且都。
夭桃固难匹,芍药宁为徒。懿此时节久,讵同光景驱。

陶甄试一致，品汇乃散殊。濯质非受彩，无心那夺朱。
粤予负羁絷，留赏益踟蹰。通夕靡云倦，西南山月孤。

和权载之离合诗

校德尽圭璋，才臣时所扬。于情寄文律，方茂经邦术。
王猷符发挥，十载契心期。昼游有嘉话，书法无隐辞。
信兹酬和美，言与芝兰比。昨来态吟绎，日觉祛蒙鄙。

杨於陵有四个儿子杨景复、绍复、师复、嗣复都中了进士（含恩荫进士），并担任官职。杨於陵的裔孙中又有十几位中了进士（含恩荫），包括杨嗣复的儿子杨授、杨损、杨技、杨拭、杨捻；杨授的儿子杨㠳；杨绍复的儿子杨擢、杨拯、杨据、杨撰；杨师复的儿子杨拙、杨振等。他们家族数十位达官，延续了四世的辉煌灿烂。

杨景复（生卒年月、字号待考），杨於陵长子，幼受家教而勤于耕读。仕至同州刺史。本人无传，《旧唐书》《新唐书》《永修县志》中其父杨於陵传中有载。

杨绍复（生卒年月、字号待考），杨於陵次子，进士擢第，弘词登科。与父及兄弟五人同在朝中为官，仕至中书舍人。本人无传，《旧唐书》《新唐书》《永修县志》中其父杨於陵传中有载。

杨师复（生卒年月、字号待考），杨於陵第三子，与父及兄弟五人同在朝中为官，仕至大理卿。本人无传，《旧唐书》《新唐书》《永修县志》中其父杨於陵传中有载。

杨嗣复（783—848），任宰相。在《旧唐书》《新唐书》和省府县志都有传记。

杨授（生卒年月失考），字得符，杨嗣复长子。大中九年（855）进士擢第，为鄠县（今陕西省西安市）尉、集贤校理。历任监察御史、殿中、分务东台，司勋员外郎，洛阳令，兵部员外郎。李福为东都留守，授为判官，改兵部郎中，又由吏部拜左谏议大夫、给事中。出为河南尹。又拜工部侍郎，黄巢犯京师，僖宗幸蜀拜户部侍郎。以母病求散秩，改秘书监分司、拜兵部侍郎，转左散骑常侍，迁国子祭酒，又转太子宾客。昭宗时为刑部尚书、太子少保。卒赠尚书左仆射。《旧唐书》《新唐书》列传中，其父杨嗣复传中有载，《永修县志》人物表中列名。

杨损（生卒年月失考），字子默，杨嗣复次子。以荫授官蓝田（今陕西省蓝田县）尉，迁京兆府司录参军，入为殿中侍御史。杨家与宰相路岩家为邻，路岩想移杨损马厩广之，遣人致意，因杨损在朝任官伯叔、兄弟十余人，未让。路岩不高兴，当时要派人去黔中鞫狱，将杨损派出，逾年而还。改户部员外郎、洛阳令，又改吏部员外郎，任绛州刺史。路岩罢相，拜给事中，迁京兆尹，出为陕虢观察使。逾年改青州刺史、御史大夫、淄青节度使。又任检校刑部尚书、郓州刺史，天平军节度使未赴，后留青州。卒于任。《旧唐书》《新唐书》杨嗣复传中有载。

杨技（生卒年月、字号失考），杨嗣复第三子。进士及第。官至中书舍人。本人无传。《旧唐书》《新唐书》杨嗣复传中有载。

杨昷（生卒年月失考），字公隐，杨授子。进士及第，迁左拾遗，昭宗即位之初，喜游宴不恤时事，杨昷上疏极谏。昭宗感悟，面赐绯袍象笏。改任太常博士。历主客员外郎、户部员外郎。关中乱，崔胤引朱全忠入京师，杨昷携家客避湖南，终时官至谏议大夫。《旧唐书》《新唐书》杨嗣复传中有载。

比屋初同俗，垂恩击坏人

——宰相杨嗣复

杨嗣复（783—848），字继之，又字庆门。虢州弘农（今河南灵宝）人，唐朝宰相。他出身于弘农杨氏，穆宗时的户部尚书杨於陵之子，东汉太尉杨震之后。

杨嗣复的父亲杨於陵少年有俊才，得到宰相韩滉的赏识，韩滉将女儿嫁给杨於陵，生下了杨嗣复。杨嗣复更是不逊乃父，七八岁就能下笔写文。韩滉曾抚摸着杨嗣复的头说："你的名位超出你的父亲，这是杨家的大幸。"就给他起字叫"庆门"。

杨嗣复20岁时考取进士（主考官权德舆），21岁时又登博学宏词科，被授予秘书省校书郎的官职。后升任右拾遗，在史馆任职。朝廷因为他深通礼学，改任其为太常博士。元和十年（815），升迁为刑部员外郎。郑余庆担任详定礼仪使，奏请让杨嗣复担任判官，改任礼部员外郎。当时杨嗣复的父亲杨於陵为户部侍郎，杨嗣复认为不便和父亲在同一官署，请求换任其他官职。朝廷下诏说："同司官员如果有大功以下的亲属关系，只要不是连判和勾检部门的官员或长官，就不在回避的范围内。如果官署相同但负责的部门不同，即使是父子或者兄弟，也不需要避嫌。"后历两次升迁任兵部郎中。长庆元年（821）十月，杨嗣复以库部郎中的身份知制诰，并正式受任为中书舍人。

杨嗣复与牛僧孺、李宗闵都是权德舆举荐的门生，大家情谊相得，进退取舍多彼此相同。长庆四年（824），牛僧孺拜相，想提拔杨嗣复予以大用，但又因为杨於陵时任东都留守，未曾任相，就令杨嗣复暂代行礼部侍郎之职。宝历元年（825）二月，杨嗣复选拔了68名贡士，这些人后来有很多成为了达官显贵。

唐文宗即位，授予杨嗣复户部侍郎一职。杨嗣复因为父亲杨於陵年老多病，恳请辞官奉养父亲，但没有得到允许。大和四年（830），因父亲去世免职。大和七年（833）三月，被起用为尚书左丞。这一年李宗闵罢相，其政敌李德裕辅政。七月，杨嗣复被调出京城，担任梓州刺史、剑南东川节度观察使等官职。大和九年（835），李宗闵再次入相，三月提拔杨嗣复任检校户部尚书、成都尹、剑南西川节度副大使，知节度事、观察处置使等。

开成二年（837）十月，杨嗣复被征召入朝担任户部侍郎、领诸道盐铁转运使。三年（838）正月，和同事李珏一同以本官同平章事，担任相职，领盐铁转运使，进阶金紫，封弘农伯，享受七百户封邑。八月，杨嗣复和其他宰相在紫宸殿奏事，与宰相郑覃展开激烈争论。他深得文宗信任，文宗正要把政事委任给他，因此厌恶郑覃的言语激切。这次争论后来被称为"紫宸奏事"。

开成五年（840）正月，文宗去世，杨嗣复失去靠山。此前，文宗指定敬宗之子陈王李成美为皇太子，结果神策中尉仇士良违抗遗诏拥立唐武宗。武宗即位并非宰相本意，武宗也因此薄待执政大臣。是年秋天，李德裕从淮南节度使之位被征召入朝辅政。九月，杨嗣复被调出朝廷担任湖南观察使。第二年，武宗诛杀枢密薛季棱、刘弘逸。宦官上言："薛、刘二人党附杨嗣复、李珏，对陛下图谋不轨。"武宗性急，立刻命令宦官去往湖南、桂管两地诛杀杨嗣复和李珏。宰相李德裕、崔郸、崔珙立马请求入延英殿，并极言本朝旧事，称大臣如果不是作恶显著，不能加以诛杀，请求皇上三思。武宗思考了很久，动容道："朕即位之际，宰相哪曾同心协力。李珏、薛季棱志在扶立陈王，杨嗣复、刘弘逸志在拥立安王（李溶，穆宗第八子）。立陈王还可以说是文宗遗诏，杨嗣复拥立安王，完全是秉承杨妃的旨意。杨嗣复还给杨妃写信说：'姑姑为何不学武则天临朝称制？'"崔珙等人说："这件事情不明，真假难辨。"武宗说："杨妃曾得病卧床，她的弟弟杨玄思，曾得到文宗命令进入宫内侍疾一月有余，就是趁此时传达旨意。朕详细问了宫里的人，情状明白，但我不愿意宣示出来。假如安王得志，我哪里能有今天？"说完以后，武宗神色凄然，过了很久补充道："但看在你们的面子上饶恕他。"于是追还派到湖南、桂管的两名中使，再把杨嗣复贬为潮州刺史。

唐宣宗时，改任江州刺史，大中初回京任吏部尚书，行至岳州时殁，年66岁。赠尚书左仆射，谥号孝穆。

《全唐诗》收录杨嗣复五篇诗歌。史家评价杨嗣复说："承宗室世家之地胄，有文学政事之美名。"杨嗣复的诗歌与其父水准相比要精深一些。

杨嗣复留下的诗篇有《丁巳岁八月祭武侯祠堂，因题临淮公旧碑》《赠毛仙翁》《仪凤》《题李处士山居诗》等。

丁巳岁八月祭武侯祠堂，因题临淮公旧碑

斋庄修祀事，旌旆出效闉。薙草轩墀狭，涂墙赭垩新。
谋猷期作圣，风俗奉为神。酹酒成坳泽，持兵列偶人。
非才膺宠任，异代挹芳尘。况是平津客，碑前泪满巾。

赠毛仙翁

天上玉郎骑白鹤，肘后金壶盛妙药。

暂游下界傲五侯，重看当时旧城郭。

羽衣茸茸轻似雪，云上双童持绛节。

王母亲缝紫锦囊，令向怀中藏秘诀。

令威子晋皆俦侣，东岳同寻太真女。

搜奇缀韵和阳春，文章不是人间语。

药成自固黄金骨，天地齐兮身不没。

日月宫中便是家，下视昆仑何突兀。

童姿玉貌谁方比，玄发绿鬓光弥弥。

满朝将相门弟子，随师尽愿抛尘滓。

九转琅玕必有馀，愿乞刀圭救生死。

仪凤

八方该帝泽，威凤忽来宾。向日朱光动，迎来翠羽新。

低昂多异趣，饮啄迥无邻。郊薮今翔集，河图意等伦。

闻韶知鼓舞，偶圣愿逡巡。比屋初同俗，垂恩击坏人。

题李处士山居

卧龙决起为时君，寂寞匡庐惟白云。

今日仲容修故业，草堂焉敢更移文。

开悟得道，顿悟其理

——云岩禅师昙晟

昙晟（782—841），俗姓王。建昌（今永修县）人。嗣法于药山惟俨禅师，为东传中华禅宗第十代祖师。据传，昙晟刚出生时，就带有右肩袒露的胎衣，像僧服一样。少年时就在建昌县石门山泐潭寺（今属靖安宝峰）出家，初从奉新百丈寺怀海学佛，侍奉二十年因缘未契，后转从石头希迁禅师弟子药山惟俨，言下顿悟，始得心印，承嗣青原下三世。

昙晟长期住持江西分宁（今修水）云岩禅院，人称云岩禅师。他深居山间，十三年不曾下山，逐渐形成了自己的禅理。昙晟所著《宝境三昧》为曹洞宗重要文献之一。该著作是他的悟道成果。歌中的文辞简练，却奥义无穷，把他修持的精华思想包容其中。他用对镜而立，形影相向的关系，说明体用的融合："如临宝镜，形影相睹。汝不是渠，渠正是汝。"并将此体用关系表述为："银碗盛雪，明月藏鹭"。

昙晟与师兄道吾宗智相互激励，先后参透机缘。开悟得道后，昙晟在湖南潭州（今长沙）云岩山，创建云岩寺，人称云岩昙晟。他开坛为僧众和百姓讲法，阐述宝镜三昧道理，参学者众多，其语录被信众广泛传播，被称为至理。

昙晟禅法上承希迁，下启曹洞宗。晚年，他把自己的《宝镜三昧歌》传给了曹洞宗的始祖、创派人洞山良价（807—869）。《景德传灯录》记载，良价辞别昙晟时曾问："若有人问及你的面貌如何，该怎样回答？"昙晟答："即遮个是。""遮个"即"这个"。良价不解其意，及至宜丰县洞水岸边，见水中身影，顿悟其理。良价又传法给了云居道膺。其后，曹洞宗便在云居山扎根下来。可见，昙晟禅师与曹洞宗的形成有着很深的渊源。

会昌元年（841）农历十月二十七日，昙晟在江西分宁的云岩禅院圆寂。朝廷给他赐谥号"无住"禅师。《宋高僧传·昙晟传》则谓圆寂于大和三年（829），谥"无相"，塔名净胜，于湖南澧阳之云岩寺和江西修水云岩禅院各建塔一座，世称禅宗十祖。

治基立寺，弘扬德风

——云居山祖师道容、道膺

道容（生卒年不详），唐代高僧，乃云居山真如禅寺之开山祖师。俗姓、籍贯、字号均已失考。唐元和初期（808），在云居山东南麓保定寺（今瑶田寺）隐居修行，因受黄龙山永安寺名僧司马头陀指点，一同攀登云居山。上山后，见山顶有一巨大盆地峡谷，地平如掌，湖澄如镜，四周峦岫环列如莲花围饰，屏障护持，宛然一处远离尘嚣、清静幽雅的桃源胜境。于是在云居山上率众诛茅垦土，治基立寺，弘扬禅宗佛法，一时声名大振，使云居山成为庄严道场。云居山盛名传到朝廷，唐宪宗李纯大加赞赏，亲赐御名曰："云居禅院。"道容圆寂后葬云居山，道场一度衰败，其塔至今尚存，在今真如禅寺常住左侧200余米处，已经修整，供云居山寺后代子孙及广大游客祭祀瞻仰。

道膺（853—902），唐代曹洞宗僧。幽州蓟门玉田县人。俗家姓王。幼年出家，诵习经法，25岁于范阳延寿寺受具足戒，学小乘律仪。不久就感叹道："大丈夫岂可桎梏于律仪！"于是离开了。他最初居住在三峰庵，后入翠微山问禅要，居住了三年。不久居住在云居山，后拜洞山良价门下，因其能默契领悟洞山良价学说的精髓，洞山禅师便许可道膺为其入室弟子，并把曹洞宗道法倾力传授给他，还将他许为门下弟子中的领袖。道膺开悟后，把之前所学融入自己的见解，其法大受欢迎，影响日益扩大，名声也逐渐传播开来。主政江西的南平郡王钟传（约842—906），笃信佛教，久闻道膺大名，深钦其德风，延请他主持云居。所以得"云居道膺"之称。唐昭宗赐紫袈裟及师号，弟子有云住、佛日、澹权等人。

唐僖宗中和三年（883），云居禅院僧人恳请道膺前来主法。道膺禅师

云居山莲花城真如禅寺（摄影/余永冬）

来到云居山后，看到了禅院的困难，发誓振兴这座道场。在住持云居山20年的时间里，他传播曹洞宗教义，重建殿宇楼阁、僧舍，添置各类书籍与法器，使禅院香火法事旺盛，常住达1500多人。道膺禅师循循善诱，弟子高僧辈出，其思想得以逐步散播，遍传南北，甚至远达东南亚。经钟传申表上奏，皇帝亲赐寺名，改为"龙昌禅院"，并赐给道膺紫袈裟和"弘觉大师"称号。

天复元年（901）秋，道膺染疾，第二年正月初三圆寂，享年50岁。谥"弘觉大师"，塔号圆寂。事迹见于《五灯会元》《禅林僧宝传》《禅学思想史》等佛教典籍。塔葬于云居山真如禅寺侧百米。

弦诵声中思孔孟，衣冠座上讲虞唐

——云阳书院创立者吴白

吴白（生卒年不详），建昌欧麓区洽坪（今永修县云山峡坪）人。原籍四川洽州。自幼勤奋好学，熟读经书，20岁考中进士。

后唐庄宗（923—926）时在内阁任职。后因庄宗李存勖不理朝政，妄信伶人，成天沉醉戏曲歌舞之中。吴白上书谏之。因犯颜而遭贬建昌（今永修）教授。自此淡意仕途，后隐居峡坪。吴白归隐后遂在本里创办"云阳书院"，教书育人。现峡坪村后仍有"考堂"地名（当地也称"考垅"），村前有"学堂角"等地名。传，书院曾迁"花岭"（原名"画岭"，现云山农科所）至今仍有"书院"地名。后遭废，现两处仅存遗址。近年吴氏在峡坪建一吴白公纪念堂。

《峡坪十景诗》（《云阳书院》就是其中之一）相传为吴白所作。

　　官归书院建云阳，家学相传有义方。

　　弦诵声中思孔孟，衣冠座上讲虞唐。

　　当窗山似鹅湖秀，洗墨泉如鹿洞香。

　　一派道源勤为本，后人定必继馀芳。

这首《云阳书院》诗，首联写出了诗人的心路历程和办学宗旨，颔联表达了对先贤的敬仰之情，颈联写出了书院的秀丽景色，尾联写出了创办书院的意义。这首诗叙议璧合，相得益彰。

创白石山房，拓丝绸之路

——户部尚书李常

一、李常何许人也

李常（1027—1090），字公择，南康建昌（今永修县）三溪桥人，出身建昌名门磨刀李。曾任上护军、陇西郡侯、户部尚书。为苏轼至交好友。也是文豪黄庭坚的舅舅与培养人，曾创办中国有记录的第一家私人图书馆，奏请设立泉州等地市舶司，从而开启了海上丝绸之路，是值得后人纪念的名人。

李常警悟好学，文思敏捷。宋仁宗皇祐元年（1049）举进士（该榜被誉为龙虎榜）。先后任江州判官、宣州观察推官。李常胸怀宽广，发运使杨佐向朝廷举荐他，李常却谦让给好友刘琦。杨深深受感动，遂将二人一起推荐。

神宗熙宁元年（1068），任秘阁校理，熙宁中改任右正言、知谏院。当时李常与王安石私交不错，但政治立场不同。当时王安石立新法，李常政治上倾向保守，反对王安石变法，极言其不便。李常上奏疏："均输青苗、傅会经义，与王莽卑鄙而荒谬地分析周官，流毒全国，事有何异！"王安石闻讯，派子王雱传话："所争皆为国事，望存朋友之义。"李常说："大义灭亲，况朋友乎！"不久，李常被贬为滑州通判，一年后复职为鄂州守，后又调任湖州、齐州太守、淮西提刑等职务。

李常前后任外职15年。元丰六年（1083），神宗召为太常少卿，后任礼部侍郎。哲宗时，改任户部尚书。有人对此持疑，司马光说："用李常主持户部经济，天下人皆知朝廷已不急于征利，各种苛捐杂税，即可有所减免。"哲宗召李常咨询，李常奏疏七事：崇廉耻、存乡举、别守宰、废贪赃、审疑狱、择儒师、修役法，其中尤以修役法为当务之急。李常说："法制无论新旧，利民者即佳；议论不分彼此，唯经长期验证者为正。现时役税法，一律出钱，贫者无措；令百姓出力，富家难为。使富者出钱，贫者出力，各从其愿，役税法方能持久。"哲宗封他为御史中丞，兼侍读，加龙图阁直学士衔。后调任邓州，数月后调迁成都府，累勋至上护军、陇西郡侯。途经陕西阌乡县，暴病卒，时为元祐五年（1090）二月二日，年64岁。死后御赐紫金鱼袋，食邑1100户，实封300户。葬于建昌千秋之原。秦观为其作行状，苏颂撰墓记，苏轼作跋。著有文集、奏议60卷，诗传10卷及《元祐会计录》30卷，《宋史》列传记载。

庐山五老峰下有白石寺，旧名白石庵、楞伽院。山巅有白云洞，洞中有大石如床。悬瀑直上数百尺，其出白云池，白石前宝陀岩，有南唐元宗即中主李璟题刻"御驾亲至"四个大字。其地幽壑重岗，茂林修竹，背五老，面鄱湖，林泉隐趣，是个读书修身养性的好地方。李常和弟弟二人少年时读书庵中。其中数李常尤为勤奋，自己抄书供读，累计达万卷之多，他学而不倦，还激励兄弟上进。李常在世时，虽说政务繁忙，但还时常挂念他在庐山读书时的白石庵，时而寄钱、寄物、寄书给庵僧端老。其诗云："烦师为扫山中石，待请归时欲醉眠。"他将近万卷藏书捐出，供人阅读，人称"李氏山房"或"白石山房"，成为我国有记录的第一家私人图书馆。他还请好友苏轼写下《李氏山房藏书记》，由李常之弟李布（字公南）刻石立于白石寺内，后人称之为《山房碑》。苏轼此文将庐山历史上第一座民间图书馆勾勒凸现在世人面前。可惜，李常没有亲眼看到苏轼的《山房碑》就去世了，但是他的一番心血并未白费，李氏山房因苏轼的《山房碑》而声振朝野，其义鼓舞天下读书人，将他的读书精神代代流传下来，以激励后生勤学有成，为国效力。

二、李常的历史功绩

宋朝是个群星璀璨、人才云集的时代。欧阳修、苏轼、黄庭坚承启光大了诗歌文学，司马光贡献了《资治通鉴》，王安石贡献了一场改革。而李常在宋史上也有其突出的贡献。

一是创建中国第一家私人图书馆。李常留下的"白石山房"，是可以考证的第一家私人图书馆。当时就被苏轼等人高度评价，时人及后人对其用诗歌文字进行讴歌，他的族人大教育家李燔后来利用这里开辟了"白石书院"，影响深远。志载：

> 庐山脚下有李氏山房，旧在庐山下，为李公择藏书处，后书与山房俱毁，李敬子言于邑令曹豳复建于旧儒学东，仰止门外。宋苏轼、元吴澄俱有记。

二是与苏辙合作，撰写我国第一部详细的会计学专著《元祐会计录》30卷。宋朝是中国古代财政、会计管理发展的黄金时期。虽然在此前有《景德会计录》，但是详细的论述会计学、使财政会计奠定四柱算法、全面预算的还是这本书。

三是以经济学家的眼光，奏请开辟泉州等处市舶司（类似于海关）。泉州市舶司的建设，是宋朝及以后"海上丝绸之路"的起点，可以说，开辟这一海关兼贸易管理部门后，海上贸易才真正发达起来。

四是培养了文豪黄庭坚。黄庭坚天资聪明，后天努力。十四五岁开始就跟随舅舅李常学习，得以拓宽文化交往的天空。根据《宋元学案》十九卷记载，黄庭坚虽然是苏门学士，实际上学识承自李常。

李常一生慧眼识珠，注重扶持新秀。黄庭坚、秦观就是明显的例子。

1078年，苏轼还在徐州当知州，李常、孙觉把黄庭坚和秦观（当时秦观还是白身）推荐给苏轼，由秦观带上黄庭坚的两首诗和自荐信，拜见苏轼。苏轼以前曾看过黄庭坚、秦观的诗，他认定黄庭坚的诗内容充实而深厚，诗思高旷，"数百年来未之见也""超轶绝尘，独立万物之表""瑰玮之文,妙绝当世;孝友之行,追配古人",于是黄庭坚声名大振。最终成长为与苏轼并称的文豪、江西诗派之祖。

三、李常望族之家

李常为永修县望族磨刀李十六世,家族名人辈出。李常哥哥李莘为江西转运使,弟弟李布,字公南。李莘子光祖(元亮),元亮同辈元述、亮彩也在《永乐大典》《四库全书》中留下作品。

李常在永修的诗文有《解雨送神曲》《〈庐山记〉序》《题招提院静照堂》《醉眠亭》《用山谷韵戏双井》等。

《解雨送神曲》是祈求下雨而祈祷神灵而唱的一首曲子。解雨,谓下雨。曲是能唱的文词,一种艺术形式。送神,古代祭神,祭毕送之使去,谓之"送神"。这是为了祈求下雨祈祷神灵而唱的一首曲子。这首曲,前四句是写下雨前的情形(原因),大地干渴,"扬尘""石焚""泉竭""地裂""谷槁"等语极力渲染了环境。后四句是写想象中求雷雨来临时的情形,也是求雨送神的结果,特别是"鸣鼍鼓兮舞神觋,庶下鉴兮霈祥氛"两句,"鸣鼍鼓"状雷声之响,"霈"(大雨)状暴雨之大,"舞神觋""祥氛"写出欢呼的场面。一场求雨送神的场面历历在目,使人难忘,字里行间流露出对天下苍生的关心。

《〈庐山记〉序》是李常为陈舜俞《庐山记》所作的序言。《庐山记》是一部记述庐山地理环境、名胜古迹以及古人题诗题词的书。全

《李氏磨刀大成宗谱》

书共分五卷：一、总叙山水篇；二、叙山南篇；三、山行易览；四、古人留题篇；五、古碑目。这篇书序，提纲挈领地介绍了《庐山记》的成书经过，给予了高度评价。

李常一家既是望族之家，又是书香之门。他的姐妹非常出色。他有两个姐姐，一个姐姐文成县君，嫁给本县进士洪文举，生洪师民，俗称李文成；一个姐姐安康郡君，乃黄庭坚之母，俗称李安康。还有一个妹妹，叫李崇德。她们均留有诗作。特别是李安康、李崇德两姐妹，更是永修人的骄傲。

李安康（生卒年不详），李常的姐姐，即黄庭坚、黄大临的母亲。受封为安康郡君。李安康，并非本名，因受封为安康郡君，故以"安康"称之。李安康有很深的文学造诣，堪称永修才女。她写的《浣溪纱》颇有名气。《浣溪纱》是一首感人的情诗。开篇两句以物写人，突出"多情"二字。中间两句、最后两句依然是以物写人，以物写情，表现女子盼郎归的依依之情。永修县人民医院门前安康路，就是为纪念安康郡君而命名。

李崇德（生卒年不详），李常的妹妹，朝议大夫王之才之妻，黄庭坚的姨母。李崇德，并非本名，因为她被封为崇德君，故以"崇德"称之。也有人称她为"李夫人"。她是永修更少有的才女，能诗会画。宋代女画家。她善画松竹木石，尤精于临摹，人难辨其真假。画家文与可常画墨竹赠人，曾作一横绢丈余着色《偃竹图》，赠予苏轼。苏轼过南昌，黄庭坚借来请姨母李夫人临摹，数年之后，人不知何画为文与可原作。黄庭坚拿出与米芾（北宋书画家）辨认，米芾说："非鲁直（黄庭坚，字鲁直）自陈，莫能辨也。"遂作诗道："偃蹇（高耸）宜如李，挥毫与逼翁。卫（卫夫人）书无遗妙，琰（蔡琰）慧有余工。熟视疑非笔，初披飒有风。固藏推谨钥，化去或难穷"，对李夫人倍加赞赏。黄庭坚曾作《姨母李夫人墨竹二首》《题李夫人偃竹》《题崇德墨竹歌》《题崇德所画雀竹蜩塘图赞》等诗，多以"神笔""神工妙手"称颂姨母的作品。现白鹿洞书院珍藏有其《墨竹高下枝》画作。王十朋《梅溪后集》有《游楞伽诗》："藏书阁在已无书，山色依然满旧居。留得妇人三墨竹，金钟声里尚扶疏。"《全宋诗》记录她的诗歌有：《极相思》《汲水诗》《诗三首》《书红帕》《书怀》《挽公择兄》《西湖》等。

　　真情是词之骨，词之言情，贵得其真。李崇德的诗词，具有浑成、含蓄、婉曲、韵调优美的特点，因而毫无浅易平直之迹。她的语言，有着与众不同的鲜明个性，情挚意浓，遣词造句，自出机杼，创造了以自然率真为主要特色的文学语言。在古代诗歌中，多以男性写艳情幽怀，李崇德则是以女性本位写自我爱情悲欢的诗人。她的几首恋情诗词，满怀挚情，连篇痴语，自然率真最能体现女性纯诚细腻的灵性，这是男性作家代人立言的恋情诗词所无法比拟的。

文采卓越，政绩卓著

——吏部尚书彭休

彭休（1056—1114），洪州建昌县甘泉乡（今永修县柘林二附坝）人，他凭着自己的努力，以卓越的文采和政绩被赏识，考中进士，先后担任司理、南康、上犹县令，吏部员外郎，四川梓州提刑，浙江明州知军，江西抚州知军等职务，最后病逝在自己的岗位上，被朝廷追赠为吏部尚书、紫金光禄大夫。

一、眼中有光求学郎

彭休，世居建昌县甘泉乡安仁里箬坑黄株巷口。始祖彭干，历八代蕃衍滋大，成为望族，门户达五百口，族人之间孝悌雍穆。宋真宗祥符年间，彭氏被朝廷分拆为十八支，分居各处，彭休一家属于留在老基二附坝的柘林支。

彭休曾祖彭延达，祖父彭宗奭（1006—1090），父亲彭臣（又叫彭珪），他们都因为彭休出仕而蒙朝廷恩荣，被赐予"赠朝奉郎、吏部员外郎"等身份。彭休母亲董氏也被荣封为太室夫人。

北宋仁宗嘉祐元年（1056），彭休出生，本名彭侔，字道升、彦逸。小时候被父亲亲自教育学习，即便是在村落田边丛荫下，他也不忘废寝忘食诵读。父亲欣喜万分，把家藏的五经全部教授给彭休及其弟彭佑。家里薄有田园，但是也没有多余。为了孩子，父亲竭心尽力供给，延请师傅，为经师置办葛裘、束脩，再难也不肯放弃。

宋治平年间，少年彭休已读完了五经、诸子书籍，通晓大义，去乡校游学，乡校的宿儒主动表示，自己的学问已经无法与他们相比。再历数年自学，他们的《毛诗》已经通透，下笔生莲。父亲咬咬牙，卖掉了部分田产，供给他们外出求学。

他们打听到，神宗熙宁四年（1071），在神宗和王安石主持下励精图治，对设在开封的太学进行了重要改革，设立了上中下三舍。只要考入太学上舍（100人），朝廷就完全免费供应学子读书，还有名儒指导，月尽季考，育天下英才，量才录用授官，这真是天大好消息。

元丰后期，彭休、彭佑兄弟奋然上京，来到太学报名。两人以行艺（毛诗）考上了"殊等"，均为上舍生（补上舍）。同时，还有来自福建建阳县的范致明、致虚、致君三兄弟也考上了，他们成为了同窗，结成挚友。五人后来均中进士，事业各有千秋，友谊坚如磐石。

同窗好友范致虚评价说：

（彭休）为人轩昂，卓荦不群，而持己深严有法度；汪洋广大，不可羁勒，而要其步骤，莫不有归宿；底止论高旨远，有当乎人之心，而造乎理之极。人之力学明道，其元丰者，皆公之力也。其与人居，终始不以穷通用舍轻为就；忠信而不欺，惇厚而不浮，其天性也。

元祐二年（1087），彭休以诗赋获得江南西道的解额，参加翰林学士苏轼主持（权知礼部贡举）的礼部省试，从4732人中脱颖而出。元祐三年三月初一，苏轼等上奏取士523人。次日在集英殿举行殿试，太皇太后和皇帝亲临大殿主持，最终得进士508人。彭休中二甲赐进士出身第五名。

彭休弟弟彭佑中进士时，则是在六年后的哲宗绍圣元年（1094）。彭佑字天启，少年敏逸，始终砥砺名节，与哥哥彭休一起在太学补上舍，治《毛诗》《古文尚书》，兼善词赋。哥哥中进士并授官，到了安州任司理参军，当时他们的父亲身体还好，于是跟随哥哥到了安州生活。数年后，彭佑预荐试春官中选，考取了哲宗绍圣元年毕渐榜进士第三。大廷对策得圣心，释褐而任迪功郎，发吏部参选，按资格选授了江陵府司理参军。后以疾病而告假归乡，最后在家乡去世，葬于本里石毫山。乡人刻像在祠堂中祭祀他。其子益柔就这样失去父亲，后随伯父彭休读书奔波，能写文章，有父亲的气节。

二、誉满京城显才华

宋哲宗元祐三年九月二十四日，皇帝策试于廷，考核贤良方正以及其他进士，量才授官。这次廷试一共钦点授官谢悰、彭休、范致虚三人。他们被时人推重，号为神庙人才（神宗太学才子）。当时京师相互传言说："您不是刘炳、彭休、陆藻吗？如果真的是，那你早就把绿袍官服包下来了。"当时，人们对他们的文才是如此喜爱。

彭休才华突出，曾留下大量作品，谱载"著诗文集五十卷藏于家"，而珍藏的这些文集屡经战火，原稿已无法搜求，令人扼腕不已。

彭休晚年（1112年，即徽宗政和二年）任职知抚州军兼劝农事，著有散文《临川玉茗堂记》（《永乐大典》卷10950），全文如下：

> 鲁公堂设在厅左，玉茗旧在堂前。政和二年，郡守彭公休筑台为堂面之。楹柱刻字云"玉茗花"。旧为恶木十余株旁近，夺其地力，故岁月虽久，而根本不大；又以其独也，花时数剪以送遗，故枝叶亦不茂。因尽去郡木之害，筑台以面之。寻常与客玩之而不剪，庶几由此盛而不衰也。其近本三枝，亦余至而生也，堂于壬辰政和二年八月晦日。修川彭休记。

这篇文章短小精悍，托物言志，虽寥寥数语，却精美可嘉。

彭休有与著名文人周锷唱和的诗作。彭休任浙江明州知军（1106—1109年，即崇宁五年至大观三年），保留了周锷（范仲淹外孙）唱和彭休的诗歌五首（元朝袁桷《延祐四明志》卷七十二），分别是敬献《西湖三首》《和郡守彭吏部按视湖亭凡二首》，周锷歌咏彭休"使君修禊与民游，十里笙歌水面浮""使君风味压荆州，每为吾民乐更忧。锦里篇章推唱首，浣溪光景促遨头"，诗歌中极端推崇彭休的爱民之心、理政之才和文章华彩，可惜的是彭休原稿不存。

三、治官理政德不孤

彭休除了文学才华外，还有其治官理政才能和淡雅的性格。

元祐五年（1090），从安州司理参军任上秩满，得以升迁为江南西路的南康县令。三年后再拜上犹县令。当时上犹已经立县近百年，但是依然还比较贫瘠，彭休励精图治，造福一方。

哲宗绍圣三年（1096）初期满，彭休以名士任职外州教授。当时，太学负责人向哲宗皇帝和太皇太后上奏折推荐彭休和范致虚，两人均从外州教授转任宣德郎、太学博士。

哲宗元符元年（1098），彭休父亲彭臣（彭珪、五五公）在家乡不幸辞世。于是按照制度去官，返乡丁忧。其间又逢国丧，彭休伤痛不已。丁忧期满，到了宋徽宗建中靖国元年（1101），彭休回到太学博士任上。不久，以家签，转任为忠正军节度判官。

次年（1102），徽宗改元崇宁。近臣向皇帝上奏章，交互推荐彭休，徽宗皇帝于是在便殿召见彭休问话。事后，彭休写了一个策论呈给徽宗，上言朝廷紧急事务，提出三条对策：一是厚风俗；二是崇节俭；三是遵循神宗的德政。徽宗很欣赏彭休，"嘉纳之，拜秘书省著作郎"。由此可以看出，彭休的政治观点完全倾向于新法，不可避免地卷入当时的旋涡中。

崇宁二年（1103），彭休被皇帝提拔为吏部尚书右选员外郎（管勾右选）。这个职位是吏部重要职官，品级不高，权力很大。两年时间内彭休一直勤恳敬业，直道立身，恬然于进取。

崇宁四年（1105），朝廷按照规定，提调彭休赴任地方官，升任为四川路梓州提点刑狱官。次年，升迁为知明州军兼市舶务管内劝农事。任内磨勘（磨勘，指唐宋官员的考核、升迁制度），得转奉议郎。在宋罗浚纂修《宝庆四明志》卷一、元袁桷《延祐四明志》卷二、清沈翼机《浙江通志》卷一百十五中，均有彭俅"知明州军"的记载。任职明州（四明）三年。

范致虚评价他"严而不苛，境以谣言蜚语诋诟者，其风为之衰息"。并记录了他在明州的另外两件德政：

> 有托浮屠法，诱会民妇女以为奸者。公追捕，痛绳以法。并与其尊长坐之，莫敢犯之者。

> 是时，朝廷更置钱币，又许民以小钞为钱交易事物。初民不喻法，睹公偶出，市人环之以请。公徐为开谕，合境贴然。

大观年间，吏部对地方官进行大规模的考课，上奏吏部，评定彭俅为上等。按照规定减少磨勘年限，升转为承议郎。

彭俅回到吏部，转为朝奉郎，奉旨"管勾亳州明道宫"，寓居金陵。当时，吏部档案中有多名官员名字有"俅""道升"的人，他就把自己的字号"道升"改为"彦逸"，把名字"彭俅"改为"彭休"。

大观四年（1110），徽宗皇帝赐敕，召还彭休为兵部员外郎，加散骑尉。次年，朝廷改元政和元年，徽宗下旨，让他赴地方主管州郡，任知抚州军，加云骑尉。康熙《抚州府志》卷之九《官师志》有记录。当时其挚友范致虚在南昌为知府。据范致虚晚年回忆：

> 政和初，致虚司洪州，而公为抚州。洪、抚邻邦，公自取道之官舍，合二郡之乐，飨公于滕王阁之上，意其快也。未几，致虚获罪谪睢阳。公遗价驰书问劳，至于相勉，以乐天安命为言，不及其他。

四、殉职抚州泪沾襟

彭休酷爱才子之乡的风土，抚州人非常喜爱他的孝悌忠义、平和亲切的治理风格。政和二年（1112），彭休不幸患上了疾病，已经无法快乐起来了，即使是家人也不知道他有什么病痛。

时光如水，转眼到了政和四年（1114），彭休感到自己可能不行了，马上上书朝廷请求致仕，附上自己的忠言，奏稿还未能送达，即于闰月丁卯日，在抚州官舍去世了。彭休为官近30年，鞠躬尽瘁死而后已，58岁倒在岗位上。当时上下很是嘘唏和缅怀，朝廷闻讯，发吏部论恤，最后以"赠吏部尚书、紫金光禄大夫"名义，评价他的业绩，其子知柔、致柔皆以文达。以故老家遗属，授长子知柔官为即仕郎转迪功郎、全椒县主簿。

十月二十日，子侄们将他安葬在建昌县修智乡宝城斜岭湘潭源或叫石箱源（今永修江上、虬津界）。

建雷塘书院，育建昌四英

——司马参军洪师民父子

洪师民（生卒年不详），洪文举和文成县君之子，建昌人，在建昌雷塘创建书舍，广招学者，设馆授学。其家六世同居，至道二年（996），太宗钦赐御书百轴，书"义居人"敕赐。熙宁三年（1070）师民举进士，授石州司马参军。师民为人博学多才，娶黄山谷之妹为妻。生子朋、刍、炎、羽，俱有才名，人称"建昌四英""建昌四洪"。

洪朋、洪刍、洪炎、洪羽，豫章建昌人，居住艾城（今永修县艾城镇）东二里，洪刍、洪炎、洪羽均为进士。洪朋、洪刍、洪炎均为"江西诗派"成员，分别著《老圃集》《清非集》《西渡集》等，被收录《永乐大典》《四库全书》等集中。

洪朋（1065—1110？），字龟父，号清非居士。兄弟四人，皆受业于祖母文成君李氏夫人。洪朋从小好学，手不释卷，落笔成文，尤擅诗赋，为江西诗派中著名诗人。他曾两次参加进士考试，未中，终生不仕，布衣终身。其作品《清非集》(《永乐大典》《直斋书录解题》作《清虚集》)，遗佚已久。今传《洪龟父集》2卷，系清四库馆臣自《永乐大典》辑出，存诗178首。洪朋死于北宋覆亡之前，故其诗多登临、唱和之作，反映的现实面较狭窄，也没有很深的感慨。他曾向黄庭坚学习诗法。黄庭坚说："龟父笔力可扛鼎，不无文字垂世，力学有暇，更精读千卷书，乃可毕兹能事。"刘克庄谓"龟父警句，往往前人所未道"。《宋史翼》卷二七有传。清代据《永乐大典》辑为《洪龟父集》二卷。名句如"一朝厌蜗角，万里骑鹏背"，为时人所欣赏(《王直方诗话》)。《宋史翼》卷二七有传。《全宋诗》收录洪朋诗歌204首。

洪刍（1066—1128），字驹父，性格豪爽，放荡江湖，不求闻达。哲宗绍圣元年（1094）登进士。靖康中任谏议大夫。崇宁三年（1104）被列入元祐党籍，贬谪闽南，两年后按级复官，钦宗靖康元年（1126）为谏议大夫（清《江西通志》卷一三四）。汴京失守后，因故于高宗建炎元年（1127）流放沙门岛（《玉照杂志》卷四），后死于岛上贬所。

洪刍著有《香谱》，为今存最早，也是保存完整的香药谱录类著作，其中对于历代用香史料、用香方法，以及各种合香配方，均广而收罗之；并首创用香事项之分类模式为：香之品、香之异、香之事、香之法等四大类别，为其后各家香谱所依循。

洪刍在父兄五人中诗文成就最高，工于诗赋。在未进士及第之前，即以诗闻名。《全宋诗》录洪刍205篇诗歌。绍圣元年（1094）有诗《送王直方赴官河内》，末云："眼中人物东西尽，肺病京华故倦游"，潘邠老每诵而喜之。王直方亦云："洪驹父有《过李公择尚书墓》一篇。其间云：'鹿场兔径白昼静，稻垄松口青嶂深。'说者以为大逼老杜。"晚年洪刍诗风更显苍劲，陆游便十分赞许洪刍被贬窜海岛诗"烟波不隔还乡梦，风月犹随过海身"句。《四库全书总目提要》评论其师承黄庭坚，得豫章之格，赞誉其文："但以文论，固不愧酷似其舅之称。"时人对洪刍的评价非常高，宋释觉范《跋徐洪李三士诗》中提及："陈莹中尝问予南州近时人物之冠？予以师川、驹父、商老为言。莹中肯首之，戏效孟浩然作语：'如王谢子弟，风神步趋不能优劣'……"宋人吕本中作《江西诗社宗派图》，将洪刍名列第四。评价他与王安石、曾巩、洪迈等大家齐名。

洪刍个性很孤傲，恃才而傲、放浪江湖、诗酒不辍。时人评价他说："殚洽开豁，溢于文词。中进士第，放浪江湖，不求闻达。"从以下一事便知洪刍有才而傲：

> 每读时辈篇什，大叫云："使人齿颊皆甘。"其人喜而问之曰："似何物？"驹父曰："不减树头霜柿。"人每赪面而去。

综观洪刍生涯，主要活跃于绍圣元年（1094）进士及第至靖康元年

（1126）30余年间。人生放达，诗酒相伴。其主要的诗文著作也多在此时完成。

《宋史·艺文志》著录洪刍作品有：《香谱》5卷、《豫章职方乘》3卷，《文献通考》里面著录：《豫章职方乘后乘》12卷、《老圃集》1卷、《楚汉逸书》82篇。今所见洪刍诗文著作仅存：《香谱》2卷、《老圃集》2卷，存诗170首，今人汇辑《洪驹父诗话》22则，以及其弟洪炎《西渡集》2卷补遗1卷收录洪刍诗24首、记2篇。

洪炎（1067—1133），字玉父，哲宗元祐六年（1091）举进士。曾因其兄洪刍被列入元祐党籍而遭贬窜，后又起用，知谯县，有善政，累任著作郎、秘书少监。宋高宗时召为中书舍人。晚年以徽猷阁待制，提举台州崇道观，卒于高宗绍兴三年。所作诗词，文风酷似黄山谷。著有《西渡集》《尘外记》及手录杂家小说行世。

《全宋诗》收录洪炎诗歌115篇（含洪炎《西渡集》诗歌108篇，另外补遗7则）。他曾亲历靖康之变，诗中颇多国破家亡的慨叹，思想感情比较深沉，尤以《迁居》《己酉十一月二十六日避寇至龙潭院十二月十五日作五首》《庚戌岁……用丙午岁迁居诗韵》《山中闻杜鹃》《石门中夏雨寒》《次韵公实雷雨》《四月二十三日晚同太冲、表之、公实野步》《次韵许子大李丞相宅牡丹芍药诗》等诗为佳。

洪羽（1068—1110？），字鸿父，绍圣四年（1097）举进士。元符（1098—1100）中因上书而被列入党籍，早卒，诗文均佚。黄庭坚曾说："洪氏四甥才气不同，要之皆能独秀于林者也。"（《书倦壳轩诗后》）

长廊响僧呗，凉月耿松门

——佛门诗史李彭

李彭（约1077—约1127），字商老，号日涉居士，又号海昏逸人。南康军建昌（今江西永修）人，诗人，书法家。北宋户部尚书李常的侄孙（李常弟弟李布的孙子）、黄庭坚外侄。他博览群书，诗文富赡，是江西诗派诗人第五位，与苏轼、张耒以及黄庭坚家族、秦观家族等诗人唱和往来频繁。他终身未仕，隐居建昌云居、云门、同安等地，与同时代的高僧克勤、善悟、宗杲交情深厚，精通佛家经典，有"佛门诗史"之誉。他往返于各禅院寺庙，遍识当时禅门泰斗，与高僧禅宗思想契合，理念投缘。其诗作颇丰，可是生活潦倒，晚年更是一心向佛。他用诗歌翔实地记录了禅宗兴旺、发展的历程，以云居山、同安禅院等禅林为题材，创作诗词近千首。他著有《日涉园集》十卷，被《永乐大典》《四库总目》全文收录。

李彭诗歌著述颇丰，有记载的就有760余首（其中有关永修的就有130余首），其代表作品是《春日怀秦髯》，作品还有《渔歌子十首·颂尊宿付呆山人》。他为永修的"同安寺"题写的诗歌有：《游同安寺》《同安即事》《宿同安寺》《宿同安用旧韵呈云叟》《诸人绝江游同安》《南至日离同安，舟中寄阿弓》《赠无著》等。

《春日怀秦髯》是一首出色的怀友诗。诗前四句赋写春景，一派明媚生机盎然的景色。首联两句先写雨，再点明时序。不仅写出了春天气候的倏忽多变，而且从春天轻柔的雨声中，写出了盎然春意。曲折有致，波澜顿生。特别是颔联更是活泼生趣，此句运用拟人手法，描写美丽的花朵向人们绽开了笑脸，不知名的春草新绿欲滴，生动地表现了春光明媚、生机蓬勃的景象，表现了人们欢愉的心情。但到颈联，诗情却陡然一变，为什么会有这种消极的情怀呢？不难想象，诗人在这里正是在表达对友人的思念啊。因为没有朋友在身边，所以美好的春景也懒得去欣赏，寂寞的酒杯更是不能端起了（当然还有自己身体的原因，年事已高，再加之有病）。最后一联着一"苦"字，多少思绪都包含其中。这首诗最突出的特点是反衬，以乐景衬托哀情，由极美的春景反衬自己极无聊的心情，又由极无聊的心情反衬极深厚的友情，以春色的美好反衬自己心情的苦闷，又以心情的苦闷反衬对友情的执着，突出了友谊的弥足珍贵，千回百转，千情百结，韵味无穷。

李彭的《渔歌子十首·颂尊宿付呆山人》，也比较有名。《渔歌子》，又名《渔歌曲》《渔父》《渔父乐》《渔夫辞》，原唐教坊曲名，后来人们根据它填词，又成为词牌名。原为单调廿七字，四平韵。中间三言两句，例用对偶。后来此调多用为双调。"子"即"曲"，《渔歌子》即《渔歌曲》。颂，有赞扬、祝愿的意思。尊宿，亦作"尊夙"，指年老而有名望的高僧。这十首词从多个方面对尊宿进行叙述，有叙述，有描写，有议论，有抒情，有赞扬和祝愿。

李彭曾为永修的"同安寺"题写过几首诗，如《游同安寺（其一）》。他题诗里面的"同安寺"，专指南康军建昌县（今永修县）的同安寺。与福建同安、杭州同安都无关。这个同安寺，在当时是建昌的佛教丛林之一，规模比较大。始建于唐朝中和年间（881—885），地点就在今永修县艾城镇西北 8.5 公里的凤栖山（丘陵山）下谦田村，属于禅宗一派，最早的创建人名字叫"同安"和尚。

唐朝中后期佛教庙宇建设比较兴盛，唐宪宗曾亲自去迎接"佛骨"，韩愈上奏反对，遂被"夕贬潮州路八千"，可见当时对佛家的重视和支持。后同安寺一再扩建，至李彭时，200 多年时间里香火还比较鼎盛，里面的名僧不少，李彭非常熟识。

这里曾经是禅宗的正宗嫡传，由曹洞宗老祖洞山良价传法给云居山的道膺，然后正式传给同安寺的"道丕"，再传给同安寺的"观志"，所以这

同安禅寺（摄影/于建勇）

里佛学研究是非常繁盛的。根据宗性和尚撰述的《石霜楚圆及其影响》的考证，又传三代以后，临济宗的"黄龙寺慧南禅师"（1002—1069年，玉山人），曾经在同安寺开阐禅法，接引禅众。可见当时同安寺影响不小，而且庙宇伽蓝很兴盛。

李彭在《游同安寺（二首）》中，前一首描写了这次"野兴"所看到的景色，这次"野兴"，诗人兴致很高，对自然景物充满情趣，诗中"漾舟指林表，击汰惊飞凫。云端僧坐夏，遂造林公庐。狻坐演妙理，法筵沧海珠。舌本落雄辩，奔放悬江湖。巽公庭宇净，炉烟堂晏如。略无客造请，杳黑耽毗庐"等诗句写得很有特色，表现了诗人"境界自于于"自得其乐的情怀。后一首描写了"道人庭宇别藏春"的美景春色，对道人生活的向往与钦慕："高榆风度青含荚，艳杏雨余红退唇。"庭宇姹紫嫣红，景色迷人,画中有人,诗画兼备,道人"茗碗熏炉""禅天金地",此乃神仙之处,"裁诗得句如拱璧,不费咸阳设九宾",世界上在哪里能找到这样的佳处。《同安即事》诗中"云光山色解迎客,松气竹氛俱着人"两句,《宿同安寺》诗中"长廊响僧呗,凉月耿松门"两句、《宿同安用旧韵呈云叟》"蒲柳望秋今复衰,遥岑雨罢抹修眉。寒林要使入方尺,妙笔悬知愧画师"四句,写出了对松竹的喜爱之情。

李彭游历同安寺并不是每次兴致都很高,《诸人绝江游同安》的情况就是一次不成功的游历。"中途得眩疾,跨马如乘船",因为疾病,风涛大作"风涛怒掀掀",于是没有过河去游览同安寺,他很遗憾,也很悲戚。

作为"佛门诗史"的李彭,晚年更是一心向佛,他写的《赠无著》这首诗就是其中之一。无著,克勤师字,号佛果。卒谥真觉禅师,建炎年间任云居山真如禅寺住持。这是建炎年间,李彭写给老友——云居山真如禅寺住持克勤禅师的一首诗歌。诗中"飘忽下岩隙,岁月驶两桨。寒蝉久停号,新禽咔佳响"叹息岁月蹉跎,诗人感慨万千。

李彭晚年写过一首《南至日离同安,舟中寄阿弓》的诗歌,这是李彭在"南至日"那天,寄给弟弟"阿弓"的诗歌。作者两年的"南至日"都没有在家过,去年这天在"郏城"及边塞度过,今年又动身离开了家里,已经"行役"千里,如今人已经身在湖南"潇湘黄蔑舫",只能"眼看惠崇《归雁图》",想念弟弟你,唯有用诗歌遣怀,可是酒入愁肠化作相思,人比黄花还瘦,诗人感叹道,"河东难求'双鲤鱼'",孤单不已,作者情绪低沉,他说"或许在死前,能够回乡,现在只有经常写写信,相互安慰了"。从这诗歌里面,可以看出晚年的李彭是寂寞的,甚至有些颓废,看破红尘。

踏雪访浩然，采菊效陶潜

——刺史董有林

董有林（1082—1154），字淑英，北宋建昌麻溪禾场里（今虬津镇麻潭大房董村）人。

董有林出身官宦世家。曾祖父董熹曾任武宁令、临川太守，官至中书知政事，追赠忠公。祖父董珪曾担任安远将军属下轻车都尉，后告老还乡，广置田畴成为富绅。父亲董广生四子，长兄董园曾任户部尚书，董有林为幼子。

董有林自幼喜读诗书，宋徽宗崇宁二年（1103）中进士。后逐渐参与武事，任职武节郎，有战功。靖康元年（1126）五月，山西隆德府知府张确战死，经李纲奏请，授董有林"权知隆德府"，李纲还在《奏知赏罚董有林冀景等札子》《奏知令折彦质控扼守备事札子》中为董有林请功。同年十月金军大举进犯，隆德府（潞州）最终陷落。于是，董有林辗转任职于荆南府，俗称为荆州刺史。董有林在荆州任职期间大力发展农业生产、文化教育，当地人民生活比较稳定。

建炎元年（1127），北宋亡后，董有林退隐建昌，弃官回归故里，种桑植麻，自得其乐。他写下《殿前欢·居田园》一词，词中写道：

禾场前，一泓流水绕庄旋，数间草舍楼樟掩，思恋桑田，踏雪访浩然，采菊效陶潜，醉歌思王建，桑间摘茧，柳外欢莲。

这首词描写了故居的田园风光，表达了对田园生活的热爱，抒发田园生活的乐趣，"踏雪访浩然，采菊效陶潜，醉歌思王建"处处流露出对田园生活的向往之情。

董有林殁后，葬于虬津鄱坂村张家山。古墓至今犹存，1993年出土墓碑残片，董有林墓，亦称董进士有林墓。志载"去县北三十里，在新城乡虬津""县西二十里，地名虬津"，现已整修一新。

董有林的后裔繁衍在永修、德安、瑞昌、九江、湖口、都昌、南昌和安徽等地，人口万余。中华人民共和国成立后，董氏后裔担任县级以上领导和从事科研工作的人员有近百人。

旧治卜居垂燕翼，执政功烈绘凌烟

——建昌县令戴如愚

戴如愚（1086—1175），一说戴汝愚，号悟斋。建昌（今永修）人。宋哲宗元祐丙寅年（1086）生于一官宦世家。其远祖戴护为唐兵马使，父戴永泰为宋平定军教授，世居徽州府婺源县桂岩村。戴如愚为次子，生母金氏。他自幼喜读诗书，宋徽宗崇宁癸未年（1103），与好友建昌董有林同登霍端友榜进士。1105—1120年任建昌县令。在任期间，宽仁厚义，忠国爱民。宋宣和二年（1120），适遇方腊农民起义，兵戈扰攘，乃弃官。因避兵乱难以回故乡婺源，加之好友董有林挽留，乃选择建昌穆坑山里定居。戴如愚殁于南宋孝宗淳熙乙未年（1175），享寿90，葬于建昌城内儒学明堂东侧（今艾城粮站），存墓原名司谷仓，后被毁。1988年2月，经戴氏后裔在原墓旧址复墓完工。墓前竖有三碑一宝盖，双龙狮象，四柱刻联，含碑撰序以明来龙去脉。戴如愚后裔宏发，分布在江西、广西、湖南、湖北、云南、四川、福建、台湾、北京、南京等省市，居江西的有永修、安义、奉新、靖安、修水、新建、南昌、都昌、庐山、武宁、德安、九江等市县。居永修的主要在三角、立新、滩溪等地。其后裔人才辈出，举不胜举。

戴如愚的诗作有《甘棠》。这首诗，前两句叙述（追述，回忆）自己在修江做县宰的情形，后两句（"旧治卜居垂燕翼，执政功烈绘凌烟"）回忆自己过去熟读诗书，豪情满怀，展翅高飞，特别是"执政功烈绘凌烟"一句表达了自己执政为公、为国建功立业的凌云壮志和远大抱负。至今读之，依然语音在耳，使人奋进。

甘棠

修江作宰溯当年，荫满甘棠海泽绵。
旧治卜居垂燕翼，执政功烈绘凌烟。

半窗明月半空字，一枕清风一枕瑟

——理学名人李燔

一、理学名人

李燔（1163—1232），字敬子，号弘斋，建昌（永修县）人，南宋教育家，程朱理学重要传承人。他出生在建昌磨刀李，幼年失去父亲，依靠舅舅生活。在艾城西门外读书。李燔17岁时，朱熹担任知南康军，他曾受教于朱熹。绍熙元年（1190），他考中进士，授岳州教授。未赴任前，往建阳从朱熹学。朱熹以曾子"致远固以毅，而任重贵乎弘也"教授李燔，遂以"弘"为斋名建"弘斋书院"。李燔在岳州教学生古文六艺，并鼓励学生学文习武，开辟射圃，令众弟子习箭。后祖母去世，归乡，后改任襄阳教授，李燔再赴建阳拜会朱熹，不久辞官随朱熹讲学，朱熹"凡诸生未达者皆先令访学燔，有所发，再

李燔像

从熹学，诸生敬服"。朱熹宣布李燔为衣钵传人。凡新来弟子，皆命先从李燔学，并说："李燔为人爽直朴实，处事一丝不苟，交友有益，攻学勇而可畏，日后能传我道者，必李燔也。"朱熹死后，虽学禁森严，但李燔仍与众人赴丧。九江太守向朝廷推荐李燔，他坚辞不就。后郡守聘他为白鹿洞书院堂长。他著书立说，一时学者云集，讲学之盛，为其他书院所不及。

1192年，朱熹建"考亭书院"，李燔从教。两年后，朱熹做潭州太守，复岳麓书院，李燔在岳麓书院教学。

1196年，发生"庆元党案"，朱熹学说被禁，学生遭迫害，李燔回地方教学。1200年，朱熹逝世，李燔等顶住"学禁"，率领学子上千人共同办丧，在白鹿洞依旧讲学。

1201年前后，李燔回星子创办修江书院、白石书院继续教学。

1205年（宁宗开禧元年），诏访遗逸，九江守推荐李燔，召赴都堂审察，辞，再召，再辞。在临安收学生魏了翁，此后数年担任过江西运司干办公事、以直秘阁主管庆元至道宫。

时值洪州赣江江堤失修，动辄成灾。李燔秉请李珏、漕使王补之修复江堤。这时，南宋正实行"会子"（纸币），用于纳税和交易，三年换发一次，称"一界"。至此，已发14界，由此因发行过乱而贬值，因而官府要求提前认购，百姓意见极大。李燔与国子学李诚力争此法不足取应停止，被朝廷采纳。他行善政造福百姓。真德秀及右史魏了翁荐之，差权通判隆兴府，江西帅魏大有辟充参议官，皆辞，除大理司直，又辞。

时值洞庭湖"洞寇"作乱，李燔对元帅李珏说："所谓洞寇，皆是贫穷百姓为污吏、苛捐重税所逼。邀公者重杀戮而忽视招抚，致使铤而走险，聚众为盗。诚以好言劝抚，即可招安。"李珏命善言辩士劝降，果获成功。任官期间抚平洞寇，建议取消江西"会子"，置社仓，修水利，做了很多善政。

1216年（嘉定九年），黄榦访南康李燔、胡泳诸同窗，陈宓任"知南康军"。黄榦后来感慨地写道："先生去世后，门徒失去了敬畏，讲学几乎断绝。惟独在南康，李燔和余宋杰、胡泳、蔡念成（德安人，前三人为永修籍），带领自己最优秀的学生几十个人继续传播老师的学问。相比之下这算是最兴盛的了。"

1217年（宁宗嘉定十年），朱熹之子朱在以大理寺任"知南康军"，兴复书院，邀请李燔去白鹿洞。1218年4—5月间，同学黄榦、胡泳等十多人来庐山交游，建流芳桥，李燔与黄榦、陈宓一起讲学乾、坤二卦，后郡守邀请李燔担任白鹿洞书院堂长。李燔担任堂长后，白鹿洞书院达到鼎盛，各地学者云集，"讲学之盛，它郡无比"。他与永修籍朱熹弟子胡泳、李燀、周谟、余宋杰、李孝述、刘贲、熊兆及吕烨、吕炎、吕炳、吕焘、吕焕五兄弟等一起，传播理学。其诗文、思想散见于《朱子语类》《宋元学案》《全宋诗》等书中。

1225年后，李燔应邀，推荐了优秀人才崔与之、魏了翁、真德秀、陈宓、郑寅、杨长孺、丁黼、弃宰、龚维藩、徐侨、刘宰、洪咨夔给中央政府。翌年，李燔在南康军知府曹豳的支持下扩建白石山房（白石书院）。

1232年，宋理宗、李心传论李燔，海内一人。几个月后，李燔离开人世。22年后李燔获赠谥号"文定"，赠直华文阁，儿子李举担任下州文学的官职，孙子李镛也高中进士。时人将他与黄榦（朱熹弟子）并称为"理学黄李"，列享白鹿洞三贤祠、南昌正学书院十二先生祠、南昌名宦祠。《宋史》人物传列李燔为"理学"名人。现在在家乡永修湖东新区的"文定路"就是为了纪念他而命名的。

二、大教育家

李燔是永修县的大教育家，他把大半生都奉献给了教育事业，他高中进士后的42年里，有35年都在教育第一线，业绩非凡。他在白鹿洞书院讲学，学者云集，把这所当时的成人大学办成全国"书院之首"，影响着当时众多的书院，有如五四时期北大的"蔡元培"，他被老师朱熹认定为衣钵传人之一，死后被当时的中央政府授予"文定"的谥号（相当于"卓越的教育家、思想家"）。

李燔打破官本位，为老师朱熹的理学哲学的传播，起着至关重要的作用。我们先来观摩两幅讲学画面：

1167年农历九月初八开始的两个半月时间里，朱熹来到潭州（长沙）岳麓书院讲学交流。在张栻的岳麓书院里，朱熹与张栻两位大师以"会讲"方式，当众辩论《中庸》之义。讲堂上并排摆着两把太师椅，学子云集，听讲的学子你赞成谁家的观点，就站在哪位大师面前的阵营。随着会讲热烈而睿智地展开，学子们左右逢源，茅塞顿开。两位大师辩论到紧要处，曾连续三昼夜不辍。各地的学子得到消息，纷纷骑着快马从四面八方赶来听讲，路上的人流络绎不绝，讲堂内围得水泄不通，饮马池的水一下就被马喝光了，真可谓盛况空前。

1175年农历六月初，以朱熹、陆九渊为首的理学两大学派在江西铅山鹅湖寺举行了一次别开生面、规模盛大的学术大辩论。理学各派弟子及闽、浙、赣学者云集鹅湖。在整整三天中，学术气氛极为紧张。争论的焦点是关于认识论、世界观问题。上台辩论的虽然只有朱熹和陆九渊兄弟，然而辩论会如风雷激荡，争论十分激昂，最后谁也没有把谁辩倒。五年后，陆九渊回访朱熹和他驰名全国的"白鹿洞书院"。

朱熹特请陆九渊为书院讲学。陆九渊精彩的讲学，让听者无不动容，后来这些演讲也被作为白鹿洞书院的讲义。正是在这样一种时代氛围中，李燔中进士后，决心放弃自己的官职，跟随朱熹读书和讲学。1190年李燔在岳州教授任上前后，曾两次拜会朱熹，朱熹勉励他坚定求知。李燔严格教育学生，文武兼修，教授文艺和弓马，积极鼓励学生努力学习。在他的影响教育下，学生非常勤奋有为，像赵葵、赵范等人都成为一代卓越的将帅，更多的学生成为儒师。

1192年后的十几年里，他先后到朱熹开辟或恢复的武夷精舍、岳麓书院、考亭书院教学。许多人有不懂的地方，朱熹一般都让他们请李燔教习与启发，学子非常敬服。朱熹多次宣示，李燔"交友有益，进步可畏，处事一丝不苟，忠直朴实"，是自己学术的衣钵传人。朱熹写诗说："吾道付沧洲"，而李燔被黄宗羲、全祖望在《宋元学案》中列为南方理学耆老、沧洲大儒第一。

朱熹去世后，李燔率领南康学子，开辟修江书院、白石书院、竹梧书院，继续传播和研究儒家思想，可以说他从中进士以后的42年都是在教育与研究儒学中度过的。

1205年，李燔在中央政府任职，收下魏了翁作为学生，魏了翁后来成为一代儒学大师。4年后，福建兴建了不少书院，延平书院是其中比较著名的学府，李燔为该学府制订学规，长期参与教学，平江人引为自豪的"平江九子"有几个是他的学生。

1216年前后，李燔在家乡南康传播理学。不久朱在、陈宓又当了"知南康军"，他应邀又回到白鹿洞书院主持书院活动。白鹿洞书院成为天下书院之首，与李燔的教育教学关系很大。当时学生曾达上千人，"讲学之盛，它郡无比"，《宋史》这一评价，说明了当时书院讲学的盛况以及教育界所达到的最高境界。南宋时期有书院442所，很有名的有265所（私塾级别的书院不算），与朱熹有关的有67所，而这些不少都留下了李燔教学的身影。

李燔把教育事业当作自己的首要责任，不醉心于官场。他一再教育学生"人生在世，不一定非得做个大官、担任一定职务才算是建功立业，只要根据自己的能力大小，做一些实实在在有利于他人的事，就可以说是有了功业"，许多弟子都把这句话当作座右铭。他自己穿着朴素，全心投入教化与传播真理。直到他实在推脱不了学生的推荐，才又担任一段时间的官职。在任上，他为百姓造福不已。

1225年后，他生命的最后七年不再为官，而是潜心教学与研究儒家思想，他推荐了一些思想端正的好官员给朝廷。

南昌市进贤门和书院街，有三大书院遗址，这就是东湖书院、豫章书院、友教书院，这三大书院仍然供奉着李燔等大贤。据考证，李燔及学生饶鲁在东湖书院（1211年建）、豫章书院有过教学活动。李燔还拜谒了太师祖罗从彦的南昌西山故居"退思楼"，写下了《感怀》的教育诗作。"半窗明月半空字，一枕清风一枕瑟。闲来独倚栏杆外，满耳松声韶护音。"

全诗写得空灵剔透，颇具神韵。

作家余秋雨在《千年庭院》中写道："教学，说到底，是人类的精神和生命在一种文明层面上的代代传递。"李燔用一生实践来传递这种精神与知识。由于李燔文章的散落，在《朱子语类》《宋元学案》中，没有收录他的完整著作。根据他的部分文章片段和诗歌，如"元量清标酷似僧，诗情书意两相承。于今自有高人处，不尚空窗尚巽升"（《题竹斋指南诗》）可以看出，文如其人，其文超脱而隽永。《题竹斋指南诗》这首诗，是一首题赠诗，诗人表达了对友人裴万顷（字元量，号竹斋）诗画的赞美之情，其诗句"元量清标酷似僧，诗情书意两相承"足见其画美、诗美。最后两句是对这位"高人"的赞美。

三、李燔门人

李燔的学识深受朱熹赞誉，靠讲学成为学界最为崇敬的偶像。很多拜朱熹学习的人，朱熹往往让他们先向李燔求教。李燔一生桃李满天下，在众多学生中，可谓英才辈出。

魏了翁，号鹤山，庆元五年（1199）中探花，担任过国子监国子正职等职务。《杂识志》记载："魏了翁师李燔，得朱子所传。"1205年他在临安求学于李燔、辅广（当时，他们的学问还属于深受批判的"伪学"），才几个月就深深迷上了李燔的学问，由于权奸史弥远当道，后来他回到家乡潜心办教育。嘉定三年（1210）创办鹤山书院，各地慕名求学者络绎不绝，书院以"博学、审问、慎思、明辨、笃行"为治学准则，由他躬亲授教，孜孜不倦。教学书籍有朱熹弟子辅广、李燔所赠其师理学经典著述以及他从皇室书库誊录的儒学秘本及他家原有藏书等，卷帙浩繁。他的学友与门徒中，先后考取进士及担任高级官职者多人，学生游似担任过宰相，吴泳、牟子才担任过尚书等。

魏了翁后来担任多种官职。宝庆三年（1227），他又在靖州兴办了一所鹤山书院，一时"湖、湘、江、浙之士，不远千里负书从学"（《宋史》），各地学者云集。他把"鹤山"优良的治学传统，又传播到湘、黔、桂三省接壤的偏僻山区。后又多次担任显要职务，他去世时皇帝追封他为太师、秦国公。他生平著述颇丰，有《鹤山全集》109卷等。

饶鲁，余干人，号"双峰先生"。跟随李燔、黄榦学习。李燔问他："《论语》首先就讲'学而时习之'，你要努力去'习'什么？"饶鲁回答："应该兼备仁义，深思探究真理，认真去实践它"，于是李燔非常器重他。饶鲁专门从事学问研究，以"致知""力行"为根本。很多官员如赵汝腾、董槐、汤中、蔡杭等人相互向朝廷推荐他，朝廷任命他做官，他从来没有接受。四面八方的学生向他求学，他没有一天空闲，他设置一个"朋来馆"让学者居住，自己又开辟"石洞书院"来教学，还曾经担任过白鹿洞书院山长。他的著作有《五经讲义》等八部。

赵葵，十三岁开始从军，后来受学于李燔。《宋史》记载：他和哥哥赵范被父亲派往南康李燔处，学习"有用之学"。他曾经在淮南的唐、邓二州消灭前来侵略的金兵两万人。南宋绍定四年（1231），消灭反叛势力李全，又抗击蒙古侵略。1242年开始担任大学士，两年后历任宰相、督视江南湖北军马，被封为信国公、鲁国公、冀国公等，朝廷倚重他二十余年。端平年以后淮、蜀两边将领，多为他的属下。

宋斌，少年时就跟随李燔学习，是一个饱学大儒。当时担任兵部尚书、奉直郡王的赵与欢拜他为师，赵与欢用对待父亲的礼节侍奉他。

许仲明，从小在李燔处读书，嘉定年间考中进士，被授予湘潭宁乡尉。在任期间，清廉为政，体恤民生，对旧的官场陈规陋习一律改革，在他的治理下乡风日趋好转，民众安居乐业。因为清廉，在当地老百姓中有"不要钱"的称号。也正因为清廉，死时身无分文，"官贫无以殓，当事为护其丧以归"，是朝野少有的受普遍尊崇的"好官"。

方遘，号连云先生，李燔学生，深受李燔喜爱，后来推荐在黄榦门下。黄榦特别欣赏他，名帅董槐、孟珙一起向朝廷推荐他，赞誉他"冰清玉洁"，品行能力超众，他没有接受朝廷任命，讲学至死。

许应庚，平江人，李燔的弟子，也求学于李燔的学生饶鲁。和弟弟许应庭，均有名，1229年（绍定二年）一起中了进士。他因道德操行出名。

岁晏欲谁与，风致美无度

——大司农燕公楠

燕公楠（1241—1302），字国材，号五峰（芝庵），建昌（今永修县燕坊镇）人，他是宋朝礼部侍郎燕肃的七世孙。其先祖燕肃曾任北宋礼部侍郎、龙图阁大学士、赠太尉；燕肃之子燕虞部官至郎中，燕虞部之孙燕玫随宋高宗南迁，从北方的山东一带南迁至江西庐山脚下，建昌县燕坊村世居，燕公楠就出生在建昌燕坊。传说燕公楠的母亲雷氏梦见五色巨翼飞入怀中后生下了他。公楠10岁时就能写文章。正当他想参加科举考试时父亲去世，在家守孝三年。后来他做了连帅的幕僚，先后因功升迁五次。至元十三年（1276），元世祖忽必烈平定江南，燕公楠随着主官连帅归顺元朝。第二年南下平息叛乱有功，燕公楠被授予同知吉州路总管府事。至元二十二年（1285）夏，燕公楠被召至当时元朝的京都——上都，奏对称旨，忽必烈赐其名"赛音囊嘉岱"，任命他参与朝廷大政。对于一般的官吏来说，尤其是汉人官吏，这是一种极高的荣耀。然而，燕公楠既婉拒了赐名，也婉谢了元世祖要其辅佐朝政的任命，而是再三要求外放做地方官。元世祖只好尊重他本人的意愿，任命他为浙江行中书省签事，迁江淮行中书省佥事。

燕公楠居官清正廉明，敢于为民作主，革除弊政，除暴安良。他曾针对元朝贵族的游牧思维倾向，提出"屯田""农桑"等建议，要求重视农业、纺织小工业，开垦土地，增加财富。他到任后将流亡在外的百姓召集回来，带领他们屯田垦荒，由于措施得法，数年间，屯垦颇见成效，屯田规模很广大，以至元朝后来设立了专门的管理机构——大司农司。因成绩显著，燕公楠升任大司农、领八道劝农营田司事兼江淮行中书省参知政事。朝廷为表彰他功勋卓著，封其为平章政事，可是他坚辞不受，宁愿做地方官，为民造福，他说："功名利禄皆为身外之物，造福百姓才是立身之本。"他曾以轻快的笔调，写诗一首，描绘了江淮大批闲田垦复后，瑞雪兆丰年的景象："疑是玉楼上界仙，散花布地又年年。五龙松老尤擎重，翠羽寒梅敢占先。甲胄戍边思挟纩，貂裘换酒不论钱。旧家风味都休说，预喜丰年赋大田。"他很有见识和名望，忽必烈曾向他征求丞相人选，并按照他推举的名单，任命完泽当丞相。

他不为功名，也不为利禄，毕生以富民强国之策治理地方。这些举措为后来明清时期江淮地区富甲一方、商贸繁华打下了坚实的基础，也为阻止元朝贵族使用游牧思维治理南方起到了重要作用。对于恶人，他秉公执法。在任江淮行中书省知政事时，僧格（一作桑哥）即败，蠹政未尽去，民不堪命，他奏请更张，以固国本。忽必烈高兴地采纳他的意见。江西营田使贪横，民愤极大。他按罪处理，将其罢官。转运司判官唐申在家乡沅州，豪夺民田，他也依法给予判刑，民心大快。

至元三十年（1293），燕公楠再任大司农，转升河南省右丞，以厘正外法为民称颂。成宗即位，公楠入朝进觐，改任湖广行省右丞。大德六年（1302），召回京都后卒。朝廷命大臣护丧南归，所经之地，皆命地方官祭奠，葬今永修、德安高塘界乌石坑燕姓坟地。他还精通音乐，有著作《五峰集》《唱论》传世。

燕公楠的诗词在元朝评誉颇高，有一首赠给程钜夫（程文海）的词《摸鱼儿》很有名，格调甚高。

> 又浮生、平头六十，登楼怅望荆楚。出山小草成何事，闲却竹烟松雨。空自许，早摇落江潭，一似琅玕树。苍苍天路，谩伏枥心长，衔图志短，岁晏欲谁与。

> 梅花赋，飞堕高寒玉宇。铁肠还解情语。英雄操与君侯耳，过眼群儿谁数？霜鬓缕、只梦听，枝头翡翠催归去。清觞飞羽。且细酌盱泉，酣歌郢雪，风致美无度。

《摸鱼儿·答程雪楼见寄补序》(一说《摸鱼儿·赠程钜夫》)这首词是一首怀念南国之歌,也是一首思乡之曲。这首词,表现了燕公楠对江南、对故园的思乡之情,燕公楠一生才智双全,客死京城时只有62岁。虽然在他生前或去世后,元朝统治者都给予他极高的殊荣。然而,一直跻身于官场的他,对江南的故乡——燕坊村(今永修县燕坊镇)怀着一份特殊的感情。这首词,字里行间透露出燕公楠浓浓的思乡之情。同时表现了作者向往"清觞飞羽。且细酌盱泉,酣歌郢雪,风致美无度"的田园生活。

孝行素著，文章练达

——文学家程钜夫

程钜夫（1249—1318），初名文海，因避元武宗庙讳，改用字代名，号雪楼，又号远斋。生于龙兴府新建县吴城山（今永修县吴城镇），元代官员、文学家。

程钜夫的经历很传奇，一生飞黄腾达。他是在永修县吴城镇出生、长大的。他的先祖从安徽休宁、歙县，湖北京山一路迁徙到鄱阳湖边的永修县吴城镇（时称隆兴府新建县吴城山），家族在此繁衍发达，他的祖父程德秀开始在吴城镇定居，程德秀及其三个儿子程翔卿、程严卿、程飞卿都曾担任过南宋的地方官员，在当地声望较高。程德秀的长子程翔卿因为无子，过继了家族的一个孩子为子，这个人就是程钜夫。程钜夫在吴城镇一直生活到19岁，他退休后才到建昌军（今南城县）定居。在吴城镇的生活经历中，孝行素著，文章练达，颇受好评。

程钜夫五岁就学，由于长辈谆谆教诲，家学渊源深厚。幼年时就显得出类拔萃，文思敏捷，过目成诵。17岁开始从学于龙渊先生胡自明，19岁开始游学于临川临汝书院，从学于徽庵先生程若庸，和翰林学士吴澄是同窗，都是教育家李燔的三传弟子。

1275年，因叔父程飞卿于宋恭宗德祐元年任建昌军（今江西南城县）通判，程钜夫随叔父来南城寄居。翌年初，元军南下围住程飞卿镇守的建昌府。无奈之下，程飞卿献出城池，投降元朝。同年春，程飞卿带他北上大都（今北京），觐见元世祖忽必烈。程钜夫被作为人质留在大都，还接受元廷"宣武将军银牌"，管军千户。第二年担任忽必烈内廷的宿卫。

程钜夫开始几年默默无闻。一次偶遇，忽必烈试以笔札，于香殿召见他,在对答之下,忽必烈发现他的杰出文才,就下旨改任程钜夫为翰林学士。

忽必烈嘱咐他:"从此国家政事得失,及朝臣邪正,都应该为朕言之。"他顿首谢恩说:"臣本疏远之臣,蒙陛下知遇之恩,敢不竭力以报答陛下。"程钜夫耿直敢言,深得忽必烈信任。不久后,升为翰林修撰,再任集贤直学士,兼秘书少监。

程钜夫是元朝开国以来最先得到重用的南人之一,这与其机遇、才能、忠诚、通晓典章制度,熟悉江南情况、能与南宋遗民沟通感情是分不开的。

当时南方汉人地位低下,对元朝统治非常抵制。程钜夫致力于推动元廷改进吏治。至元十九年(1282),他上书建言《吏治五事》:一是录用江南士子,二是通同南北选任官员,三是恢复科举考试功名和晋升体系,四是设立贪赃枉法的簿籍、考绩,五是江南的官员应该给予薪水工资,不能从百姓家中直接收取。朝廷悉数采纳。其后,程钜夫又见忽必烈,奏请四项善政:兴建国学,派人去江南搜访遗逸,重建御史台、按察司,适当起用南方汉人充任。忽必烈亦悉数采纳,命人兴建国子监、御史台,任用部分南方汉人主持这些工作,全国上下以汉字为正字,朝廷诏书只使用汉文。

至元二十年(1283),他加翰林集贤院学士、同领会同馆。至元二十三年(1286),他当面向忽必烈提出:"首先应兴建国学,请求派遣使者到江南去,搜访遗逸。御史台、按察司都应参酌使用南北之人。"忽必烈欣然同意了。至元二十四年(1287),程钜夫拜侍御史,奉诏求贤于江南。他遍求叶李、赵孟适、赵孟頫、张伯淳等20多位前朝"遗贤",用车载着直奔大都,连夜觐见忽必烈。忽必烈立即起床召见,全部录用提拔。后来,赵孟頫、吴澄等人荣登显要,叶李担任宰相。程钜夫深知开科取士的意义,始终不渝推动恢复科举制,大力修复和建设书院,终于促使朝廷在皇庆二年(1313)恢复开科取士。

至元二十六年(1289),宰相桑哥专权,法令苛急残酷,天下骚动不安。程钜夫趁着忽必烈召见的机会,呈上弹劾奏疏,历数桑哥罪行。桑哥勃然大怒，六次奏请杀害程钜夫，幸亏忽必烈一直保护，才使他免遭毒手。一年后，桑哥罪行暴露，终于伏诛。程钜夫刚直不阿，为人称道。他曾多次担任肃政廉访使，倡导廉政，专门纠核官吏，官风为之一清。

至元三十年（1293），他出任闽海道肃政廉访使，他兴办学校，注重教化，一时僚吏畏其严明的法纪，百姓爱戴这位慈善的长官。大德四年（1300）迁江南湖北道肃政廉访使，均有政绩。他奏陈《民间利病五事》，要求取消部分苛政，忽必烈一一采纳。程钜夫注重民生。大德七年（1303），湖北连年大灾，他用公田和俸禄作为赈济，救活无数百姓。

程钜夫身为四朝元老，40余年间出入显要，朝廷典册多出其手，是元代前朝最主要的文臣之一。大德八年（1304）他被拜为翰林学士，先后撰修《成宗实录》与《武宗实录》。延祐元年（1314）以老病求致仕还乡。元仁宗命廷臣以下在大都齐化门为他饯行。他著有《雪楼集》45卷（今存30卷），包括函诏制册文10卷，序记书文15卷，还有部分诗歌集。程钜夫居家三年后去世。朝廷赠予其"光禄大夫""大司徒""柱国"，追封"楚国公"，赐神道碑，谥号"文宪"。

他在永修的作品有《六日到吴城山》《燕五峰右丞用安管雪见贻，次韵二首》《摸鱼儿·寿燕五峰右丞》《清平乐》等50余首，还有《燕公楠墓志铭》。

程钜夫的《燕公楠墓志铭》是为燕公楠而写的文章，由志和铭两部分组成。第一部分是"志"，用散文撰写，记叙燕公楠世系、名字、爵位及生平事迹等。后一部分是"铭"，则用韵文概括全篇，主要是对燕公楠一生的评价，表示悼念和赞颂。

庐山面目真难识，叠嶂层峦竞胜奇

——庐山道士周颠

周颠（生卒年不详），无名无字，人以为颠，唤名周颠、颠仙。明代建昌（今永修）人。举止非常，言语髯髴，善写真，尝自写貌于皇城五凤楼上。元末，乞食于南昌，后不知所终。周颠故事见于《明史本传》《画史会要》《名山藏》。明太祖朱元璋御制《周颠仙人传》一卷。周颠在永修的诗作有《无题》。

一、"颠仙"传奇

在《明史·方伎传》中，为一个有姓无名的传奇人物立传，他既是"颠子"，又是和尚、道士，还被皇帝认为"仙家"。他每次总是道破天机，千钧一发之际总能给朱元璋莫大的帮助。朱元璋临死前五年，还念念不已，亲自为他撰写传记、诗歌，进行极大的赞扬。这个人就是永修人"周颠"。

在《明史》和《四库全书提要》、朱元璋《周颠仙传》里面，都有记载。

周颠，建昌东乡（今永修县艾城蛟腾周家）人，无名，身长乳奇，14岁患狂病，入南昌乞食为生，说话语无伦次，故称"周颠"。元朝至正年间，每逢新官上任即往晋谒，口呼"告太平"（意为天下将乱，乱后必定），当时天下没有什么人起来造反，大家都不知道他说的是什么意思。后来南昌被陈友谅起兵占据，周颠避开陈友谅的部队。朱元璋取南昌，周颠又疯疯癫癫来告太平，朱元璋被告得烦了，叫人灌以烧酒不醉，又叫人拿缸把他盖住，用芦薪围住放火烧，烧了三次，只出一点汗。朱元璋带上周颠乘船回金陵（南京），叫周颠到蒋山庙里去寄食，和尚来告状，说周颠和小沙弥抢饭吃。朱元璋亲自去看，摆一桌筵席，请周颠大吃一顿。又给关在空屋里，一个月不给饭吃，他也不在乎。这故事传扬开了，诸军将士抢着做东请他吃酒饭，他却随吃随吐，只有跟朱元璋吃饭时，才规规矩矩。大家都信服了，以为确是仙人。周颠去看朱元璋，唱歌："山东只好立一个省。"用手画地成图，指着对朱元璋说："你打破个桶（统），做一个桶。"这就是"周颠画桶"的故事。

朱元璋要去攻打陈友谅的部队，问周颠："这次出兵会顺利吗？"周颠占卜以后回答："顺利。"朱元璋说："陈友谅已经自立为皇帝，攻打他一定很有难度吧？"周颠抬头看了一会天，严肃地说："上天没给他安排皇帝这个座位。"

朱元璋于是带着他一起出兵，乘船到了安庆地区，没有风，船没办法前进，朱元璋找人去问周颠，周颠说："船跑起来，风就跑起来了。"于是朱元璋找人拉纤，船向前走了不久，天突然刮起了狂风，直接把部队的战船都送到了小孤地区。朱元璋害怕周颠胡言乱语会扰乱军心，让人把他关起来看守。船队行到马当，看见江里有江豚在游来游去，周颠感慨道："看见了水怪，一定会死很多人。"看守的士兵赶忙报告了朱元璋，朱元璋大怒，让人把周颠扔到了江里。部队行进到了湖口，周颠又突然出现来见朱元璋，并且要吃饭菜。于是朱元璋给他饭吃，吃完之后，周颠起身整理随身物品，好像要出远门的样子，然后告辞离开了。陈友谅被剿灭后，朱元璋派人到庐山去找周颠，始终没有找到，大家都怀疑周颠已经成仙了。洪武二十六年（1393），朱元璋亲自写了一篇《周颠仙传》《赤脚僧诗》，记录关于周颠的故事。朱元璋还命令中书舍人、书法家詹希庾把这些诗文书写，让工匠凿刻在石碑上，立碑于庐山仙人洞之上，建御碑亭，至今还在。

据记载，朱元璋宠信的这个"周颠仙"，除了预测能力，还有些令朱元璋信服的"法术"，而且还进献过丹药。朱元璋在《周颠仙传》里对他的功法大加赞颂，另一篇纪念他的《赤脚僧诗》，对"颠仙"亦大加赞颂："神怜黔首增吾寿，丹饵临久疾瘳痊。"

朱元璋坐了天下后，根本不再需要利用他对陈友谅的推断，来装神弄鬼，以朱元璋的直率也不可能去搞这些鬼，唯一的原因是朱元璋对他痴迷和推崇。看来，"周颠仙"既不是仙，也不是颠，而是一个愤世嫉俗、装疯卖傻的道士。

二、周颠与御碑亭

1368年，朱元璋在南京建立了大明王朝，他在庐山建立了御碑亭、访仙亭，重建了天池寺。

在庐山仙人洞，有座御碑亭。据传，周颠是从庐山仙人洞右侧的锦绣峰上升天的，所以被周颠竭诚感激的朱元璋便钦定在这里竖碑建亭。

亭内有块高一丈二尺、宽三尺七寸、厚七寸的大石碑，碑上镌楷书1984个字的《周颠仙传》，亭子门口刻有一副"姑从此处寻踪迹，更有何人告太平"14个龙飞凤舞的行草对联，概括了御书的全部内容。亭内的碑文写道：

> 朱元璋与陈友谅大战鄱阳湖时，有一名叫周颠的疯和尚在洪都（今南昌）行乞。在东华门谒见朱元璋，口唱"告太平"歌，言朱元璋定都南京，天下太平。后随军横渡长江，至彭泽前小孤山时，无风，船不能渡，疯和尚遂站立船头，呼一声，东风劲吹，兵马始扬帆渡江而过。后和尚辞别而去，问居，答："吾乃庐山竹林寺僧也。"随之白云升起，疯和尚踏白云向庐山而去。朱元璋定都南京后，特遣使来庐山，访周颠不遇，人传已在此乘白鹿升天。朱元璋即建亭立碑，以张其事。凭亭北眺长江、九江，近瞰山麓东林寺、千佛千塔，皆历历在目。

洪武十六年，四方平定，有匡庐僧人觉显至京，太祖问起周颠，奏曰："颠仙在天池寺去五里许竹林寺当沙弥，常披草衣，赤脚，深居简出。"一日，太祖患热症，久不愈，周化为赤脚僧赴京，送来"温良药"

两片，温良石一片，服之，夜即愈，及朱找周时，已不知去向。后不知所终。朱怀念周不已，遂立御碑以志其事。

当年为建造御碑亭运送碑石材料之需，自西南二里余地筑一小道直达山麓，即"九十九盘御道"，至今仍在。"御道"沿途多有明代以来名人石刻，又有如"庐山高"石坊等胜迹。

从御碑亭西行二里，即传说中周颠仙人、天眼尊者、徐道人和赤脚僧聚首的地方。这里在东晋就建有天池寺，宋代改称天池院。朱元璋为了报答仙人之恩，同样对天池院大加修葺，并赐以美名"护国寺"，后改名天池寺。

战功突出，驸马封侯

——驸马都尉广平侯袁容

袁容（1375—1428），建昌（今永修县）柘林三洪滩袁家人。其父袁洪，跟随朱元璋开国有功，被封都督，袁容继承父亲的职位。洪武二十八年（1395），他被朱元璋指定，迎娶朱棣的女儿永安公主，担任燕王朱棣的"仪宾"。

建文元年（1399）夏，燕王朱棣发动"靖难之役"，公开反对建文帝。建文帝派长兴侯耿炳文统帅30万大军进驻真定（今河北正定市）。明、燕两军在此展开"真定会战"。朱棣出涿州、娄桑，夜袭雄县，在"月样桥"伏击来援的莫州（今河北任丘北）部队，生擒主将杨松、潘忠，继而率领虎狼之师的燕军，猛扑向滹沱河边的耿炳文大军，斩杀三万人。耿炳文最后逃入真定城。耿炳文兵败，燕王命令袁容驰援山东永平府（今河北秦皇岛市卢龙县），打退明将吴高，自己则突袭大宁，逼降宁王。不久，建文帝派李景隆率领50万人马来攻打北京，被朱棣击溃。朱棣率军进入山东，后通过长途奔袭南京的方式，打下都城，最终夺取皇位，史称明成祖。

明成祖对这个有将才的大女婿、驸马袁容极为倚重。每次外出巡幸，都命他掌留守事，威信很高。袁容也因此一度骄纵自负。一日，都指挥款台（人名）乘马经过驸马府没有下马，袁容大怒，几乎将他打死。成祖知道后，给儿子赵王朱高燧写信道："自大明立国以来，从未听说经过驸马府也要下马。晋朝的驸马王敦，纵恣暴横，最终自取灭亡。你拿这封信给袁容看，让他立即把殴打款台的人押送京师。"袁容惊惧谢罪，从此收敛很多。

永乐元年（1403）五月，朝廷再论靖难之功，封驸马都尉袁容为广平侯，禄1500石，并赐丹书铁券，永世袭爵。同年十月初一，明成祖颁诏，公开推行"军功袭职例"，规定军功爵位可以子孙世袭。因此，袁容家族得以三代五人传承"广平侯"的侯爵。

明成祖永乐十五年（1417），盛年的永安公主（约1380—1417）不幸去世。明成祖剥夺袁容的侯爵。

宣德元年（1426），宣德帝（永安公主的侄子）即位，重新恢复了袁容的封爵，任用袁容留守北京，并参与劝降了叛乱的赵王朱高燧。

是年八月，明成祖朱棣的儿子赵王朱高燧谋反，宣宗亲征，他命令儿子郑、襄二王居守北京，广平侯袁容，武安侯郑亨，都督张升、山云，尚书黄淮、黄福、李友直协同赞辅。（《宣宗实录》）驸马都尉袁容给宣德皇帝上奏，宣德帝晓谕他说：

> 在京每日启事止用启本。各处所奏机密重事启知，遣人驰奏。如强盗、反狱等事不可缓者，即时启知施行；及修治军器之属，急用诸物，公同会计，具启支给，仍用具奏。其余事务应行者，即具启施行。可缓者，以奏本付科，俟车驾回奏请。

赵王朱高燧是宣德皇帝的叔叔，曾协助父亲朱棣夺天下有功。宣德帝即位，赵王率领大部队公开反叛。宣德帝决定率兵亲征这个叛乱的叔叔，同年九月初五日："令武阳侯薛禄、清平伯吴成为先锋，广平伯袁容、都督张升为左右翼，军容甚盛。"（明朝孙高亮《于少保萃忠全传》）

> ……对曰："必不得已，则于皇亲中择一人与赵心相孚者偕观行，庶几有所开导。"上曰："然则谁可。"对曰："广平侯袁容，至亲，且善开谕，更得玺书亲谕之尤好。"上从之，遂遣容观行。赵王得玺书及言者所上章，大喜曰："吾生矣！"即献护卫，且上表谢恩。（明朝宋端仪《立斋闲录》转述宣德朝《圣谕录》）

这就是宣德皇帝召来留守京城的袁容，解决这场叛乱的过程，足见皇帝对他的信任，他也没有辜负皇帝所托。

在宣德皇帝亲征的威慑下、在广平侯袁容的劝降下，这场叛乱以雷霆万钧开端，以兵不血刃结束，避免了历史上常见的那种血雨腥风，而是这样艺术性地得以解决，终于平定了这次叛乱。《明史》卷一六八、列传第六记载云：

> 明年（1427），帝以其词及群臣章，遣驸马都尉、广平侯袁容持示高燧。高燧大惧，乃请还常山中护卫及群牧所、仪卫司官校。帝命收其所还护卫，而与仪卫司。

宣德三年，宣宗巡边，仍然是袁容主持留守北京，皇帝命令：

> （三年八月癸卯）敕驸马都尉广平侯袁容、少师隆平侯张信、行在兵部尚书张本、礼部尚书兼华盖殿大学士张瑛、户部尚书郭敦、都察院右都御史顾佐等居守北京，大小事须同计议，措置得宜，不可怠忽，忽遇警急机务，审议停当即行，仍遣人驰奏。

袁容虽然是武将，但是非常珍爱文化典籍，珍藏了《文献通考》等书籍，拥有专用的图书印章，把珍贵的典籍传于子孙后世。袁容去世后，与永安公主合葬，被封赠为沂国公，谥号"忠穆"。

三年大比拔群英，一榜修江得四名

——刑部尚书魏源

魏源（1382—1444），字文渊，号爱竹，建昌县（今永修县柘林易家河魏家山村）人。他从小志向远大，性格刚毅。13岁时，他在《咏桂花》一诗中，写出了"志气胸中藏日月，文章笔下走龙蛇；他年大展拿云手，压倒江南宰相家"这样豪气冲天的诗句。

永乐三年（1405），24岁的魏源考取了举人，第二年荣登进士。他先后被朝廷任命为福建、陕西、贵州的监察御史，浙江按察副使等职。他以包拯为标杆，严厉惩治腐败，一心一意为百姓谋福祉。

易家河魏源墓前马俑（摄影/金和平）

宣德年间，西安发生瘟疫，魏源立刻督促地方官员大量购置药物发放，组织医官前往治疗，救治了大量的病人。他专门上奏：陕西各地府仓积存的粮食很多，现在西安发生大的瘟疫，影响农民生活和生产，请求减免疫区百姓的部分税收。这一建议得到了明宣宗的采纳，大量灾民的困境得以缓解。

宣德五年（1430），河南发生大面积旱灾，百姓纷纷逃亡。皇帝紧急任命他为河南左布政使。魏源一到任，立即制定救灾措施，开仓赈灾，免除赋税徭役，逃亡的百姓陆续返回故乡。不久，旱灾因为雨季的到来得到缓解，魏源随即组织灾区百姓开展生产自救。由于措施得力，河南竟然取得了粮食大丰收，这成为朝野公认的奇迹。

明英宗继位后，提拔以刚直廉洁闻名的魏源为刑部尚书，掌管全国的法律刑狱与司法监督。任职期间，魏源始终秉持公平公正的原则，审理各类案件。发现下级审判不合理的地方，他及时予以纠正。当时的陕西按察司佥事向他反映，依照律法规定，在处置武臣犯罪的时候，处罚条文过于苛刻，魏源就此专门奏请皇帝，把这个不合理的规定废除了。

正统二年（1437），魏源代表朝廷，巡视抗击北元的边防。他到达后，积极清查宣府、大同两大军镇的军饷拖欠以及军屯侵占案件，依法处置了十几名违纪的军官。派都督李谦、杨洪守卫独石堡垒，在险要地区增设威远卫，在独石至宣府之间的路上，增置很多防守关卡，增修了开平城、龙门城。免除了屯军应该交纳的租金，整修军备，储存了大量的火器以应付突发事件。原本应在军中服役但是利用特权逃避的权贵们害怕魏源，纷纷回来服役。《明史》中高度赞誉魏源："易将卒，增亭障，实军伍，边备充实，为一时能臣。"

魏源举贤任能，奖励提携后学。他多次据理力争，推荐名臣于谦任职，于谦不负众望，后来成为挽救明朝危机的中流砥柱。在刑部左侍郎任上，他推举刑部郎中戴琼前往广西，担任布政使司左参议，还推荐滩溪名士、临武知县袁均哲就任郴州知府，袁均哲在郴州除虎患，修水利，兴利除弊，至今还被人们称道。

　　魏源重视家风家规教育，留下了不少有关家风家规的诗歌和文章，诸如《十劝文》《十戒文》等。这些诗文成为廉政文化宝库中的精粹，至今仍有教育意义。在《任职寄家书》中，他殷殷叮嘱子孙后代：

　　　　幼者读书心需卓立，长者治家切莫谋私。子有私心，父有公法。不可恃富欺贫，毋得将大压小。做事要有始有终，持家须立纲立纪。执一老诚，警其造次。不慕嘻戏，莫学骄奢。毋喜怒不常，要好和为善。戒面是背非，要心和意顺。往来老老诚诚，坐立敦敦笃笃。不可恍恍惚惚，惟宜斟斟酌酌。

　　数百年来，魏氏家风醇厚，教育得法，人才辈出，涌现出高州知府魏铭、庆元知县魏珵等代表人物，他们为人正直，为官清廉，留下了不俗的口碑。

易家河魏源母墓功德碑（摄影/金和平）

正统九年（1444），魏源病逝于北京。吏部尚书王直为他书写了御制碑文，许多王侯大臣撰写了挽联悼诗。朝廷赐予他谥号"文忠"，用来肯定他"慈惠爱民为文、危身奉上为忠"的一生。

青山埋忠骨，英名世代传。至今，"刚人"魏源墓尚存，它位于云居山北麓的易家河交椅山下，这是一座有近六百年历史的明英宗钦赐墓葬。墓前立有一块由石鳌驮着的高约一丈、宽六尺的大石碑，上刻"皇明敕葬刑部尚书魏公文渊神道碑记"，两边伴有雕刻精美的石马、石羊和石人。

魏源的诗作有《朱王袁李四子获得口占赠之》，这是一首即兴诗作。诗题中的"朱王袁李"四子，他们都是修江（今永修县）人。诗中对四子表示高度赞扬。

　　三年大比拔群英，一榜修江得四名。
　　朱坦能文才弱冠，王澜积学久驰声。
　　奇才堪羡袁均哲，新进尤夸李肃成。
　　老我无能双鬓雪，诸公衮衮继登庸。

诗题中的"朱王袁李"四子，指诗中的朱坦、王澜、袁均哲、李肃成四人。诗人得知"一榜修江得四名"的喜讯，脱口而出这首诗。诗中对四子表示高度赞扬，"朱坦能文才弱冠，王澜积学久驰声。奇才堪羡袁均哲，新进尤夸李肃成"。同时对"诸公"予以勉励。

望穷楚徽乾坤大，坐底松乔日月闲

——音乐家袁均哲

袁均哲（1394—1466），一作钧哲，字庶明，建昌（今永修县滩溪镇灌叟袁家）人，音乐家、诗人。曾任郴州知州，黎平、琼州知府等职。他兴利除弊，造福百姓。据《永修县志》（1986年版）记载"建昌，琼州知府"。据马旋图版《建昌县志》卷之六记载，他与王澜、朱坦、李肃成等人一起，中了永乐二十一年辛卯（1423）的乡试。明永乐二十一年，时任监察御史建昌名人魏源，得知建昌县在乡试中拔得头等，时有四位建昌俊才上榜，遂口占一首七律《朱王袁李四子获得口占赠之》赠给四位学子。诗中"奇才堪羡袁均哲"，可见魏源对袁均哲的莫大肯定与鼓励。

袁均哲编修有《郴州志》《太音大全集》《群书纂数》等。少年时代所辑的《太音大全集》被誉为古琴学划时代著作。

据《明史》卷七十四记载，袁均哲有两部书籍列入该书的《艺文志》，分别是正德嘉靖间新刊五卷本《太音大全集》（一说《太古遗音》二卷）、《群书纂数》十二卷。

《太音大全集》为现存最早的琴论专集。原刊于明永乐十一年。据近人研究，此书为宋代田芝翁所辑，原名《太古遗音》，在《续修四库全书》的《子

《太音大全集》

第一章 本土名流

75

部·艺术类》中全文收录。南宋嘉定年间杨祖云更名《琴苑须知》。明正统初袁均哲又据此本为此书作注释，编成《太音大全集》。全书共五卷，内容包括：制琴工艺、演奏技法、记谱体系及音乐美学理论等。此书屡经增订翻刻，有多种版本传世。其中保存了不少早已散佚的唐宋琴书、琴谱，如唐代赵耶利、陈居士、陈拙及宋代田芝翁、杨祖云等人的指法材料，以及《手势形法象》等等。现《太古遗音》两卷本、《太音大全集》（均载新版《琴曲集成》第十一册）及《新刊太音大全集》（1963年版《琴曲集成》第一辑上册）已由中华书局影印出版。袁均哲注释这本珍贵的书，成为音乐重要典籍。

《群书纂数》，《四库总目》卷一百三十七子部四十七中说："《群书纂数》十二卷（内府藏本），明袁均哲撰。均哲字庶明，建昌人。正统中（1436—1449）官郴州知州。是编因临江张九韶《群书备数》补其阙遗，加以注释。凡十三门，百二十三事，千四百三十四条。"《百川书志·高儒》记载："《群书纂数》十二卷，皇明建昌袁均哲字庶明。因张九韶备数失伦，即其门类，加以注释，增八百二十三事。自一至百依次贯之，总一千四百三十四条。"

袁均哲在郴州留下较多诗文。据"郴州网"（署名李雅）记载袁均哲有诗歌九首（明《湖广通志》；康熙及嘉庆《郴州总志》；同治《临武县志》、《永兴县志》；民国《宜章县志》《汝城县志》），包括《寿江龟鹤石》《苏仙岭》《郴州风土》《古便县》《到宜章》《督政至桂阳》《游蒙岩》《成仙观》等。该网说："作者袁均哲，江西南昌人。明宣德年间（1426—1435）先任临武知县，后任郴州知州。有才干，平易近人。任职期间，修州志，百废俱举，受到称誉"（这里袁均哲属豫章人，其籍贯应是建昌）。

北湖风物胜西湖，良夜游观景更殊。
千古澄清涵玉鉴，一泓漂渺浸冰壶。
棹歌每逐渔歌发，水气长同野气虚。
却忆当年韩吏部，曾于此处赋叉鱼。

这是袁均哲写的一首《北湖水月》诗作。网上作者注:"袁均哲,明代初音乐家,诗人,江西人;进士,临武知县、郴州知州、琼州知府;尽职郴州,百废俱举,并始著琴学琴论《太古遗音》《太音大全集》,颇具艺术价值。"(《太古遗音》《太音大全集》是同书异名)。

殷殷侍五帝，坎坎人生路

——太医李宗周

李宗周（生卒年不详），建昌（今永修县）人，明朝太医。曾任太医院、太常院院使。"医官：李宗周，建昌县人，忠医士保举，历太医院院使，升通政掌院使。"（《南康府志》）他以医术精湛与忠诚获得皇帝的信任，先后服侍过五代皇帝（明英宗、代宗、宪宗、孝宗、武宗）。

《国朝献征录》有一则关于李宗周被皇帝赏识的故事。故事中讲到，掌院事（太医院主官）李宗周向皇帝及太医院推荐了吴杰等名医，但是有个与他争权的人，向皇帝进谗言，说他接受贿赂推荐庸医，结果皇帝患喉痹，让吴杰给一服药治好了。皇帝认为李宗周忠诚，吴杰医术高超。

明朝尚书王世贞在《皇明异典述》卷五、《弇山堂别集》中均录有《文臣异途》的材料，其文曰："国朝文臣入仕正途，惟有进士、乡科、岁贡、选贡而已。其任子及国初贤良方正、人材举荐亦次之。其有不由是途而登大位者，略纪于是：……通政使司通政使掌太医院事施钦、仲兰、李宗周、张銮、徐伟，俱以医。"也就是说，李宗周居然通过医术获得了高官（三品），在世人看来，还真让人羡慕妒忌不已。

至于他的医术如何，至今尚未见其著作或医案。现代人梁峻、梁淳威在《御药房考略》（见《中医文献杂志》2007年第2期）中写道：

> 御药房的医官是从太医院中选优而来。明朝弘治元年八月癸巳（1488），"礼部会考太医院医士，请留吴绶等二十人御药房供事，李宗周等十五人退回本院应役。上命于退回数内再留朱佐等五人"。可见御药房医官选拔之严格。

正统十年（1445）11月，由吏部推荐，李宗周由太常寺协律郎升任太

常寺寺丞。(《明英宗睿皇帝实录》一百三十五卷)

正统十一年(1446)12月,甘州等处疾疫流行,朝廷派遣李宗周赴甘肃,祭祀境内山川之神。(《明英宗睿皇帝实录》)

正统十四年(1449)9月,李宗周升任太常寺少卿。(《明英宗睿皇帝实录》一百八十三卷)

景泰三年(1452)夏四月二十二日,李宗周参与"议易储"(议立储)事件,跟随文武群臣廷议立储君,提议改立太子,李宗周站在正确的这一边。

景泰五年(1454)5月,因山东天气寒冷,冰冻不解,当地上奏朝廷请求派遣一名清心寡欲的官员,前来遍祷应祀之神,以安生灵。皇帝派遣李宗周前往东岳庙祭祀。(《明英宗睿皇帝实录》二百四十卷、王居易《东镇沂山志》卷二)

据《明英宗睿皇帝实录》记载,天顺元年(1457)九月丙戌,因为当时的王谦到处奔走要求留在北京,而李宗周则因为供祀不够严谨,所以皇帝调遣太常寺少卿李宗周、王谦到南京太常寺任职。

成化元年(1465)十二月壬午,吏部勒令南京太常寺少卿李宗周、陈学致仕。原因是李宗周备受嫉妒,吏部认为他属于杂流而不是正途出身,他以乐舞生补太常寺协律郎,一直升至少卿、掌院使这样的高层职位。而陈学、王谦多次泄露机密。还有一件事是李宗周、陈学的印鉴问题。原来李宗周在南京管理太常寺九年时间满了赴京任职,就把印鉴给付陈学,李宗周复职回来,陈学占着印鉴不给,等到陈学六年秩满回京,二人又因为印鉴的事情拉扯而且交恶,官司打到吏部。吏部勒令两个人都退休回家。

明孝宗弘治年间(1488—1505),李宗周升任太医院掌院使。据《明孝宗敬皇帝实录》记载,弘治元年(1488)八月癸巳,礼部奉旨,让御药房供事李宗周等15人退回本院应役。弘治十八年(1505),孝宗皇帝驾崩,还未改元,就开始追究太医的医疗责任问题。都察院左都御史戴珊会同英国公张懋、吏部尚书马文升等人上奏,要求处死有直接责任的若干太医。此外，对于"院使李宗周，院判张伦、钱钝、王槃等坐视用药非宜，隐忍不举。……于是院使宗周降职为院判……供事如旧"。李宗周因"坐视不检举"的责任，贬为"院判"。两年后的正德二年（1507）复职为掌院使。这件事导致很多人对李宗周等人的意见很大，既有导致明君去世的原因，也有武宗皇帝惩罚不严明的责任。

对他儿子的恩荫问题，吏部对李宗周等人执异议，评价李宗周说：宗周以方术猎取大官，已为非分，不宜录用他的儿子。最后还是皇帝开恩，让李宗周儿子等一干人都恩荫为国子生。

文存大雅　武以抗倭

——兵部侍郎、工部尚书吴桂芳

吴桂芳（1521—1578），字子实，新建县吴城镇（今属永修县）人。明嘉靖二十三年（1544）进士，著有文集《师暇哀言》十二卷，收录《四库全书》。初授任刑部主事，干得较为出色，因为得到吏部尚书闻渊的赏识，几经曲折，他转到了礼部任职。后外放到了扬州，担任知府。

扬州位于海防前哨，吴桂芳率部抗击倭寇。倭寇擅长骚扰，多则攻城，少则劫掠，来去千里，甚至能长驱直入，杀人越货。近海的省、府、县深受倭寇之害。御倭成了沿海官员的重要事务。吴桂芳从小在吴城长大，善习水性。初次对阵，他率领扬州的地方部队抵御倭寇，初见成效。倭寇吃了大亏，逃窜得远远的。他因抵御倭寇有功，升俸一级。同时，他又申请要求加强城防，得到上司同意后，积极发动百姓，在扬州城的基础上，再建造一座外城，这对于防御倭寇意义重大。

如果没有能人能够镇压倭寇的话，沿海的倭乱是不可能平息的。朝廷反复斟酌，决定增派有魄力、有经验的人担任海防官员，诏令谭纶、戚继光、俞大猷等人进行联合会剿，全面加强防御。

在这样的形势下，吴桂芳得到了重用，他先是担任了浙江左布政使，后来升任右佥都御史。因抗倭有功，他进而被派往福州，担任福建巡抚。

因屡建奇勋，不久吴桂芳被朝廷任命为提督两广军务兼巡抚。当时，两广盗贼与倭寇相互勾结，人数多，危害大，主要势力有五支：最大的一支是潮州原来的倭寇，盘踞在邹塘，在河源还有本土盗寇李亚元，程乡有叶丹楼，东莞有王西桥，漳州有吴平。这几股势力连年祸害百姓，吴桂芳决定用重兵首先讨伐倭寇。他运用了不少兵法战术，让此前投降的盗贼伍端为前锋，官兵们跟进，用了一天一夜，攻克了倭寇的三个巢穴，先后消灭了倭寇400多人。

战争并没有结束，接到皇帝新的旨意后，吴桂芳加强了福建、江西两地抗倭的协同作战。一股倭寇刚入侵福建，就被戚继光杀得四处逃窜，余部冲进了赣粤边境。当时的南赣提督叫吴百朋，吴桂芳与吴提督率部相互配合包抄，对窜入的倭寇不停地袭扰追击。趁着倭寇刚到广东境内立足未稳，两支部队团结一心，协同当地官兵，突然发动袭击。倭寇狼狈逃窜，向甲子崎沙海面落荒而逃，抢夺了渔民的渔船，驶向大海。哪知正好风暴来临，把渔船都打翻了，倭寇大都溺水而死，残余的则逃窜到海丰县。此时，副总兵汤克宽在这里张开了口袋阵，将倭寇一举歼灭。

两广盗贼众多，连年祸害百姓。潮州倭寇屯踞邹塘，吴桂芳以投降的海盗伍端为前锋，官兵随后，一昼夜连克三个倭寇巢穴。王西桥、吴平降而复叛，王西桥攻掠东莞，吴桂芳擒而杀之，随后发兵讨伐吴平。起初，吴平占据南澳，被戚继光打败后，逃到饶平凤凰山，掠夺民船出海。

吴桂芳又指挥俞大猷等人，平定了另一股由吴平带领的海寇势力。吴平起初占据着福建漳州的南澳岛，被福建总兵戚继光、广东总兵俞大猷打败后，向饶平县逃窜。吴桂芳要求俞大猷进击，率领水师穷追猛打，终于在饶平的凤凰山追上了吴平。贼寇掠夺老百姓的渔船出海，从阳江逃向安南（今越南）。

吴桂芳没有罢手，而是给万宁宣抚司发出檄文，让对方协助进兵讨伐，并派遣副总兵汤克宽率领水师追入安南，和俞大猷、万宁宣抚司部会师，三支兵力配合有力，在万桥山夹击吴平。吴桂芳借着风势放火，焚毁了船只，吴平大败，被擒斩的海寇达390人。

为进一步筑牢防线，吴桂芳经过深思熟虑，提出了东莞至琼州设立"海防佥事"的建议。他上奏折说，应该巩固力量，给当时的海道副使配一个"海防佥事"副手。海道副使集中精力管理好东莞以西到琼州海防的事务，协查外国商船。增设的海防佥事负责巡察东莞以东至惠州、潮州等地，甄别倭寇与本土渔民。该建议得到皇帝允准，两广御倭形势由此得以好转，倭患逐渐销声匿迹。

在清剿了倭寇之后，吴桂芳腾出手来，利用破竹之势，讨伐了李亚元、叶丹楼、林道乾等盗贼，很快就平定了这些匪患，又抓住反复无常的王西桥，将他斩首正法。

隆庆元年（1567），他因病辞职。

不久，吴桂芳被征召担任兵部右侍郎，隆庆初升为兵部左侍郎。

万历三年（1575）冬，在家的吴桂芳被重新起用，官复原职，并总督漕运兼巡抚凤阳。在淮河、扬子江流域兴利除弊，修筑了草湾堤、高邮湖堤，造福兴化、盐城、高邮、宝应一带百姓。次年春，因淮、扬一带洪水泛滥，洪水只有云梯关一条通道入海，以致海水上涌，泥沙淤塞，导致河流泛滥，而兴化、宝应各州县到处成灾，他建议增开草湾，以及借老黄河的旧河道以拓宽入海的路，并修建高邮东西两条堤坝来积蓄湖水。不久，草湾开河工程完成。这年秋，黄河决堤，给事中刘铉上疏议论漕河，话里涉及吴桂芳。吴桂芳上疏为自己辩白："开挖草湾河道，是由于高邮、宝应等地水灾侵蚀堤岸，以疏浚河道来保护它，并不能让上游不再涨水。"并因此请求罢免自己的职务。御史邵陛进言："各位大臣将黄河涨水的责任归咎于草湾工程，是抑制勇于任职的人。请求鼓励吴桂芳，进一步实现他的功绩，而应追究主管黄河治理大臣傅希挚的失职。"皇帝同意了他的意见。第二年，任命吴桂芳兼管治理河漕。

万历六年（1578）正月，吴桂芳升为工部尚书兼右副都御史，不满一个月，他就因病去世，归葬于新建县精忠寺，朝廷追赠太子少保。

智水消心火，仁风扫世尘

—— 一代宗师洪断

洪断（1550—1621），明朝末年江西建昌（今永修县）云居山僧。字诸缘，曹洞宗高僧，俗姓张，真定藁城（今石家庄市藁城区）人。

洪断14岁时就每天到柏林寺呈送供物，有机会认识遍融禅师，深受他的喜爱。15岁，由法界、别传两位禅师教他佛经，引导他入法门。17岁，于崇效寺剃度出家。从此，他发誓苦修，隐居在河南伏牛山，刻苦研读《法华经》。后又游历武当、终南、云雾、峨眉、南岳等山，见识增长颇多，道德日渐增加。23岁，于南岳由大千常润师翁，授以具戒。又参拜宝湖、大方等大德，求法问道。明万历七年（1579），应邀主持北京万佛堂，并得到神宗皇帝母亲慈圣李太后捐助，建成十方丛林，经营十余年，成为著名大道场。明神宗万历二十年（1592），洪断与紫柏真可大师会晤，得知曹洞宗祖庭云居山（今永修县境内）真如禅寺已是"最怜清净金仙地，返作豪门放牧场"，很为痛心，发愿修复云居山真如禅寺，请朝廷批准后，毅然迁锡云居山，担任真如禅寺住持。他广结善缘，多方奔走，重建大殿禅堂，铸造渗金佛像，同时整肃道风，严格清规，教化信徒，使真如禅寺重拾唐宋风范，真如禅寺得以中兴。万历三十三年（1605），洪断晋京请赐藏经，获准而归。万历三十六年（1608），皇帝为他亲题楹联："智水消心火，仁风扫世尘。"

洪断兼主北京万佛堂、江西云居山真如禅寺20年，南北奔走，耗尽了他的体力和心血，以致积劳成疾。于是，他嘱咐弟子分别坚守本寺及各个子孙庙，自己回京养老，离开云居山前，留下诗作《云居复古二首》《谨示二首》。洪断圆寂后，葬于北京西山。座下弟子有常慧、常锦、常亨等数十人，而后分化于云居山、上高、高安、袁州仰山、乐安等地，代相传承，形成曹洞宗洪断支系，弘传至今。断公学识渊博，工诗能文，沉勇坚定，意志果毅，诚为一代宗师。

他在永修的诗作有《云居复古二首》《谨示二首》。

云居复古二首

夙志云居选佛场，登临风雨倍凄凉。
当年有客开高座，此日无人到上方。
太史碑横芳草梦，头陀路滑藓苔苍。
碧溪明月知多少？古木萧萧挂夕阳。

诛茆劈棘构禅栖，首尾相将十载余。
病骨扶筇程万里，柔肠结屋几千回。
披云蹑磴穿峰顶，破浪中流堕石矶。
三自轻生生不泯，殷勤留与后贤知。

"复古"本意为恢复古代的制度或习俗。这里主要指恢复古代的佛庙建筑，当然也包括重建之后恢复寺庙的清规制度与弘法传戒等事务。这两首七言律诗是断公在兴复云居山真如禅寺的过程中，回顾从初创到基本恢复，十余载的艰辛困苦，有感而发。其一详细介绍了云居山千年道场凋敝败落的荒凉景象，写得很详尽，很细致，感情沉郁而又悲凉。其二主要是记叙断公自己十余年修复过程中所历艰险，所遇困厄，痛定思痛，记忆犹新，既有感慨，更有自豪。

谨示二首

云居开建已千年，久废基存草莽间。
发心创造非容易，木炭砖瓦运转难。
劝请后来修补护，万古流芳续哲贤。
明因识果高着眼，身后定生极乐天。

自我创建数十年，大死三番又一番。
　　跛足千里求布施，受尽饥馁对谁言？
　　惊恐多般不辞苦，淋漓舡舟波浪寒。
　　后来若有损坏者，地狱三途苦万般。

　　《谨示二首》作于明神宗万历四十年（1612），断公年已六十有三，不欲再在北京、江西两地往返奔波。时云居山真如寺诸物具备，内外焕然。又置庄田七处，命七徒各守庄静修。另商请高僧来主持常住。这两首诗便是断公安排妥帖，拟永别云居时，留给其徒常慧、常锦、常炼、常鉴、常经、常潮、常元的最后指示。诗中回顾了断公自己兴复云居的艰苦历程，告诫子孙要继续维护千年道场。诗写得很认真，话说得很严厉，无非是希望云居山这座唐宋名刹能够灯灯相续，永远鼎盛。诗中叙述断公自己为恢复云居山而屡经大难，寻求外缘的经历，特别细腻生动，把一代高僧弘扬佛法的牺牲精神充分表现出来了。

碧溪流水隔远尘，明月湖光自古闲

——圆通和尚观衡

观衡（1579—1646），明末清初云居高僧，五台空印大师法嗣。号颛愚，俗姓赵，河北霸州人。年十二持素，十四岁礼五台山惠仁老禅师出家。后依空印大师，随侍三年，得法为嗣。出外游方，先后参拜真可、道盛、袾宏等同代宗师，深得赏识。赴曹溪，礼憨山德清大师，深相投契。朝南岳遇毒，于邵阳双清矶养病修习，长达二十年，自号病僧。明思宗崇祯十年（1637）应聘主持江西云居山真如禅寺。重振宗风，大开法筵，合寺殿阁重新辉煌，常住居众恒达千人。衡公自己则清苦茹淡，安贫如素，世人咸称古佛。师每坐禅于大伞下，故又自署号"伞居和尚"。七年后，应聘主江西吉州青原山净居寺七祖行思道场。未久转石城，建庵紫竹林，播扬大法，道俗同钦，声震吴楚，道洽王侯，紫竹林之名大显。年余卒，归葬云居山。衡公毕生深研《楞严经》，尤重音闻之学，虔礼圆通颂忏法，故其法称圆通宗，人称圆通和尚，当时极负盛名。衡公学博才富，文笔典雅华瞻，兼善尺牍，文名著于当时。

他在永修的诗作很多，其中有《插田歌》《初游云居作》《赠约生熊给谏以差竣复命》《山居五首》《山居二首》《谢给谏见访》《赠邑侯》《为给谏熊青翁作》《为给谏约生熊公》《云居同众插禾四首》《挽憨山本师和尚》《山居三首》等。

初游云居作

路入云霄山外山，几人曾过赵州关？
碧溪流水隔远尘，明月湖光自古闲。
千载树神灵有在，万年香火信无悭。

  徘徊祖道重辉日，杖钵相期去复还。

  明思宗崇祯十年（1637），衡公云游至西昌（今南昌市新建区）。当时正印禅师正闭关于豫章黄牛洲。闻师至境，乃破关出迎，邀衡公上云居山，并向师求学圆通法门。时云居主席之位久虚，唯以味白常慧、法玺正印二师代掌事务。常慧年逾八旬，正印长期驻外，故无暇顾及。名山道场日渐衰败。衡公应云居僧众和当地士绅力邀，就任云居山真如禅寺住持。《初游云居作》正是衡公初上云居时所作。诗中高度赞扬了云居山千载法缘和大好风光，表示自己要坚决兴复千古道场的巨大决心。诗写得很大气，很庄严，很有深度。

宁畏四知，不受一缗

——上虞县令邹复宣

邹复宣（1579—1622），永修吴城人。明朝万历进士，在短短十年的为官生涯中，他以"宁畏四知，不受一缗"为座右铭，以清廉著称于时。

万历四十一年（1613）春，邹复宣在北京考取进士。初选合格后，被授予浙江上虞县令。上虞县是当时的山区小县，条件差，灾情多。很多人都认为，邹复宣运气不好，日子不可能很宽裕。可是邹复宣回答说："我情愿敬畏汉时杨震的名言，天知地知你知我知这'四知'，也绝不能攫取百姓一串钱啊。"有的人以为他唱高调，嗤笑着离开，直到多年后才流泪说："我们过于看低邹先生了。"

这年，上虞县发生大灾，百姓苦不堪言，四处逃难。邹复宣上任后，深入了解情况，及时上报灾情，积极组织乡绅及百姓自救，命令绅商顾全大局，与县署一道为百姓发放灾粮，安定民心，力争省、府许可为受灾百姓减免田赋，多管齐下让百姓渡过难关。他在当地推行了三条为民减负措施：

一是革除火耗。"火耗"就是白银熔炼的损失，以前在收税的时候，经办小吏都要收取火耗，多被上下官吏私分。他要求小吏们不得征收火耗，以民为天，应收多少就实收多少。

二是禁止买脱。当时犯了罪就允许以钱折罪，用钱买脱，叫作"赎锾"。这种做法由来已久，往往败坏社会风气，带来深层次的恶习，成为小吏们的生财之道、诈财之门。他命令堵上这条歪路。

三是清理田赋。细致整理所有的鱼鳞册，切实摸清楚管辖范围内的人丁、田亩、赋税数量，把每家每户底数查清并登记，对于原有未及时更新的资料定期予以更正。底数真实了，则征粮、取赋就更加高效、合理。

这三条措施取得了显著成绩。这些措施后被朝廷悉数采纳，并列入大明律令，推行到全国各地。

邹复宣在上虞任职三年，其品德、政绩被朝廷肯定，经考核，把他调任到金华县。

相对而言，金华县繁华很多。在这里，邹复宣做到"勤、廉、能"，依然能够为官一任，造福一方。他采纳了"抽籴法"来征缴粮食与税收，减少官吏的骚扰，节省了许多开支，百姓的赋税负担也减轻了。

五年后，邹复宣升任河南道监察御史，百姓依依不舍。刚上任三个月，就写了七篇奏章，把自己所了解到的太监在监矿、监工中害民的问题悉数上报，控告宦官的恶行。他的这些言行，令掌权的官员及太监们愤怒不已。

当时朝廷内忧外患，经过"万历三大征"的战争消耗，财政困难，加上很多地方水旱蝗灾，疾疫频仍，盗寇蜂起，同时辽东努尔哈赤攻陷沈阳。万历皇帝钦点他去招兵2000人，预付征兵饷银30万两，允许他根据实情操作，节约下来的资金可以归己。邹复宣不辱使命，立刻动身前往上虞、金华征兵。不到半年时间，征募青壮男丁3200人，仅仅用去白银64000两。他不肯浮支冒领，所节约出来的20多万银两全部交还国库。

兵部尚书张鹤鸣发现他的廉能，甚为欣赏，带他去西北防区管理军队财物。邹复宣悉心理财，终因积劳成疾，倒在征途上，年仅43岁。

临终前，邹复宣对各位同僚说："我死后，儿子没有钱来营葬，可能会拖累各位了。我也只能用这颗心来报答朝廷了。"他去世后，部下清点他的遗物，只有三件旧官服。于是，大家一起凑钱，购置棺木，赠送路费，让他家人将遗体运回家乡吴城安葬。皇帝听说他的事迹，破例追封他为"光禄寺少卿"，下旨四时祭祀。

邹复宣的子孙逐渐散居各地，开枝散叶，多有成就。他的孙子邹度庸、邹度珙都是进士，其中邹度珙有神童之称。清顺治十七年（1660），年仅25岁的邹度琪就担任"钦差湖楚五省典试总裁官",以才华折服了两省官员与学子。他外出十年后,路过吴城故里,感慨万千,提笔写下了《望湖亭》诗一首:

> 茫茫天外练光开,十载征人今溯回。
> 江上叠山依岸出,沙边飞鹭带帆来。
> 峰添螺黛云移影,潮卷虹涛雪作堆。
> 何处疏钟鸣应谷,日斜倚楹独徘徊。

气引千钧争一发，官无九品重千秋

——赣州府训导淦君鼎

淦君鼎（1582—1646），字和之，别号四极，建昌（今永修县九合乡河头淦村）人。抗清英雄。崇祯末年，君鼎以岁贡授赣州府训导，代理通判事。在任克己尽职，从不言功，深得阁部杨廷麟及万元吉器重，正拟向上表奏提升，清军已兵临城下。顺治三年（1646）十月初四，清军攻破赣州城，君鼎急谕长子淦宏斌脱身回乡，以存淦氏烟祀，自己决心与城池共亡。宏斌恸哭不忍离去。君鼎整衣冠悬梁自尽。君鼎次子宏祐率进贤乡民兵冒热与清军作战，中暑而亡。城破后，三子宏祉在衙斋与敌拼搏战死；君鼎妻熊氏率二媳（宏祐妻熊氏抱其女、宏祉妻李氏抱两岁男）皆投儒学旁水井死；二侍女吕氏、端香亦同时投井。阖门除长子宏斌以先遣得归，城破后全家10人壮烈殉国。终在清乾隆四十五年（1780）被清朝赠谥"烈愍"。

关于淦君鼎的事迹，罗勇来曾写过一篇《淦君鼎殉难"忠诚府"》的文章，写道：

清朝乾隆四十一年，清廷印行了一本名为《钦定胜朝殉节诸臣录》的书籍，褒奖建文皇帝时期殉难及晚明殉节的臣子们，表示老皇帝"念明季殉节诸臣各为其主，义烈可嘉，更冀以褒阐忠良，风示未来"。其中卷四的《通谥烈愍诸臣》里面写道："右福王殉节：……淦君鼎（子宏祐、宏祉，孙关生、秀贞附）……置赣州通判事淦君鼎，建昌人；吉州城陷，君鼎与诸生守赣州，城陷，不屈死。次子宏祐、三子宏祉，俱被杀。孙关生、秀贞及妻熊氏、子妇熊氏、李氏、婢吕氏、瑞香，俱赴井死。见

《江南通志》。"另《皇朝通志》卷五十四中亦写道:"通谥烈愍五百七十二人……署赣州通判事淦君鼎。"这里受到清朝皇家表彰、全家五个人被追谥为"烈愍"的赣州通判淦君鼎,字和之,号太极,九合乡廖坊人,他属于我们本地的英雄、抗清义士。

一、孤城明月见忠烈

1644年是中国古代历史上天崩地裂的一年,明朝延续近300年的天祚在北京煤山上湮灭,李自成和清朝先后又在北京城登极。虎狼之师的清军,还有吴三桂等明降将兵锋南指,荡平大明几千里壮丽河山。此后,几个南明小朝廷存亡绝续,志士忠臣前赴后继拼死抵抗入侵,中华大地无数的英雄儿女演出了一幕幕感人的故事。

当时淦君鼎就在赣州城担任儒学训导、代理通判(六品,赣州城的副职)。南明弘光朝已经覆灭,1645年闰六月唐王朱聿键在群臣拥戴下,担任监国。退守赣州城的总制万元吉极为欣赏和信任淦君鼎,已经上报唐监国朱聿键,任命淦君鼎为赣州通判。

《江西通志》淦君鼎列传

从史书上看，唐王朱聿键自奉甚俭，品格在南明诸君中保持了少见的优良。他提出了消除党争、"用舍公明"的政策，短短一年多的监国时期，拿出一些具体措施关心民瘼，减轻民间疾苦。当他听说被清朝逼勒剃头的军民往往遭到南明官军诛杀时，特别下达诏书，晓谕文武官员，臣民们"有发为顺民，无发为难民"，严禁不分青红皂白地滥杀无辜。他整顿吏治，严惩贪污。规定"小贪必杖，大贪必杀"。用名臣黄道周的话说，他"精吏事，洞达古今，想亦高、光而下之所未见也"。编撰《南明史》的历史学家顾诚也认为："朱聿键锐意恢复，颇有中兴之主的气概。"只可惜在错误的地点选择了错误的势力（郑芝龙），才使得他隆武朝廷的复国计划失败。1646年8月，他被捕绝食而死，或说他在福建汀州城上格斗清军而被杀。

据《通鉴辑览明季编年》的记载，唐监国隆武二年（1646年，顺治三年）三月，清兵克吉安，遂围赣州。唐监国及其重臣杨廷麟、万元吉等人，先后调遣广西狼兵、广东军、云南军、于都新军、闽军、水师、新募兵先后来救援。

孤悬的赣州城遭遇了长期的围困与反围困，战争无比激烈残酷，唐王聿键奖劳他们，把赣州城赐名叫"忠诚府"。可以想象，在那种兵荒马乱、惶惶不可终日的日子，作为文官的淦君鼎，每日唇焦舌燥地鼓舞大家"养浩然气，学文丞相"的悲壮，白天是多么的忙碌，夜月会是多么让人怀乡。

二、位卑未敢忘报国

据李瑶（子玉）编纂的《南疆绎史摭遗》卷三中《闽疆督师守赣诸臣列传》记载，1645年，清军在消灭了弘光朝廷后，大兵攻下南昌、建昌府，而另外一些府城袁州、临江、吉安都望风投降，只有赣州孤悬上游，岌岌独存，而且兵力单寡，人怀汹惧。

作为抗清中流砥柱的杨廷麟、万元吉千方百计退保赣州城，还派兵攻打收复了吉安等地，邀请唐王移驾赣州。

为了打退清军的汹汹气焰，杨廷麟、万元吉他们组织了一支新军，命名叫"忠诚社"，招募了两万人，抵抗清军。其中淦君鼎的儿子宏斌、宏佑、宏祉全部参加，而且带领了"进贤社"的兵勇加入。淦君鼎一家决心与城池共亡。

据记载，当时赣州城的推官署府事吴国球、赣县知县林逢春等都率军加入"忠诚社"，城破后都壮烈殉国。"忠诚社"中还有一位裁缝熊国本，他加入"忠诚社最力"，奋战后被捕。面对降清的赣令（举人）的质问，他正气凛然地回答说"我一个裁缝不知道大义，你作为举人应该知道啊"，于是无耻的降将立即将他杀害了。

是年十月，被召来救援的水师被清军大败，带动两广、云南军皆不战而溃，他营亦稍散去。坏消息一个接一个地传来，对赣州守军最后一击是来自朝廷的消息，福建汀州被清军攻破，唐王已经遇害！满城的人一下子陷入了悲愤、恐怖和号哭之中，城上的守军已经疲劳到了极点。

十月四日这天，清军趁着大雾和下雪，全力攻打长期被围困的赣州。大兵用向导趁夜登城，城上发炮，炮炸城裂，清军全部涌入，而忠诚社的乡勇步步为营与清军展开巷战。淦君鼎的次子宏佑率进贤乡民兵冒着矢石与清军作战，不幸阵亡，三子宏祉在衙斋与敌拼搏战死；整个一家人除了长子淦宏斌逃出来，其余的全部壮烈殉身。

大学士、兵部尚书、督师杨廷麟，总制兼巡抚万元吉（南昌人），吏部尚书、六省督师郭维经等数百人殉难。

"又通判淦君鼎，建昌人……俱赐谥'烈愍'。""训导徐（应为'淦'）君鼎、雩都训导胡董明，俱被执见杀。"面对着满城的死尸，淦君鼎整理好汉族的衣冠悬梁自尽（一说被执而死）。他的妻子熊氏率领自己的两个儿媳妇熊氏、李氏，并抱着孙辈淦关生、淦秀贞，全部投水井而亡；就连家里的两个侍女吕氏、端香亦同时投井。

三、风骨穿透时空

据徐鼒《小腆纪传》卷十二、十三、二十七记载:"训导徐(应为'淦')君鼎、胡董明,皆被执见杀;君鼎一门殉焉。"杨陆荣(字采南)在《三藩纪事本末》卷三《杨、刘、万殉赣》中,写道"……训导徐(应为'淦')君鼎、都督佥事刘天驷、临江推官胡缜、赣县知县林逢春,皆被戮"。

星子县的闻人宋之盛(1612—1668),字未知,又名宋佚、宋惕,在明朝灭亡之后,他讲学故乡,甚至长期在淦君鼎的家仪林淦氏馆谷讲学,杜门山中二十年,誓不入仕,不进城,不拜地方官吏。虽家境日渐破落,但他愈砥砺操行,鸡鸣而起,静坐养气。每逢国丧之日,他穿上明朝衣冠,闭门谢客。他撰写过一篇《吊淦君鼎阖门殉节》诗歌,诗歌中表露他的心迹,也高度赞颂了淦君鼎一家铁骨和英风:

孤身孤月赣城头,任作南冠只自由。

气引千钧争一发,官无九品重千秋。

剑怀过似丰城拂,冰性肯依章贡流。

欲赋招魂招未得,湘江风雨思悠悠。

丹心垂霄汉，劲节在人寰

——知县戴文宁

戴文宁（1592—1645），字幼安，号允扈，永修滩溪三房戴氏人，广西布政左参议戴琼的后裔，忠州知州刺史戴镗（龙崖公）的三子。他从小颖慧绝伦，甚知礼数，天性孝顺。六岁时父亲亡故；七岁出外就学，专心勤勉，对经典书籍成诵在口，了了于心。长大后他不分寒暑，博览群书。写文章常用腹稿，吟诵诗词一气呵成，诗文古雅深醇。

崇祯十三年（1640）冬，戴文宁补任浙江严州府经历。他就任不到一个多月，母亲去世，他便回家守丧。他在家学习《礼记》，赋吟不辍，顿生远离官场、隐居世外的想法。

1644年，清军南下消灭南明弘光政权时，浙江各地大多已经归降。只是清廷发出"剃发令"，要求所有男子剃掉头发留辫子，这就引起了浙江各地很多官绅百姓的排斥。各地很快掀起了反清运动，重新打起了明朝的旗号，以原兵部尚书张国维为首，拥戴鲁王做了监国，建立了鲁王政权。由于消息不畅，张国维等人并不知道，他们拥立鲁王之前，唐王朱聿键已经在福州监国，建立了隆武政权，而且很快得到了南方各省的承认。南明出现了一国二主的局面。鲁王开始筹划夺取杭州。鲁王晋封方国安为越国公，王之仁为兴国公。以方国安为主帅，率领两万人马攻打杭州。大军开拔之前，鲁王亲自送行，还给每位士兵都发了赏钱，希望提振士气，一举拿下杭州。鲁王的军队渡过钱塘江后，遭到了清朝闽浙总督张存仁的猛烈进攻。清军兵分三路，迎头痛击明军，方国安很快就支撑不住，溃败了下来。这一仗，鲁王手下有大小50多名军官被俘，从此再也没人敢提夺取杭州的事了。鲁王贸然进攻杭州，白白损失了不少有生力量，又无法得到隆武政权的支援。

就在这一年，戴文宁得到推荐，作为崇祯朝官员，任职嘉兴府经历。

1645年春，他又升秀水知县，陆续裹挟到了弘光政权、鲁王势力范围内。这年四五月间，戴文宁率领秀水数千军民开始抵抗。

六月二十日，清朝摄政王多尔衮授贝勒博洛为"征南大将军"，带领清军驻扎于杭州，开始用大炮轰击方国安营寨。此时方国安拥兵10万，有一战之力。然而方国安无心战斗，而是暗中计划投降清军。六月二十七日，方国安悄悄带领军队进入绍兴将鲁王朱以海挟持，准备作为投降清军的礼物。然而，因为看守失误，鲁王逃走了。经过这么一闹，鲁王政权的主力部队在清军进攻之前就已经一哄而散。不久，张国维兵败自杀，朱大典也在金华举火自焚，朱以海则逃到了广东、福建一带。

戴文宁刚做了亲民官，准备大展宏图时，清朝大军攻打秀水。清朝大军将至，他与屠内翰、陈都督，亲自率领民兵数千，守城50多天。县城尚未被攻陷时，有一小吏前来劝他趁机逃跑，戴文宁正色道："你这个小吏，当斩！难道你没有听说过屈突通将军'要当为朝廷受一刀'那句话吗？"最后他弹尽粮绝，慷慨殉国。他被南明朝廷表扬为："英风猎猎、正气凛凛""丹心垂霄汉，劲节在人寰""十秋百世，赫奕如见"。著有《后东篱集》，因兵燹散失。邑绅士请于学宫，私谥为忠烈。明朝兵科都给事中熊德阳为他作传记，户科都给事中熊维典、尚宝卿邹魁明为之作赞。

虽云一方事，谁为报琴庭

——御史熊德阳

熊德阳（1573—1652），字日乾，号青屿，亦名熊清秀，建昌艾城东门平乐岸（今永修县涂埠永兴老基熊）人。万历三十五年（1607）进士，曾任广东高明县、浙江德清县知县。后考选刑科给事中，继任兵科主事。天启初（1621）擢御史，时值阉党横行，德阳上表熹宗，请先肃左右以正朝廷，弹劾中官诸不法者，下有司提问。

辽东经略熊廷弼与巡抚王化贞不合，德阳祭告北狱往还辽东，具知熊、王轩轾所在，回朝上呈辽东、河西军情。不久，辽东王化贞贪功冒进，兵败失守，王化贞逃遁，受到枢臣张鹤鸣庇护。德阳愤而将张一并参劾。后鹤鸣以他事将德阳谪归。崇祯初，魏阉失势，德阳复职，召还兵科。崇祯三年（1630），升太傅少卿，后以疏参王冢宰事，被调浙江外任。甲申年（1644）隐居建昌云门，朝廷屡召不就。清顺治九年（1652）病逝，年八十岁，著有《琐言》《青屿诗文集》等。蒲秉权修《建昌县志》（万历版）时，曾聘德阳为县编纂校正。其弟德明创石潭书院，今仅存诗文数十篇。其侄孙熊维典（1599—？），崇祯四年进士，同任御史、都给事中、白鹿洞书院山长，参修《白鹿洞书院志》《南康府志》《建昌县志》等。德阳另一侄孙熊元哲创作《黄荆洞纪游》，清新俏丽，丝丝入扣，被选录《永修读本》。

熊德阳在永修的作品有《石鼓峰》《戊辰四月五夜二更风雹雷电交作》《汤泉一首示侄士亮》《云居蛟头庵》《明月湖》《赠云居起高和尚》《游云居云门庵》《初复同安》《丙戌季秋望后，戴季真郡丞、赵云悉别驾、张大石令尹，吴小友、袁伯采、邹次公诸文学，家重侄约生暨诸子集云居真如禅院之作》《重修学宫筑堤改水引》等。

《戊辰四月五夜二更风雹雷电交作》这首诗叙述了"是年九月廿五日,大路歇毙死行者三人,廿六夜风云大作,行者冻死无算,江东西所在,鱼死俱浮水面,此变未之前闻"的惨状,"雹穿茅瓦漏,风折树林倾。疑地身翻痒,将天意不宁。虽云一方事,谁为报琴庭",表现了熊德阳对天下苍生的关心。

《石鼓峰》这首诗描写了云居山石鼓峰的秀丽景色。

《重修学宫筑堤改水引》是一篇"引"文。学宫,就是学习的地方,也就是我们现在所讲的学校。这篇散文,叙述了学宫的历史地位("岿然矗云霄间,辉煌烨燿"),学宫的现状("见池桥倚侧廊庑庭砌之间长草莱而奔狐兔"),以及"我"对学宫现状的看法("自文教衰而龙象繁、木铎息而狮子吼、福利炽而仁义微、果缘信而趋避乱,此颓然者即不必与梵王争丽,然吾徒精神奈何令疲薾见于象庙甚?"),对此"亟议新之"。然后就是重修的理由。最后写"捐俸"之为及意义,"尊孔之用""奉名教礼",以达"征敦实行而美风俗"的目的。

主人奚必钓鳜鱼，饮水数杯亦足矣

——建昌县令蒲秉权

蒲秉权（1594—1660），字度之，号平若，明代永明县（今湖南永州江永县）城厢蒲家村人。他从小天资聪慧，少年即获秀才，为提督学政董其昌所器重。万历四十二年（1614）考中进士。1616年始，蒲秉权任南康府建昌（今永修县）县令。

蒲秉权任县令时，不畏权贵，体恤民情，清除民害，保障百姓安居乐业，深得百姓拥戴。当时正处明代末期，朝廷统治岌岌可危，百姓生活痛苦不堪。他初出茅庐，竭力铲除昔日官吏肆意搜刮之风，对京官们的索取也一概拒绝。

蒲秉权任建昌县令五载，对于危害地方安宁的盗贼，他施以仁政，采取恩威并施、标本兼治的方式进行整治。他竭力采取"生聚教诲"的措施，通过办学，招纳乡贤，教育生员，培养一大批贤才，派遣他们治理地方事务。为了解除旱涝灾害，通过培养出来的生员，去发动老百姓兴修水利，防洪抗旱，引进推广新式农技，使本地农业生产得到发展，百姓生活有了改善。

天启元年（1621），他奉命离任进京朝觐皇上，建昌父老闻讯后，依依不舍，纷纷出门相送，特作一首《去思歌》传唱，以表达对他的怀念之情，并筹资专建生祠进行供奉。朝廷任命蒲秉权任户部主事。不久，因母亲病故奔丧去职。

天启年间，蒲秉权再次被朝廷召用补吏科给事中，继而派任四川道监军。他尽职尽责，政绩显赫，被熹宗皇帝授以巡抚之职，数次入黔剿叛，屡建战功。

当时内监魏进忠因受皇帝宠信，被赐名魏忠贤。蒲秉权认为皇帝赏赐不当，力求停止，故得罪魏忠贤。是时，王纪因得罪魏忠贤丢职，蒲秉权认为王纪是忠效朝廷的贤臣，上疏谏言恳求召用。为此，魏忠贤对蒲秉权切齿痛恨，蒲秉权据理力争无效，决意借父亲病故为由退避回乡，又过起闲翁的生活。

思宗帝即位后，魏忠贤被诛，蒲秉权再次受到朝廷召用，授任西宁兵备道。在戍守西关的岁月里，蒲秉权从民族统一的大局出发，纵横捭阖，使少数民族归心朝廷。继而升任肃州副使（今陕西、甘肃一带），掌控十三蕃族。对蒙古部落酋长阿害囊素进攻归顺朝廷的部落，蒲秉权亲率大军，歼敌700余名。酋长窜逃，从此不敢反叛。他饱受艰难困苦，为国家除匪平乱，巩固民族团结，保卫西关边疆安宁和祖国统一，建立卓越功勋。后来他被朝廷改任福建布政司右参议。因多年征战，积劳成疾，他五次请辞，才得以回归故里。

蒲秉权在故里永明冉江河南岸，开辟筑建一处园圃，取名"硕薖园"，挥毫著书，吟诗作画，以抒发表达自己忧国勤政、廉洁爱民的情怀。他临终前扼腕叹息自己一腔热血，孤掌难鸣，最后悲痛万分，忧伤绝食身亡。其代表作有《硕薖园集》10卷，流传于世。

蒲秉权曾纂修万历四十六年版《建昌县志》。《建昌县志》题名南康府建昌县知县营浦蒲秉权纂修；御倭朝鲜山东金事邑人徐中素铨次；弋阳王子中垒校尉豫章朱谋垱合编；考选暂授兵部主事邑人熊德阳校正；郧阳同知迁左长史、邑人周国庠、两进庐州分司运判、邑人周国廉参订；署儒学教谕事、举人、临川管天衢、训导、万载孙崇祖、南昌叶羔同编；县丞、长兴姚光荐、主簿华亭张重迁同阅；教授戴邦杰，己酉举人涂必迁，贡士淦之龙、王朝桢、戴文选同校。

蒲秉权的主要诗文有《海昏八景》《登桃花尖》《过隆道观访汪鲁孝廉》

《过隆道观访汪鲁望孝廉（同用停字）》《上云居》《次坚白宗侯游云居十首韵》《咏云居高桥》《石鼓》《讲经台》《题云居》《碧溪桥》《五龙潭》等，散文有《重修李敬子祠疏》。

海昏八景

云居拥翠

白云不费买山钱，山借云居任往还。

我欲看山云解意，故将山色荡晴烟。

修水环清

艾子城倚修江涘，春流曲曲清且沘。

主人奚必钓鲦鱼，饮水数杯亦足矣。

柳渡春烟

春江烟柳碧毵毵，春水烟波照蔚蓝。

春燕也知春色好，妒红欺绿语呢喃。

莲洲夜月

荷渚香清夜色凉，凌波仙子弄珠光。

分明捧出芙蓉镜，照澈莲房绿萼妆。

东郭农耕

追呼无吏到门前，买犊齐耕雨后田。

种就秋粳黄粒粒，酿成桑落醉丰年。

北岩樵唱

不闻城市薪如桂，莫劚山中桂作薪。

闲放歌声浮北麓，被风传响度西津。

桃源石洞

桃源春涨水盈溪，洞口云深径欲迷。

寄语桃花休见妒，吾家原住武陵西。

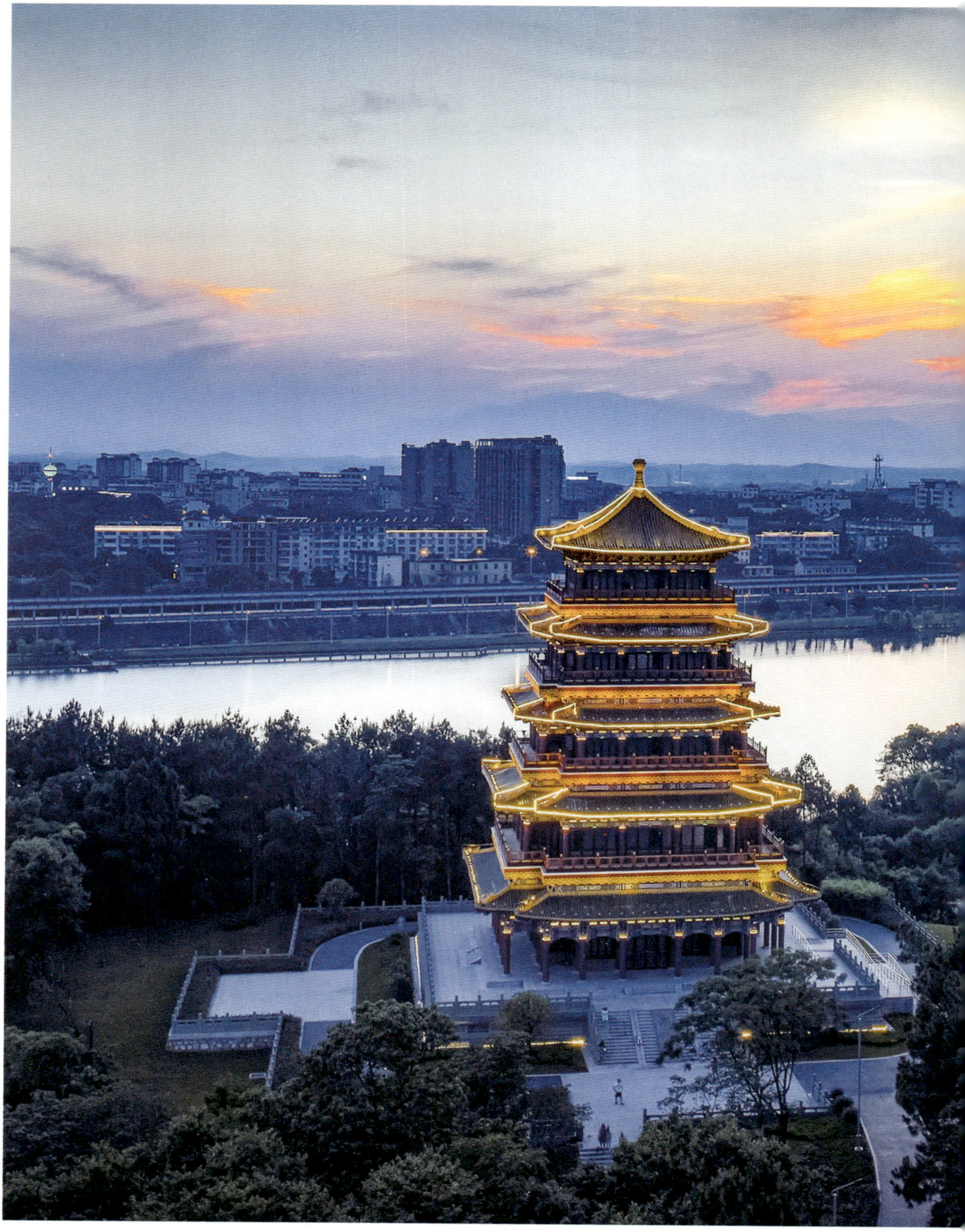

建昌阁

桂影池亭

清池明月澹相汲，金粟婆娑影吐三。

夜静波摇香雾湿，依稀人倚玉楼南。

《海昏八景》这一组诗描写了古海昏秀丽的景色，表达了对建昌山水的热爱之情。

其中《云居拥翠》一诗叙述了作者登柘林桃花尖的所见所感，描绘了桃花尖的奇异景象。"白云不费买山钱，峰借桃花任往返"，突出春天"白云""桃花"的图景，轻盈、艳美。"我欲看山云解意，故将山色荡晴烟"，此诗具有诗情画意之美。

蒲秉权的散文《重修李敬子祠疏》是一篇疏文。这篇散文就是作者为李敬子祠的重修而写的奏章。作者首先充分肯定李燔的历史地位，"以理学蔚为名儒"。再陈述现状，"久寝倾""岌岌乎将鞠为茂草"。随后就介绍其意义，"今挹其遗彩犹足楷模"，最后进一步申述重修的理由。言辞恳切，真情殷殷。

官居高位，文才出众

——兵部主事、山东兵备佥事徐中素

一、徐中素的传奇人生

徐中素（1569—?），原名鸣凤，字无染，号玉渊，建昌县（今永修县）九合乡青墅徐村人。明万历二十三年（1595）进士，历任兵部主事、山东兵备佥事。

徐中素参与明朝军队在朝鲜抗击倭寇。"万历三大征"的朝鲜用兵开始，他任朝鲜中路监军，参与调度战事。万历二十六年（1598）春，他以钦差御倭中路监军、山东按察使司兵备佥事、赞画主事身份，前往朝鲜抗倭，数月后因父亲逝世而回家奔丧。不久日军败走。《帝国最后的荣耀——大明1592年》《西里东麻》及古代朝鲜《象村稿》《悠然堂集》等书籍对徐中素均有赞誉。

徐中素从朝鲜战场回到老家后，万历四十六年（1618），受建昌县令蒲秉权邀请参与编撰第一部《建昌县志》。明清《建昌县志》及《永修县志》记录其诗文不少。

徐中素死后，葬于寺庄（今属共青城江益）。

徐中素不仅官居高位，且文才出众，与之相关的还有不少神秘色彩的记载，如《建昌县志》就有记载：

> 万历十九年三月，儒学内开桂花结桂子，是年为辛卯。生员徐中素中乡榜，次年壬辰教谕黄士吉中会榜……

也就是说平时难得一见的桂花结子，预兆了徐中素日后飞煌腾达的官运。徐中素不仅官居兵部主事，而且还以钦差御倭东路监军兵备山东按察使司佥事、赞画主事身份前往朝鲜抗倭，并且当地的县志中还辑录了他大量的诗文，可谓是"文韬武略"。

徐中素一生传奇始终成为一个迷局。按说这样一个历史名人，应该很容易查找到他的生平事迹的。然而，在《明史》"人物列传"中未有记载。徐中素从朝鲜战场回到老家，为父亲奔丧后，除了与当地官吏们一起编撰《建昌县志》，或与文人墨客饮酒赋诗外，其他相关活动都无从考证了。

2009年10月30日，在共青城南湖村的寺庄发现一座神秘的明代古墓，占地180平方米左右。相传这座明代古墓的墓主叫徐中素，是明朝的一位在京城做大官的。他在京城做官时曾替皇太子受过而被杀头，皇太子登基做了皇帝后，赐他"金头银颈"，并厚葬了他。他的家人怕他那随葬的"金头银颈"被盗，出葬那天同时抬出了48口棺木，分别葬在不同的地方。仅寺庄就葬了两口棺木，寺庄附近一处叫罩鸡山的地方还另葬了一口棺木，还有一口棺木葬在附近的老屋山，其他的棺木葬在哪里就不得而知了。

这从某个角度也印证了寺庄村民中世代相传的那段传说的可信性。因为，此段时间正是明神宗朱翊钧在位，而就在其立太子朱常洛期间，宫廷内连续发生"妖书案""梃击案""红丸案"，最终万历四十八年（1620）七月二十一日明神宗朱翊钧死了，随后太子朱常洛于这一年的八月一日即位登基，史称明光宗。在上述的"妖书案""梃击案""红丸案"等宫廷案件中有一大批朝臣受牵连下狱或杀头，也许作为兵部主事的徐中素也是被杀者之一。如果是这样，民间的传说就与明朝宫廷案件相吻合了。也就是说，徐中素替太子朱常洛而死，朱常洛登基做了明光宗而厚葬为其冤死的徐中素，也在情理和推断之中。

然而，作为以清朝重臣张廷玉主编的《明史》中，却没有将徐中素编入《明史》的人物列传之中，这便是一个让后人无法破解之谜。如同在寺庄村民世代相传的传说中，徐中素下葬那一天同时出了48口棺木一样，让人迷惑不解，也有待当地文史工作者从更多的文物普查活动中进一步揭开谜底。

二、徐中素与《海昏八景》

徐中素诗文富赡，文才出众，遍咏建昌景致。主要作品有《海昏八景》《夜宿云居有怀社中诸子》等。

"海昏八景"（亦称"修江八景"）在永修历史上颇有名气。明代以前，永修有风光旖旎的"修江八景"。据《建昌县志》（万历四十六年版）、《永修县志》（1987年版）记载，这海昏八景（修江八景）是：

云居拥翠 云居山列屏县治（艾城，后同）西南。曀初，岚光万壑，葱蒨层叠，至晚，霞倚烘染，黛色如画。

修水环清 修水源出宁川幕阜山，至县治西河，下接杨柳津，波光一色，朗如匣镜。

柳渡春烟 县治东南岸。沿岸杨柳，水色天光氤氲亘结，小艇泛泛，霭若云雾中游。

莲州夜月 旧在县治西。河中、州浮水平，为赏月之胜地。民谣说"莲州到县前，建昌出状元"。

东郭农耕 县治东门外，一望平畴，云锄雨犁，熙熙攘攘，长笛与樵唱互和，一派农耕胜景。

北岩樵唱 县治东门，岗峦层叠，以薪以蒸，取甚便焉。樵者各鸣得意，前唱后和，不觉万籁齐发。

桃源石洞 县西有山瞰修江，水内有石洞回旋绕曲，春夏间常有花叶流出，盖仿佛武陵源。

桂影池亭 城西鹤鸣山旧学官有桂树，后改"修江书院"，临池构亭，月夕，桂影倒射，恍如月中树耳。

描写"海昏八景"旖旎风光的诗作，在永修文献资料中保存下来的是明朝的作品。其中最有代表性的作者是徐中素、张焕、汪应娄、朱谋㙔、蒲秉权。

徐中素的《海昏八景》这一组诗，极力展示了古海昏的自然风貌，表达了对建昌山水的热爱之情。

徐中素的《夜宿云居有怀社中诸子》这首诗,从题目中可以看出,当时的建昌有一个诗社,或者说有一个类似于诗社的文化组织形式,一些文人墨客常常聚集一处,或云居山,或古县城艾城赋诗吟唱。诗中的"诸子"就是一个见证。这首诗描写了云居山的景色,表达了对社中诸子的思念之情。

徐中素与当时文人名流如黎衷、朱谋㙔、周国庠、陈尧典、但调元、萧时中、邓文明等互有唱和。其诗作:《徐无染司马招谯日中桥云树阁有怀,张子文明府同诸君各赋桥为明府重建,时予署篆事东毕》(黎衷、朱谋㙔、周国庠、徐中素、陈尧典)、《九日徐司马邀登尊胜寺塔》(但调元、萧时中、朱谋㙔、徐中素)、《徐司马邀登云树阁有怀来王孙》(邓文明、徐中素)、《过隆道观访汪鲁望孝廉》(蒲秉权、朱谋㙔、徐中素)。还有来鲲(即朱谋㙔)《无染酬泰素于云树阁上,即席怀予山中赋答》与徐中素的唱和诗。

这几首诗,是永修几次文人聚会,雅兴赋诗的诗作,彰显了文人雅士的文风。

其中诗中提到的许多文人学士,都是当时文坛名流雅士。

朱谋㙔(1559—?),字图南,号天池,后易名来鲲,字子鱼,朱多炡长子。"出游三湘、吴越间,汤若士序其集"(民国《南昌县志》卷三十三"人物志四")。除为其文集作序外,汤显祖还有三首诗记载与其游冶的情况。曾参与万历四十六年版《建昌县志》的编写。他在永修的诗作有《海昏八景》等。

周国庠,明南康军建昌(今永修)人,曾经做过郧阳府(今湖北安陆)同知,迁周府长史,万历二十九年(1601)任镇南州(今云南楚雄)知州。

陈尧典(1575—1639),梧州人。明万历癸卯科(1603)举人,历任浙江杭州府於潜知县,韶州江防同知,户部员外郎、郎中,叙州知府,长芦盐运使。

其中还有但调元，江右人，有高才。邓文明，明代画家。他们共同参与营造了多次空前盛会。

诗中提到的"日中桥"，在古建昌县城艾城（今永修县艾城镇），位于艾城街十字路口，旧驿路口。宋庆历年间建石桥，跨帽带水，以日中为市，故名。此桥几经修葺，明万历建昌知事张焕建云树阁于其上。阁名系取杜甫诗"渭北春天树，江东日暮云"之意。

徐中素在建昌的文章有《建昌县令嘉禾孙侯去思碑记》《建昌县顺德张侯去思碑记》《重修安定胡公祠疏》。《建昌县令嘉禾孙侯去思碑记》是篇碑记散文。这篇散文叙述了建昌县令嘉禾孙侯生前的事迹（具体叙述了"条其利害、敷单册、严出入，岁收差折""给役骑正赋不稽而士，饱马腾一日再遣而不告扰买地，会省之水次作运仓以待兑尽"等事迹），文章的后面引用若士、若农、若里甲、若役骑"咸咨嗟延颈北向以思公"，以达"安所得孙公者，世世表子孙"的目的，最后用作者自己的话语议论作结："公以修良异等受知天子，旦暮召公为侍从之臣。方且为九万里、方且为四海泽"，从而赞扬建昌县令嘉禾孙侯的美德。

《建昌县顺德张侯去思碑记》也是篇碑记散文。这篇散文叙述了建昌县顺德张侯的事迹，评价、歌颂了县令张焕的功德。本文具体叙述了建昌县顺德张侯"工诗古文辞，振铎彭城令海沂士步趋大雅，一祛近时萎薾之习"、张侯面对"三年之涝，是年涝尤甚，东南数十乡至破陂圩漂，庐舍化为鱼鳖"，决定"不先为之调摄而更法令束缚之"，于是采取了"急赈助、缓催科、省罪赎、严保甲、重乡约"等措施，并在"通市渠、修县治、建日中桥、筑学宫、云路俱捐俸薪及裁冗费为之，未尝用民财力"等方面取得很大的政绩，以此"以彰盛美"，赞扬他"黜虚名而崇实务"的工作作风和为官品格。最后用自己的话语作结："以彰侯文章政事之美"，进一步对他进行赞扬。

遭逢乱世，归隐故乡

——太常卿熊维典

熊维典（1599—？），字约生。建昌（今永修）南洲村人。明崇祯四年（1631）进士，任江南绩溪县令，升兵科给事中、户科给事中。南明时期，他担任南京福王政权的户部都给事中，进言江苏苏松太常盐运漕运、米粮征收缺额的问题，被迫离开南京。后被唐王政权征召，担任太常卿，负责起义军后勤。

顺治六年（1649），熊维典因兵败隐居建昌。翌年，当时的聂应井与知府徐士仪等倡捐款项，连同原有存资，一起用来修葺白鹿洞书院。

顺治十三年（1656），江西巡抚蔡士英（字伯彦）又与继任江西巡抚郎廷佐、江西按察使李长春以及提学道杨兆鲁等人商议，聘请熊维典任教。熊维典经再三推辞后，至顺治十四年赴书院就职。他来到庐山，担任白鹿洞书院山长，花了两年多的时间，重新兴复白鹿洞书院，弘传朱熹、李燔文脉。他写的《少司马大中丞蔡公重兴白鹿洞书院记》石碑至今还保存在白鹿洞书院。在主持白鹿洞书院期间，他对天启五年（1625）李应昇版的《白鹿洞书院志》增补一章。他在洞内播扬理学、撰写教规、增广学田的事迹都留下记录，还书写不少的文章，如《白鹿洞文庙咏》《白鹿人文序》《鼎建廖昆湖文会堂序》等。

康熙年间，熊维典与云居山真如寺的住持颢愚观衡、晦山戒显、燕雷元鹏交往甚密，晚年援禅入文。他长期护法，其功有五：康熙十年（1671）前后，为《云居山志》20卷撰写序言，审定后刻板发行；康熙十二年（1673），为戒显（1610—1672）全身法塔撰写塔铭；支持刻印戒显遗作《匡庐集》《禅门锻炼说》并撰写序言；康熙十九年（1680）为燕雷元鹏全身法塔亲撰塔铭；为瑶田寺写碑志等。

康熙十年至十四年，晚年的熊维典被知府廖文英、知县李道泰邀请，分别编撰《南康府志》和《建昌县志》。康熙十四年（1675），熊维典完成《建昌县志》的编撰。该书主修李道泰在《序言》中说："乃谒乡先生熊约生（熊维典字约生），并翻旧志，参以耳目，又得文学袁子懋芹而互订之，不至阁笔相视，著述无主矣。"

熊维典遭逢乱世和朝代变更，很有个性，明亡后归隐故乡，建造斋阁、浩阁，表明自己的气节，不食清禄，著书立说。作为当时南康府的文宿，他受到广泛的尊敬，历任巡抚、知府、知县都器重他，邀请他编撰府志、县志，还请他题写各类传记、序言。

教人先教己，正己后责人

——督辅员外郎邹魁明

邹魁明（1602—1649），字彦先，建昌新城（今永修县梅棠午门）人，以文学见长。天启七年（1627），由乡试出任永兴县教谕，颇受太守晏日曙、守道曾樱、司理万元吉的器重。不久移署道州，督办军务。后奉调贵州为分考官，由国子学正升兵部司务职方司主事。其时朝政腐败，魁明上疏极言："官军有籍无人，军中空额极多，请严旨追查。"魁明后升为督辅员外郎，任兵部职方司郎中，负责督理京都九门防卫兼管存恤、武试。魁明主持武会试，录取阎铎等35人。协守宣武门。

崇祯末年（1644）请假南归，授河南按察司监军、佥事。清军入关后，同清军战斗不止，他返建昌三溪桥河桥，在大屋坪组织乡兵，耗尽家资以助军饷，助力南明隆武帝及郭贤操、张家言等反清，受封兵备副使、尚宝卿等职，后响应金声桓、王得仁在南昌反正，起兵攻入建昌等地，兵败被清军捕杀。著有《退藏集》《家书要言》传世。

据传，他曾经为永修学舍、馀香斋题写了楹联："教人先教己，正己后责人。"（《题学舍》）"当年结构徒工，有奇花异草，曲槛雕栏，堪笑我，鞅掌劳人，南北东西，空锁一庭春色；此容榛荆重辟，是斜月断云，残山剩水，试问他，婆娑桂子，盛衰荣落，还馀几度秋香。"（《题馀香斋》）

今保存下来的有绝命诗十首及《家书》等，诗歌《读书》入选《永修读本》。在邹魁明简短的传记最后，附上了他创作的十首绝命诗：

被执
一朝咒虎拥如云，七尺欣然付与君。
未死几年成欠事，这回勾却旧移文！

辞墓
瞻依先垄只斯时，不孝微躯未可知。
叩首不须频下泪，九原相对正如诒。

忤帅
填膺热血讵能平，九死由来一羽轻。
逢怒也知怜百口，苦无媚骨丐余生！

悲弟
伯仲联翩拟并飞，云霄万里雁行稀。
可怜尺组成囚伍，志节将无继采薇！

悲儿
两儿同系逐东西，忠孝人间好事齐。
拷掠声声呼父母，崎岖肠断鹧鸪啼！

悲侄
仅余弱息十三余，隽颖方期读父书。
渡口见儿携马后，惊心宗祧竟何如！

夜缚
捆痕棒血满身残，辛苦兜鍪惊夜阑。
自古逃刑非我辈，飞霜暑露五更寒！

将刑
十年待罪愧枫宸，两字捐糜尽此身。
寄语皇明金紫客，莫因怖死薄君臣！

系狱
浩然东市复何求，又向西台作楚囚。
一片心肠惟办死，只缘无补恨难酬！

遗嘱

读书莫作俗情看，一卷义文处处安。

怪石矶头风正恶，天南地北水云宽。

邹魁明于字里行间流露出对清朝入寇充满仇恨，而且在诗歌中，一再歌咏"七尺欣然付与君"，慷慨赴死，为明王朝举家殉难。这完全符合一个民族英雄的表现。而且从他的诗文中，以及这些志书的忠义记录中，邹魁明代表了英勇、正义、忠节和舍身求义杀身成仁。

清朝初年，明朝遗民高宇泰著有《雪交亭正气录》，其中收录了很多明末忠臣良将抗清、抗击李自成的事迹。在第六卷中，作者在"序"中云："知其不可而为之，而且目不睹孙吴之书、手不习弓矢之器，徒取杀身覆家之事""不知古来忠臣孝子之自尽者，何一非为天而尽也；是皆天默使之也。"作者还单独为邹魁明作了传记：

邹魁明，字彦先。南康建昌人，丁卯举人。崇祯时，为职方主事。以起义被杀。岁在己丑，为江省金虎符之事败也。

文中"岁在己丑，为江省金虎符之事"，是指顺治五年（1648），江西省的金声桓在南昌发动起义，反抗清朝，事败被杀。邹魁明响应而来，起义失利。翌年，邹魁明及族人遇害。

简短的传记和他的诗歌透露了很多信息。首先邹魁明的职务是明崇祯朝廷的"职方司主事"、员外郎、河南按察司佥事，后来因为参与顺治五年（1648）金声桓反正起义而被杀。被捕的时候，他饱含着对故明的深情，"七尺欣然付与君"，从崇祯死去、社稷沦亡到今天所忍死的这几年，"未死几年成欠事，这回勾却旧移文"。从诗文中看出他的家族一同赴难，一个弟弟、两个儿子一起被捕，侄子年方十三，不知道能否成人，继承烟火。在被囚禁牢中以及押赴刑场，还有遗嘱中，邹魁明慷慨激昂，怒斥敌酋，"苦无媚骨丐余生"，表现了"一片心肠惟办死，只缘无补恨难酬"的家国情怀。

在几部《建昌县志》（康熙版、道光版、同治版）里面，均对邹魁明的

邹魁明三溪桥河桥故居（摄影/吴学宝）

忠义故事进行了记录，几百年来缅怀纪念和赞誉不绝。兹录于下：

邹魁明字彦先，新城乡人。以文学受知于推官李公应昇、提学陆公之祺、巡按汪公泗论，皆教育之中。

崇祯丁卯乡试，授永兴县教谕，署永之东安县。偏抚陈睿谟，驻兵于永。以东安贼薮，谋于道府，将骈诛之。魁明力争曰："东安扁船为害江湖，信有之。其民何罪？"凡三往复得请，始议治扁船之法。班师，合县尸祝。

既而守道曾樱、太守晏日曙、司理万元吉，皆一时人望，雅相爱重。

移署道州，备御八排，清饷汰兵，训练纪录。

奉檄贵州，分考得士五人。由国子学正升兵部司务。召对敷奏嘉纳，升职方司主事。督理九门兼管存恤、分较武试，取阎铎等三十五人，协守宣武门。

疏言："官军有籍无人，请严内臣包冒、豪右买充之禁。"奉旨，有裨军政，著为令。升督辅员外郎、提调武科会试场。

甲申，乞假南旋，起补河南按察司监军、佥事。丁外艰，归，卒。（并详忠义）

三本志书里邹魁明传记内容相同，只是同治版增加了"忠义"等章节的内容，其中说道：

……邹魁明、江炯，贻止断简残篇，皆未能衷然成集。

邹魁明，著有《退藏集》并《家书要言》。

邹魁明，官至河南按察司监事、佥事。

邹魁明家本巨富，明季倾赀助饷，身历艰难，至死不变。

编撰于光绪末年的《建昌县乡土志》，对于邹魁明则高度评价，限于内容篇幅，书中简要记述为：

邹魁明字彦先，由国子学正升兵部司务。召对敷奏嘉纳，升职方司主事，督理九门兼管存恤、分较武试。疏言："官军有籍无人，请严内臣包冒、豪右卖充之禁。"奉旨有裨军政，著为令。升督辅员外郎。甲申，乞假南旋。起补河南按察司监军、佥事。值明季，倾赀助饷，身历艰难，至死不变。

1987年版《永修县志》为邹魁明列传。在《鄱阳湖365夜故事》（张欣著）中，还记录了一段与邹魁明有关的故事传说：

枹桐水库又叫午门水库，在未修水库之前，此地有个村庄（位于现在水库的中央），名叫"午门"，清兵入关时，明末将领邹魁明率部抗击清兵，失利后，率余部回到自己的家乡永修县西乡大屋山村，准备重整旗鼓，东山再起，计划打败清兵后，重建朝廷，在家乡建设京城，紫禁城就建在以大屋山为中心的河桥、枹桐一带，将紫禁城的正门就建在此处，这就是"午门"的来历。

何时上庐岳，携手白云巅

——《禅门锻炼说》作者戒显

戒显（1610—1672），字原达，俗名王瀚，字悔堂、愿云。又称黄梅破额、晦山樵者，世称"晦山戒显"。江苏太仓人。明末清初禅宗临济宗僧人，具德弘礼弟子。出身名门，从小聪慧过人，生性清淡，喜爱读书，20岁就考入州庠。知州钱肃乐看重戒显，邀请他担任西宾（家塾教师或幕友）。戒显才华横溢，科举前途光明。明末曾经参加复社。崇祯十七年（1644）甲申之变后坚决拒绝清政府。

面对清军入关，明政权败亡，戒显失声痛哭。次年他放弃学籍，悲愤出家，前往宝华山为僧，成为佛门泰斗千华三昧老人的弟子，取法名戒显。不久，他于灵隐寺拜具德弘礼禅师门下，又四处朝圣名寺，参拜大德高僧，精研佛典，勤习教义，后在庐山归宗寺养道。

他身在空门，但心向故国，悲愤激烈。曾赋诗赠陆世仪，云："一别廿年久，归逢非偶然。头颅悲各异，肝胆喜同怜。劫火未应熄，浮生宁苟全。何时上庐岳，携手白云巅。"

得悟之后的晦山戒显禅师，开始在庐山开展法席，后到云居山真如寺弘法，一住十年。继而又先后在东湖的荐福寺、黄梅的四祖寺、临皋的安国寺、武昌的寒溪寺、荆州的护国寺、抚州的疏山寺等广开法席，化行于江楚之间，道望大著，声名隆盛。清康熙丁未（1667），具德和尚迁到双径寺，让他到灵隐寺继承法席。当时，豁堂正岩禅师专门为他写了一篇《贺晦山法弟新住灵隐》文，对他备极赞语。

顺治八年（1651），戒显应请赴云居山住持真如禅寺10年。在云居山上，他一面开辟西岭讲台，弘传佛法、锤炼僧才；一面创作经典理论著作

《云居山重修真如禅院碑记》

《禅门锻炼说》。

康熙二十二年（1683），戒显圆寂，元鹏亲自主持，葬戒显全身塔于云居山。戒显师戒律精严，忠义为人所敬。与顾梦麟友善。精书画。能诗、工书法。通易学，诗文与吴伟业齐名。点校《梵网经直解》，永为定本。著有《现果随录》《枝东杂著》《晦山语录》《观经疏钞》《禅门锻炼说》《王瀚集》等。

戒显在永修创作《五龙潭》《佛印桥》《云居咏二首》《祝青屿老居士八十》《祭熊季纳居士》《登云居五老峰绝顶》《访云门祖刹》《石床》《祝熊季纳居士六十》《酬南康徐伯羽太尊》《赠建昌令魏竟甫居士》《明月湖》《赵

州关》《石鼓峰》《罗汉塔》《云顶田》《罗汉墙》《神宗御笔》《复合神钟》《供颛愚老和尚塔偈》《返欧峰宿熊约生大居士斋阁》《莲花城》等诗词。

顺治十八年（1661），元鹏（1617—1677）继承戒显的法位，担任真如禅寺住持。他32岁时在庐山师从九云禅师受戒，又到庐山五老峰下，参谒戒显禅师，两人彼此切磋探讨，非常投缘默契，成为戒显禅师法嗣。元鹏担任真如禅寺住持后，重建云居山禅院，增置庄田，完成了戒显禅师的遗愿，修辑《云居山志》二十卷。

勤政爱民，严正廉明

——知府李道泰

李道泰（1617—1683），又名启真，字子交，号藿思。福建德化县沙堤（今浔中苏坂里）人。他自幼聪明好学，博览群书，精通经史，才思敏捷，善古诗文，"下笔千言立就，每构思皆出人意表"。清顺治八年（1651）辛卯科乡试中举人，十八年（1661）辛丑科会试登进士第。他中进士后，任江西南康府建昌（今永修）知县。上任后，"奖孝行，振寒素，革陋规"。在贯彻推行政令时，重视正面教育开导，表彰好人好事，对违犯者"蒲鞭示儆"，故风正民淳。

据《温陵清官史话》等书记载：康熙十二年（1673）冬，吴三桂、耿精忠、尚之信相继叛乱（即"三藩之乱"）。当时，建昌县有一伙匪徒胁迫民众响应叛乱，包围建昌城，猛烈进攻，道泰临危不惧，率全城军民击退匪徒，保全城池。建昌地处水陆交通要道，当时平叛军队的车船辎重川流不息，道泰积极组织粮草民工支前，为平定叛乱、维护统一立下功劳，战后以功晋升南康府（治所设星子县）同知。他为官清正，未与权势同流，"冷署冰厅，家人团笑如寒士"。曾辟地结茅于紫霄峰，颜曰"白厓"，寓以"廉白清正"。道泰偶尔公余间隙休闲于此，览林泉洞壑之胜，寄情山水，宁静致远，潜读诗书，寻找自我思想、生活情致。时论比拟之为"白李草堂"。

李道泰于南康府同知任内，有次押送俸款过鄱阳湖，途中天气突变，狂风骤作，逆浪折舵，覆船险难时可发生。当这危急关头，差役划来小船请道泰换船避险；道泰慨然厉声谢绝："同舟共济，岂吾独安耶？"岿然不动。

没过多久，李道泰以政绩、德行升任云南开化府知府，南康士民攀辕洒泪惜别者载道。开化地处西南边陲，又是少数民族聚居区，开拓时间较迟，经济、文化较为落后。

他上任后，勤政爱民，极力为当地人民办实事，发展生产、文化、交通事业，废除官场不合理的供应陋规，带头捐俸修桥铺路；经常轻装简出，深入察访民间疾苦，减轻赋税劳役，荒年开仓赈灾，使百姓得以休养生息。尤其重视民族政策，公正处理民族关系，维护民族团结，使境内各民族和睦相处；为少数民族创办义学，优聘外地教师讲学，提高少数民族同胞文化科学素质。当时开化境内戍地兵营风纪废弛，很多士卒常到湖南掳掠孩童至当地变卖，祸害骨肉离散。道泰访知这一骇人惨况，深为怜悯与同情，组织调查造册向上申报放归，并按路程发给回乡盘费。同时整饬风纪，教育、惩处掠卖者。被掠卖者及其亲属对李道泰感激涕零，无限崇敬，久久未予忘怀，长期祈祷遥祝以示殷念。

清康熙二十二年（1683）农历八月廿四日，李道泰卒于任上，百姓无不痛惜。

李道泰墓葬故里，今完好。

李道泰博学多才，精通诗文，著有《缨溪文集》；又集古18卷，名《箨书》；诗有《响草》《剩园四草》《滇行草》《南州耳鸣集》，惜大都散失。《福建通志》和旧邑志收录存目有《缨溪文集》和《滇行草》《九仙杂咏》《中秋登石牛》等。《建昌县志》中留下其诗文不少。《咏石牛》《岱仙瀑布》《虎贲岩》等诗10余首，收辑于《瓷都德化古今诗萃》。

李道泰曾与袁懋芹纂修《建昌县志》（十一卷）（李道泰修 袁懋芹纂），该书为清康熙十四年（1675）刻本。

李道泰在永修的诗作有《庚戌修江看竞渡》《祈雨云居五龙潭》《修水道中逢彭泽令李襄水》《唤渡亭》《雪后再望庐山》《元旦雪后渡修江》《渡修江至同安》《圣水堂祈雨同诸生同孟师时周炳》《咏石牛》等，散文有《〈云居山志〉序》。李道泰非常热爱建昌山水，对建昌淳朴的民风怀有深厚的感情，他的《庚戌修江看竞渡》一诗描写了修江竞渡的热烈场面和无比壮观的气势，展示了修江的淳朴民风和风貌。

诚信为人，精勤做工

——样式雷始祖雷发达

一、雷发达简介

雷发达（1619—1693），字明所，生于明万历四十七年（1619）。系新城乡北山社（今永修县梅棠镇中心村雷家组）人。样式雷第一代。

雷发达先祖为雷溧（生卒年不详），字朝宗，宋朝南康军建昌县千士岗（今永修县白槎镇千秋岗）人。雷发达十三世祖，为元代建昌进士雷起龙，起龙原籍县西四十里之千秋岗（今属白槎），后迁居梅棠新庄雷村。元延祐初，移居县城新城乡北山社。生三子，长雷洪、次雷溥、季雷源。明末，雷洪第十代孙雷玉成，因避战乱携子振声、振宙，徙家于江苏金陵之石城（今南京江宁西善桥）。雷发达即雷振声之子，他在家乡读完私塾后，从12岁起就随父亲在南京打工，学习宫廷建筑技艺，在父亲的严格管教下，练就了一身过硬的本领。

明崇祯十七年（1644）三月，李

雷发达石像

自成打进北京,崇祯皇帝自杀。四月下旬。李自成在山海关与明将吴三桂决战,吴三桂投降清军,联合清军打败了李自成。四月三十日,李自成撤出北京,火烧紫禁城。五月,清廷入主北京,改国号为大清,改崇祯十七年为顺治元年。因紫禁城宫殿被烧,只能在紫禁城废墟上搭建帐篷行礼办公,顺治皇帝只能在紫禁城宫废墟上宣誓就职。

顺治二年(1645)五月,清廷下诏在全国征集工匠和民夫重建紫禁城。时年雷发达26岁,其叔叔雷振宙29岁,叔侄二人"以艺应募"从南京来到北京参加紫禁城重建。雷发达技艺高超、为人诚实、做事勤快,深得工部长官信任,很快在工匠中脱颖而出。当时,太和殿缺少楠木做大梁,雷发达建议拆取明陵楠木旧梁充用太和殿大梁。这个建议得到了工部长官的支持和皇室的首肯。上梁之日,清世祖顺治皇帝率领文武百官亲临行礼。上梁之时,金梁上不上去。情急之下,工部长官让雷发达换上冠服,袖揣利斧,攀上梁架,咔咔几斧,上梁礼成。顺治皇帝大悦,面敕雷发达为工部营造所长班。自此,"上有鲁班,下有长班,紫微照命,金殿封官"之赞誉在皇宫内外广为流传。

此后,雷发达一直担任工部营造所长班,主持并参与了清皇家诸多重大工程的设计和建设。康熙二年雷发达在北京海淀槐树街购房定居。康熙二十二年癸亥冬,堂弟发宣携家眷赴北京,投奔雷发达,亦参加皇宫修建工程。

雷发达虚心求教,融会贯通,技艺很高。他先后修建了故宫三大殿(太和殿、中和殿、保和殿),其中规模最大的数太和殿,也就是人们泛称的金銮宝殿。他善于在继承前人传统的基础上,勇于创新,形成自己独特的风格,如中国古代建筑群采用中线南北纵深发展,采取对称布置的方式等。他在进行清宫设计时,不墨守成规,既在中线上的建筑物保持严格对称,又对主轴两侧轴线的各建筑物采用大致对称,而显灵活变动的新格局。这样,不但突出了中心,又体现了"居中为尊"的思想,而且形成了统一并有主次的整体。

样式雷世家

■ 样子匠　■ 掌案

第一代	第二代	第三代	第四代	第五代	第六代	第七代	第八代
顺治朝	康熙朝	雍正朝	乾隆朝	嘉庆朝	道光朝	咸丰、同治、光绪朝	宣统朝

第一代　雷发达　1619-1693
[不详]

第二代　雷金玉　1659-1729
[畅春园、圆明园]
康熙二十五年雷金玉畅春园上梁封官
雍正七年雷金玉卒

第三代　雷声澂　1729-1792
[乾隆年间的皇家工程]
乾隆初年雷声澂成年继承父业

第四代　雷家玮　1758-1845
[外省各路行宫及堤工等处、海滩内盐务、及私开官地等事]

雷家玺　1764-1825
[圆明园、畅春园、清漪园、静明园、静宜园、承德避暑山庄、昌陵、宫中年例彩灯、西厂焰火等处]

雷家瑞　1770-1830
[圆明园、南园]

道光五年雷家玺卒掌案让予郭九承当

第五代　雷景修　1803-1866
[昌西陵、慕东陵、圆明园]
咸丰二年雷景修重夺掌案之职

第六代　雷思起　1826-1876
[圆明园、昌西陵、定陵、定东陵、惠陵、盛京永陵、三海]

第七代　雷廷昌　1845-1907
[定东陵、惠陵、圆明园、菩陀峪定东陵重建、颐和园、西苑、慈禧太后六旬万寿盛典]

第八代　雷献彩　1877-?
[圆明园、菩陀峪定东陵重建、颐和园、西苑、崇陵、摄政王府等]
清末民初雷献彩卒

永修名人

126

样式雷世家

雷发达著有《工部工程做法则例》和《工部营造录》。康熙二十八年（1689年），年届70岁的雷发达解役，卒于康熙三十二年八月十一日（1693年9月29日），享年74岁，葬南京江宁西善桥。

雷金玉，字良生，生于清顺治十六年（1659），先以监生考授州同，后继父业为营造所长班，不久又供役圆明园，为楠木作，以内廷营造功钦赐内务府七品官。70岁时，太子赐"古稀"二字匾额。雍正七年（1729）卒。所生五子，四子奉旨归葬雷金玉于江苏江宁府江宁县安德门外西善桥。第五子雷声澂，独留北京继承父业，后为样式房掌案。

雷氏家族，从顺治至光绪，从雷发达起，共有八代人——雷发达、雷金玉、雷声澂、雷家玮及家玺和家瑞兄弟三人、雷景修、雷思起、雷廷昌、雷献彩均在工部供役，从事宫殿、陵寝、园林等建筑工艺，世代精于设计图样，世代为样式房掌案头目，他们相继担任清皇家建筑师，时间长达260余年，被誉为"样式雷"。清代经雷氏家庭先后设计、承办的大型工程有：故宫三大殿、颐和园、万寿山、玉泉山、香山园庭、热河避暑山庄、昌陵、圆明园东路工程、定陵、惠陵、隆恩殿等建筑。因此，"样式雷"名声大噪，至雷思起、雷廷昌时期愈益彰盛。

"样式雷"是中国古代建筑的杰出代表，不仅为清皇家建造了大量的宫殿、庙坛、园林和陵寝，而且留下了2万余件珍贵的建筑资料，至今北京图书馆藏有雷家设计图纸数百幅，创造了5项世界文化遗产（紫禁城、天坛、颐和园、承德避暑山庄和明清皇陵中的清东陵、清西陵）和1项世界记忆遗产（样式雷图档）。"样式雷"是中华民族的优秀儿女。对"样式雷"的功绩和成就，《联合国新闻》《人民日报》《北京日报》《江西日报》《南方周末》《北京科技报》《京华时报》《中国电视报》及中国建筑艺术网、星岛环球网、中央电视台、北京电视台、江西电视台做了大量报道，给予了高度评价，在国内外产生了巨大的影响。

雷发达虽是朝廷御匠，但他仍十分思念家乡（即今梅棠乡新庄雷村）。相传，他在朝时，汇钱给雷族大人，委托他们兴建雷氏祠堂。当时雷氏大人，

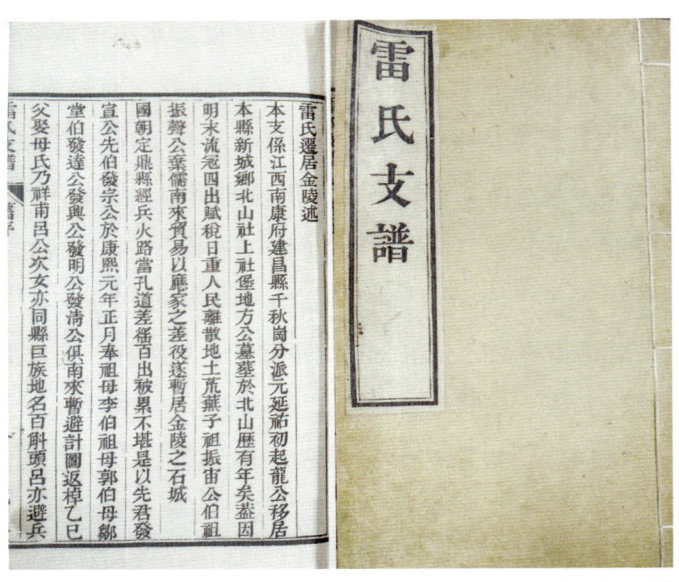

《雷氏支谱》

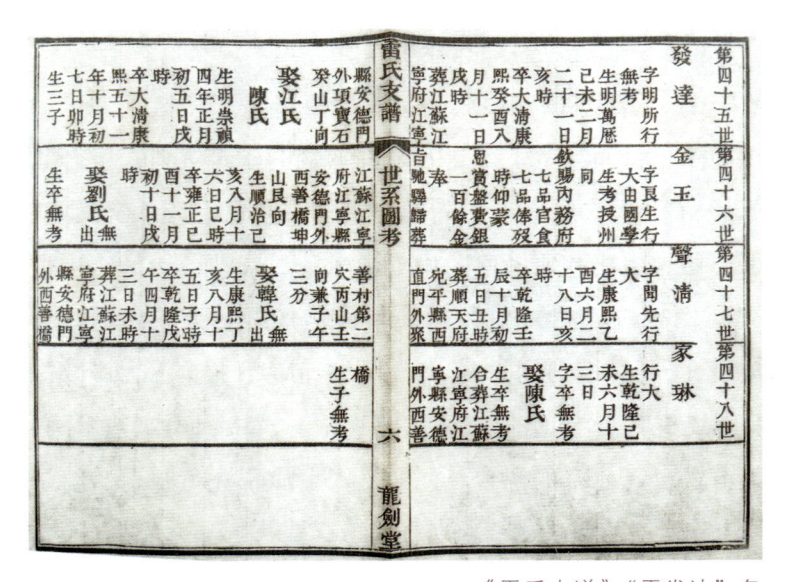

雷氏迁居金陵述

本支係江西南康府建昌縣千秋崗分派元延祐初起龍公移居本縣新城鄉北山社上堡地方公墓甕於北山歷有年矣蓋因明永流寇四出賦稅日重人民離散地土荒蕪子祖振宙公伯祖振聲公暨儒南來貿易以聽家之差役暫居金陵之石城國朝定鼎縣經兵火路當孔道差徭百出被累不堪是以先君發宣公先伯發宗公於康熙元年正月奉祖母李伯祖母郭伯母堂伯發達公發興公發明公發清公俱南來暫避計圖返棹乙巳父娶母氏乃祥南邑公次女亦同縣巨族地名百斛頭呂亦避兵

《雷氏支谱》"雷发达"条

第四十五世　发达　字明歷　己未二十一日生　卒康熙二十二年十一月　時大清入關蒙恩欽賜內務府奉宸苑七品官掌盤俸食银米百俸金葬江寧府江寧縣安德門外善橋第二欵丙山壬向娶陳氏字寧合葬江寧府江寧縣安德門外善橋

第四十六世　金玉　行大貞　由國學生授府州　生卒無考

第四十七世　聲清　字閏先　行大　康熙乙酉六月二十三日生　卒承六月十一日　娶陳氏字寧　生卒無考　葬江寧府江寧縣安德門外善橋

第四十八世　家琳　行大　乾隆己酉十月初　

《雷氏支谱》世系圖考　六　龍剑堂

（娶江氏縣安德門外項寶石山向生明崇禎四年正月初五戊寅時卒康熙十五年七月十三日卯時　三子　娶劉氏出無　時初酉六月十一日戊　葬江蘇江寧府江寧縣善橋坤外山艮向　娶韓氏出無　三分子　葬江寧府江寧縣安德門外善橋第二欵丙山壬向　生子無考　卒乾隆四十八年十月　葬江寧府江寧縣安德門外善橋）

将此钱私自花掉了。雷族大人后听说雷发达要亲自回家拜祭祖先，雷氏大人只好到处借钱，急急忙忙建了一间祠堂，名叫"尊祖堂"。现由于年久失修，早已倒塌，但在祖居雷村，现仍留有一断墙残壁。雷发达出于对雷氏家族祖宗的尊敬和忠孝，有一次南行公务，顺道到家乡看看，当行至德安境内时，向当地百姓打听，到建昌雷村有多远，当地百姓回答，还有一天的路程，发达随身侍卫误听还有一千里程。由于发达旅途奔波，染上疾病。再要行程一千里，恐难支持，侍卫劝说雷发达打道回京，致使此次回乡未成。

清嘉庆时期，雷氏后人雷家瑞乘南行公务之机，回建昌（今永修）祖籍重修了大成宗谱。雷氏家族靠自己的智慧和辛勤劳动，独创设计图样，制出"烫板"（今称模型）再行施工。雷氏家族攀上了清代建筑和园林艺术的高峰。《中国建筑史》《中国古代建筑史》等学术巨著，均高度评价了雷氏家族在古代建筑方面的成就。《世界著名科学简介》一书把雷发达的名字列入其中。他们在建筑科学和建筑艺术上举世瞩目的成就，将永载中华民族和全人类的建筑工艺史册。

雷发达及其后裔虽然备受世人尊敬，闻名于朝野，但是始终没有忘记故土江西。雷发达临终前，交代子孙，要回建昌省亲，不能忘了祖先，要秉承祖训，"诚信为人，勤奋做工"。2002年，雷发达居北京的第十世孙雷章宝（北京石景山古城四中高级教师）与天津大学建筑学院张威博士来到永修县梅棠镇新庄村，探望雷氏宗亲，搜集有关谱系资料。回到北京后，他们编辑出版了《建筑世家样式雷》一书，编导了电视片《探访样式雷》在中央台播出。

二、雷发达先祖

雷发达先祖为雷溧（生卒年不详），字朝宗，南康军建昌县千士岗（今永修县白槎镇千秋岗）人，样式雷先祖。

隆兴二年（1164）之前，雷溧在抗金名将张浚门下求学。因笔法精绝，才华出众，被当时名宦胡铨及张浚、张栻父子赏识，推荐入仕，开始担任湖南临武县令，后调宜章县令。每到一处修筑县城，开办县学，广施教化。他离职后，百姓为他立祠纪念。

淳熙年间，以朝散大夫、直焕章阁身份升任郴州知军，后转任广西柳州知军。淳熙十四年（1187），他赴番禺，任广东运判、提点刑狱司。绍熙三年（1192），他就任尚书郎（吏部员外郎），主管考选铨叙等事务。绍熙四年（1193）七月，知平江府（苏州知府），五年九月，为建宁府（现属福建省）武夷山冲佑观提举。

庆元二年（1196）丙辰十一月，为广南东路经略安抚使，主管广东军政。庆元三年（1197）夏，大奚山岛民作乱。雷澟主张用金钱酒醪来犒劳招抚，化解矛盾。而另一位主政广东提举茶盐徐安国坚持捕杀镇压，两人发生矛盾，导致两人均被朝廷召回、落职。不久，雷澟被皇帝召见。庆元四年（1198），雷澟担任江南西路转运副使。

嘉泰三年（1203），雷澟给杨万里去信，要求杨万里撰写《江西续派二曾居士诗集序》。杨万里应命作序，盛赞雷澟为二曾刊刻诗集的高风和功德，提出诗界"江西续派"的说法。

嘉泰四年（1204），雷澟由江西转任荆湖北路转运副使。后因病死于任上，朝廷赠吏部尚书。

雷澟家族人才辈出，其先辈雷度、雷植、雷申锡均为进士。元朝延祐年间（1314—1320），雷澟六世孙雷起龙（进士）率族人移居建昌县新城乡北山社上社堡（今永修梅棠新庄）。到了雷澟第十七世孙雷玉成与其子雷振声以木工为业，手艺高超。雷振声、雷发达父子又以工匠技术精湛而闻名于世，并世代掌管皇家建筑，形成建筑世家样式雷两百多年的辉煌。

文兄武弟，青云得志

——《大清一统志》主纂李凤鬚家族

李凤鬚（1674—1757），字紫廷，号云湖，建昌梅棠坂（今永修白槎）李村人。康熙三十六年（1697）高中进士，会试101名，殿试二甲17名，被康熙钦点翰林院庶吉士、编修，主持纂修《大清一统志》。这就得跟康熙八皇子合作，后来因为这个原因，被极端狭隘、予智予雄的雍正横加指斥。此后，凤鬚青云得志，后历任顺天、安徽学政（教育厅长）。雍正元年（1723），他担任浙江正考官，拔贡士70余名，所取的多是名士，他还先后推荐过上百人担任知县等官职。后来凤鬚还担任过通政司参议，皇帝召见他询问民间疾苦，因他"奏对剀切"，升任鸿胪寺卿、兵部左侍郎，先后又担任了国子监祭酒（中央大学校长）、内阁学士兼礼部侍郎、工部右侍郎等职务。经历康熙、雍正、乾隆三朝。乾隆七年（1742），以年老致仕。乾隆二十二年（1757）四月十七日卒，终年84岁。葬建昌县梅棠坂庄前垄（今白槎向阳李村）。

李凤鬚诗作有《木瓜洞》《峡江怀古二首》《赠燕将军叔谦》等。《赠燕将军叔谦》这首诗，是一首赠送诗，作者表达了对燕将军叔谦的赞美之情。

李凤彩（1689—1743），白槎复联河坪人，字廷仪，号铁船，为凤鬚堂弟，康熙五十三年（1714），由廪生考取了武举人。哈密发生骚乱，凤彩从征效力，以功升守备。官至陕西平凉副总兵官、都督佥事等职，人称铁船将军。诗歌、书法称绝。创作了《西藏行军纪程》（后改为《藏纪概》二卷印行），被公认为系最早的西藏史纪。督办陕甘军需物资时，善于发现人才，提拔下级将佐，治军有方，且工诗，尤擅书法，字体颉颃苏、米，颇能乱真，亦称"李夫子"。殁赠骁骑将军。

据《郁林李氏梅棠畈族谱》《李氏宗谱》记载，除李凤翥、凤彩外，李凤翥家族还有不少名人，从17世纪末开始，到18世纪末，长达100多年时间，五代之内，人才辈出，确实罕见。

李梦兰（？—1691），进士，云南楚雄县知县。子四：玉瓒、玉堂、玉藻、玉琅。系李凤翥祖父。

李玉瓒（1652—1712），字邦献，号怡斋。乐平县学椽。子三：凤翥、鸾翔、鹤翀。

李玉堂（1659—1729），字翰升，号宸翊。由邑庠生，捐财入太学。初任北直隶南宫县知县，丁内艰，服阕，以才略兼优，补授满城县知县，改授漳河同知，四任山东盐运司，五任江苏七州府知府，六任江南十府督粮道（八年内升至督粮道），署江苏按察司椽，安徽按察使，又署江苏布政使司。子承祖、凤翔、凤鸣、凤翱。雍正元年（1723），受曹雪芹父亲案牵连，被免官抄家。

李玉藻（1663—1729），字智临，号涵一。太学生。子凤彩，诰赠骁骑将军。

李玉琅（生卒年不详），雍正五年（1727）进士，吉安府教授。

李鸾翔（1677—1771），字青来，号欧屿。生而颖异，无书不读。十龄入府庠试获第一名。戊寅年（1698）选拔，中康熙己卯科（1699）举人。考授内阁中书。子嘉纲、嘉絃。

李鹤翀（1683—？），字丹扶，号冰圣。邑增生，习书经，中康熙戊子科（1708）举人。拣选知县。子嘉骙、嘉骕。

李承祖（1680—1724），字念修，号芸亭。太学生。初任福建泉州府南安知县，行取户部员外郎，转授本部江南清吏司郎中。外迁河南道按察司副使。子嘉纶、嘉绶、嘉絃、嘉綖。

李凤翔（1710—1739），选任知县。

李家驹（1692—1711），字若千，邑庠生，康熙辛卯年（1711）

中第三十四名举人。娶吏部尚书、太子太傅朱轼长女。系凤翥长子。

李志沆（1695—1721），字公元、元湛，号凝圃。1718年，考中进士第五名。钦点翰林院庶吉士，博学多才，升翰林院编修。26岁时病逝于北京。系凤翥次子。

李嘉䌹，考授县丞。系凤翥三子。

李嘉纶（1705—1749），字殿音，太学生，考授知县。系凤翥侄，承祖子。

李瑞麟（1728—1789），凤翥孙，字依仁，号春浦。1757年中进士，分发广东，在广东从化、灵山、翁源、英德、阳春、南海县任知县。兼任佛山海防清军同知。"严明有政声，上实器之。"1787年调回北京任职，1789年十月二十八日（公历12月7日）在北京病逝。

李瑞蔚（1758—1815），字茂文，号秀斋。凤翥孙。考授兵部效力，年满议叙，部选广东陵水县典史，上游器重，卓荐特升广州府顺德县都宁司巡检。

才高德馨，尽孝至诚

——左副都御史叶一栋

清康乾年间，古镇吴城有个名叫叶一栋的人。据肖介汉考证，他不仅做了朝廷大官，而且是个出了名的大孝子。

叶一栋（1699—1778），字廷乾，号泊斋，吴城镇河东墨庄（今西庄）村人，自幼性情淳厚，秉性温顺，年方九岁便聪慧绝伦，奉侍双亲尽孝至诚。他虽说家贫，但苦读不辍，淹通经史，工古文诗词，兼擅骈体。乾隆元年（1736）举进士，曾任学政、翰林学士、鸿胪寺卿等职。选庶吉士、散馆检讨，协办"起居注"纂修官。不久擢侍读、侍读学士，充任日讲起居注官，转升少詹、正詹、三朝国史纂修官和内阁学士等。后放外任为江南典试主考官，录取薛观光、顾我钧等名士，不久任顺天学政，丁父艰，守制三年。

在封建社会，读书人的梦想就是金榜题名，一旦做了官就可以光宗耀祖。叶一栋虽是农家子弟，却是个好学上进的读书人，他也想考取功名，可是家里很穷，有时甚至连饭都吃不上，求学之路殊为不易。

叶一栋的家乡当年流行一种名叫"脬肚"的地方病，有首民谣唱道："墨庄是个脬肚窝，有女莫嫁墨庄哥。"可见此病害人不浅。脬肚，就是血吸虫病，严重危害人体健康。叶一栋小的时候，父亲就染上了这种病，成天挺着个大肚子。后来腿上又生了个无名毒疮，皮肤溃烂，脓血如败卤，腥臭味难闻，当地的土郎中见了无不摇头便走，说无法医治。母亲为此日夜祷告许愿，求神赐福，一点用也没有。叶一栋于是跑到镇上去请更高明的医生。名医见了，也说脓血如泣，腐肉难除，不可治愈。叶一栋听了不住地磕头跪求，见医生无动于衷，便"扑通"一声匍匐在父亲腿边，嘬着嘴唇去吮吸父亲腿上的脓水，还用舌头舔舐烂肉。医生被其孝心感动，只好答应试试。在医生的精心治疗下，他父亲的不治之症竟然奇迹般痊愈了。叶一栋的孝行很快就传遍了乡里。

父亲虽然身体不好，为了生计还得长年在鄱阳湖打鱼捕虾，家里的大事小事都靠母亲料理。叶母既贤惠又有远见，督促他苦学不辍。叶一栋也深铭母恩，对母亲特别孝顺。家里有好吃的，他从来不先吃一口；有亲戚朋友送来食物，他要自己先尝过之后，觉得冷热松软适合才递给母亲吃。

叶一栋为人正直，清廉简朴，严于律己，身体力行，在官场上获得了很好的声誉，深受乾隆皇帝赏识，成为朝廷重臣，官至都察院左副都御史，位列九卿。做了大官的叶一栋仍不失布衣本色，生活起居十分俭素，每天吃的是粗茶淡饭，点的是黯淡的油灯，床上盖的被子用了十几年也舍不得更换。他立德修身，克勤克俭，对百姓关爱有加。乡亲们感念其德，要在家乡为他建一座功德碑，大家纷纷慷慨解囊，踊跃捐款。叶一栋闻知连忙加以劝阻："此事万万不可！父老乡亲是我的衣食父母，我岂能接受如此厚待！"好说歹说乡亲们才作罢。

叶一栋以孝为先的事不胫而走，传到了乾隆皇帝那里。乾隆皇帝是位有孝心的皇帝，此时的他正在江南巡游，听后很受感动，除了佩服其才华，更看重他的人品和孝心，不仅让叶一栋官复原职，还赐其鸿胪寺卿衔加一级，诰封中大夫。

自古忠孝难两全。母亲到了晚年，经常病痛缠身，身体每况愈下。叶一栋心里十分不安，于是辞官回家，奉养母亲。炎炎夏日，他为母亲扇凉枕席；寒冬腊月，他用身体为母亲温暖被褥。母亲生病，叶一栋流着泪，须臾不离，亲自端茶送水，侍奉膝下。母亲病重时，他目不交睫，衣不解带。母亲所服的汤药，他亲自尝过后才放心喂给母亲。有次给母亲熬汤药不小心跌了一跤，他怕母亲难过，索性坐在地上像小孩子似的啼哭，以此博得母亲欢心。回京后，任左副都御史，后因遭诬误免职。朝廷赐鸿胪寺卿衔，并因叶母年迈，其孝心赢得了乾隆皇帝盛赞。叶母九十寿诞时，乾隆皇帝御笔题写了"慈鬒延祺"四个大字，镌刻在匾额上，为其母贺寿。

叶居家多年，犹存儒者风范，与同乡弟子会课于慈鬒堂，引绳削墨，启迪不遗。叶姓中科举者，皆得一栋之力。叶一栋一生孜孜以求，著述颇丰，诗文集有《古文集》《朴诚堂诗》，另有《重修望湖亭记》《乾隆九年江南乡试》《楷书圣母皇太后万寿颂册》等代表性文章和书法。

叶一栋的《重修望湖亭记》这篇散文，叙述了吴城望湖亭的地理位置和历史渊源，重点突出了望湖亭的历史地位，赞扬了"吴城之望湖亭，得与江城之滕王阁并传为名胜，至今不替，知其有得于贤当事培茸，名士夫歌咏之力居多"。然后叙述了历代望湖亭的兴废情况，最后写重修望湖亭概略情况。

赢得芳名齐九畹，终持晚节傲黄花

——知府吴一嵩

吴一嵩（1709—1773），字位中，号仰亭，永修吴城镇吉山村人，清乾隆十年（1745）进士及第。此后20多年时间，他在河南、甘肃、云南、四川的十多个地方担任县令、知州，晚年在四川重庆府任知府、松茂道当道台。

乾隆三十五年（1770），吴一嵩参与平定大小金川叛乱，负责大军的后勤补给，三年后在木果木殉难，终年65岁。时人评价他"气韵沉雄""自有一种不可磨灭之概"，他的诗歌被认为是"珠比沈宋、溢于肺腑、慷慨激昂"，其人品、文品均传为佳话。

吴一嵩为官勤勉，多年在偏远落后地区任职，前后管理过十多个州、府、县。他始终抱定赤子之心，每到一地，便深入底层了解情况，夜以继日处理公文。对于案件的审理，他总是反复推演，防止错漏，常常工作到四更天。他在诗中感叹："耿耿寸衷思匪懈，不知寒漏已三更。""心劳抚字因为吏，境得清闲即是仙。"这种勤恳过人的精神、理政治事的才能，深得督抚们的肯定，一再被委以重任。

吴一嵩始终关注民生，走遍辖区内的山山水水。他转调甘肃时，一到任就碰到了属地泥阳镇发生重大冻灾。他顾不上去衙署停歇，立即带领部属来到农田查勘灾情，安排自救、积极组织赈灾。后来还写下诗歌《勘霜泥阳》记录当时的情形"俯仰家谁给，流亡俸自惭。绘图应待告，发粟尚需参"，以表达关心民间疾苦的深厚情怀。

吴一嵩一生廉洁，生活清贫，甚至连自己的官服都无法置办，常常需要朋友帮衬，让家人寄钱过来贴补。曾赋诗自警："自得夭夭致，红尘俗不侵。"他任夏邑（今禹州）县令一年后转调祥符县时，在《留别绅士》诗中写到"尊酒城关劳盛饯，卷书雪案励余冬"，以示自我激励。

吴一嵩教子有方，常把四个儿子带在身边，甚至去朝廷汇报或者职务变迁时，都要儿子千里同行，让他们经受磨砺，教育他们爱民忠国。他在《白菊》《黄菊》诗中教导儿女说："冷艳全欺雪，清标独傲霜。一秋琼比洁，三径玉为光。月下看无影，灯前嗅有香。素心高晚节，皎皎殿群芳。""众草惊摇落，东篱始吐芳……任凭寒彻骨，不染五更霜。"在他的熏陶下，子孙们以廉洁正派的作风为人从官，被翰林院庶吉士程钟龄誉为"克传先芬"。

乾隆三十五年（1770），吴一嵩参与平定大小金川叛乱，负责大军的后勤补给。在木果木的一次战斗中，他的驻地兵卫只有200余人。当时提督董天弼所镇守的底木达基地已被叛军攻破，清军的水道被截断。面对汹汹而来的金川叛军，驻地一天接到数次警讯，气氛十分紧张，后勤官员聚集在吴一嵩住处，恳请他赶快回撤。吴一嵩临危不惧说，我负责总理大军的粮饷，责任重大，决不能撤。在场的人哭泣着求他快走，吴一嵩只是平静地吩咐下属：把自己的貂帽捎给家人。几天后，叛军攻入后勤大营，他从容就义，终年65岁。家人以他的貂帽招魂安葬。吴一嵩在诗歌《马兰菊》中写道："赢得芳名齐九畹，终持晚节傲黄花。"这正是他为国尽忠、慷慨赴义的真实写照。

乾隆皇帝听到吴一嵩的事迹，褒扬他是"有才""勤勉"的典型，并追赠他为"太仆寺卿"，下谕在吴城团山岭建造一座"昭忠祠"，永久纪念他。

吴一嵩著有诗集《玉镇山房近体剩稿》等，时人称他的诗"雄浑沉郁，不下老杜"。其中《白菊》《黄菊》被编入《永修读本》。

若使据鞍能顾盼，马蹄借计踏长安

——《四库全书》分校官郭祚炽

郭祚炽（1738—1826），字克昌，号筠池，建昌（今永修县马口镇麻坪郭村）人。乾隆二十六年（1761）考中进士。乾隆三十四年（1769）9月选授国子监典簿，后升任詹事府主簿，有幸能遇到皇恩，被赏赐为文林郎。乾隆四十年（1775）升任太常寺典簿，又转任通政司经历、通政司知事。

郭祚炽文笔超脱，书法精美，乾隆三十八年起参加《四库全书》校对，乾隆四十年受总编纂官、多罗质郡王永瑢上奏推荐，得到皇帝钦批，正式入馆，参与纂修《四库全书》十七年，《四库全书》中很多书籍都有其校对署名、誊抄署名。并参加《永乐大典》校核。

郭祚炽于嘉庆六年致仕返乡。在当时的江西巡抚秦知轩、布政使冯星石聘请下，郭祚炽主持白鹿洞书院10年，士林仰之若山斗。嘉庆二十一年（1816）重宴鹿鸣，翌年冬月，他以高龄参加马旋图版《建昌县志》的纂修，做了不少有益的工作。道光元年（1821）他80余岁，重赴恩荣宴，获赏六品衔，作《纪恩诗》四首传世，恩加一级，朝廷用诰命授予封号为奉直大夫。郭祚炽殁于道光丙戌年（1826）9月25日，享年88岁。

郭祚炽和桃李满天下的父亲郭卫城、弟弟郭祚炳先后中进士，被誉为"父子三进士"。

郭卫城（1711—1781），谱名章徽，字慎五，号志轩。雍正十二年（1734）甲寅，姚宗师选入县学第一名，乾隆十八年（1753）癸酉科中式36名举人。乾隆三十二年（1767）丁丑会试中116名，次年殿试春蔡以一榜进士，奉旨招用儒学教授，三十三年戊子九月，选授建昌府教授。江西巡抚吴蚁园中丞器重其才学，命摄旴江书院五年，训士以立品敦行为要。

乾隆四十四年（1779）己亥年七十致仕归里。府里有名进士鲁鸿率诸生立教思碑于学署。

乾隆三十六年（1771）辛卯十一月廿五日，以子郭祚炽恭遇覃恩，敕赐龙章二轴，赠文林郎。嘉庆六年（1801）以子郭祚炽晋赠奉直大夫。

郭祚炳（1754—1821），字昭象，号毅持（池），卫城幼子。乾隆丁酉（1777）年蒋宗师取入府庠一名。庚子科（1780）乡试中式第九十三名举人。乾隆四十九年（1784）甲辰科会试中式第六十名，选试三甲十四名进士。乾隆六十年（1795）乙卯，由进士选授南安府崇义县儒学教谕，九月选授福建汀州府宁化县知县。

战功卓著，热爱家乡

——著名将领吴坤修

吴坤修（1816—1872），字子厚，号竹庄，永修吴城镇吉山村吴家人。湘军著名将领，曾任安徽布政使、署理巡抚等职。

吴坤修成年后考上监生，捐纳了一个从九品的小官，来到湖南湘阴做地方官。在道光二十九年（1849），湘阴发生大水灾，他奉命进行救济，非常勤勉认真。后来，协助剿灭李沅发发起的叛乱，他开始崭露头角，被授予候补县丞、湘阴府经历。

1852年7月，太平天国部队攻打长沙，吴坤修奉命守卫长沙。太平天国当时的军事统帅萧朝贵在7月29日攻城时，被长沙守军炮轰打死。吴坤修以守城的功劳，被提拔为知县。

1853年9月，在衡阳，他碰上了曾国藩，他们的友谊是王鑫（王朴山）穿针引线的，起因却是王鑫不懂湖南话，需要吴坤修翻译给曾国藩听。从此开始了他们20年的相知相从。

王鑫也是一个将才，缺点就是比较爱吹牛，他向曾国藩拍胸脯，只要有3000人马，口粮钱银子2万两，火药、硫黄各一万，就可以搞定太平军。曾国藩极端高兴，认为王鑫就是自己要找的优秀人才，兴奋地给自己的老师吴文镕写信，高度赞誉王鑫。

曾国藩备好了辎重，命令王鑫和吴坤修去湘乡招募2000人。过了几天，吴坤修回衡阳求见曾国藩，多次谈到王鑫在地方大肆炫耀、骚扰百姓，曾国藩一再为王鑫遮掩。不久，王鑫兵败覆灭，曾国藩这才后悔自己没有听从吴坤修的话，进而喜欢上了这个远见卓识的悍将，从此对他终生信赖。同年11月，曾国藩创立了水师，委任吴坤修管理弹药军械。

1854 年，曾国藩率领水师，攻打九江城，反而被太平军所围困，无法逃脱。吴坤修单骑奔赴前线，引导船队，穿越湖口，跳出包围圈，来到江西永修吴城鄱阳湖和南昌水域。曾国藩在这里重整队伍，与太平军展开了拉锯战。次年，吴坤修率领舟师，防守瑞昌一带。他的父亲去世，不得不回家"丁忧守制"。不久，长江重镇武昌再次被太平军攻陷，吴坤修只得随从罗泽南驰援湖北，一连光复咸宁、蒲圻、崇阳、通城这些城市，率部进逼武昌。吴坤修被多次提拔，皇帝赐予他顶戴花翎。

战场形势风云变幻，1856 年的江西战场上，太平军再次进军，赣北赣西多被太平军占领，胡林翼命令吴坤修率领新近招募的部队"彪字营"4000 人，会合湘军从湖北救援江西，给被围南昌、瑞昌的曾国藩部队以莫大的鼓舞。

吴坤修接连拿下新昌、上高、安义、靖安等地。他彪发凌厉、英勇无敌。当时江西的部队粮饷匮乏，吴坤修捐出所有家产，砸锅卖铁，全部拿来充军，并劝谏吴城的富人纷纷出钱出米救济部队，自筹四万两银子押送到南昌，在那里收集平江的散兵游勇，充实部队军力。

1857 年，他率军攻克奉新，再次被提拔，被任命为广东南韶道台，他没有去广东，而是继续进攻瑞昌一带，不久攻克瑞昌。他率军进入抚州，攻打东乡县，但是由于轻敌，吴坤修遭遇到人生唯一的一次战败，部队溃退，被革除了职务。此后将近两年都没有参与重大的军事行动。

1859 年，在曾国藩推荐下，江西巡抚耆龄任命吴坤修督办抚州、建昌（今永修）、分宁三个地方的团练。吴坤修是个优秀的组织家，立马以此为基础新建团防营，驻军抚州、贵溪，奉命移往德兴，救援徽州。赴湖口与太平军激战。

1861 年，他攻下建德县。被批准获得了难得的一次放假。驻军建德，部队交给自己的弟弟游击参将吴修凯（1987 年版《永修县志》误为吴修考）主持。由于太平军猛攻徽州，不久城破，吴修凯遭遇太平军，在恶战中英勇殉难。

吴坤修奔赴建德，同部将钟秀（1808—1879年，后任安徽地方道台）一起，把部队调回江西，按曾国藩指示扼守湖口。

江西巡抚毓科向他发信，要求他救援建昌府。吴坤修率军解了建昌的围困。

太平军进出于金溪、东乡一带，吴坤修率抚州部队迎敌，在余江县邓家埠，消灭了这部分太平军。又在贵溪、安仁、德兴、万年阻遏太平军。1861年12月，曾国藩的祁门大营被困，危险万状。为了配合左宗棠、胡林翼、李续宜部队，防止太平军穿越景德镇，夹击祁门大营，吴坤修迅速挺进上饶，驰援景德镇，封住了太平军北上的道路。接着，他又发挥了一生中的神来之笔，与太平军一路战斗，一路比速度，太平军从建德直入江西，而吴坤修也连战连胜，率部急速行进，比太平军林启荣部更早到达湖口，保住了湖口重镇，曾国藩很是欣赏，吴坤修被朝廷授予盐运使的头衔。在江西战场上，太平军节节败退，不久基本上都被肃清了。

1862年，李秀成从苏州救援南京江宁，分兵进攻芜湖。吴坤修率部进入安徽作战。他会同其他部队，击退李秀成；乘胜之机，继续收复金保圩、高淳、溧水及溧阳、东坝各要隘。他把陆续投降的数万太平军遣散，深得民心。

1863年，吴坤修担任徽宁池太广道台、安徽按察使；1865年，代理安徽布政使，随后代理安徽巡抚。此后，他请假回到家乡，补父母的丧假，在家乡修缮房屋、建造亭舍，修复吴城望湖亭、鸿雪轩，与曾国藩等名流重聚，留下许多诗词楹联。

吴坤修雅好书画，酷嗜书籍，不治生产，所得薪资，以购置书画古籍为多，藏书数万卷，刊刻《半亩园丛书》，收书30种。其书法亦为世人称道，至今在安徽还保留着至少三处墨宝。著有《三耻斋集》，主编《释氏十三经》《重修安徽通志》等。

1870年，他回到安徽布政使任上。两年后，在安徽布政使任上去世。巡抚英翰上奏朝廷，陈述他的一生战功，朝廷追赠他"内阁大学士"的荣誉。安徽人为他立了一座碑，记载他的生平与在安徽的政绩，至今这块碑仍竖立在安庆市内。

吴坤修可谓文武全才。他的好友方浚师（字子严）在名作《蕉轩随录》中这样评价吴坤修："君为百皖福星，武能戡乱，文足经邦，忆昔年驿馆停骖，曾听乡人歌子产；我念双江旧雨，案有遗书，箧藏赠稿，待他日蠡滨返棹，定攀墓树吊徐公。""……与竹庄畅聚数日，民生吏治，悉力讲求，非寻常庸庸碌碌者比。"

吴坤修与彭玉麟、胡林翼、曾国藩及其弟子李鸿章、再传弟子薛福成交厚。《曾国藩家书》《曾文正公书札》中，很多是吴坤修与曾国藩书信往来，或曾国藩论述吴坤修，描述吴坤修与自己投缘，经常是"坐颇久""与长谈"。

曾国藩在书信中劝诫吴坤修，"阁下昔年短处在尖语快论，机锋四出，以是招谤取尤。今位望日隆，务须尊贤容众，取长舍短，扬善于公庭，而规过于私室，庶几人服其明而感其宽"。希望吴坤修宽以待人。又："鄙意办理洋务，小事不妨放松，大事之必不可从者乃可出死力与之苦争。"就是说，不必纠缠小事。这是对吴坤修缺点的总结，也是劝谏。吴之所以没有被任命担任某方面军的统帅、指挥大规模的会战，大约与这些性格缺陷有关。

吴坤修还是清朝藏书家。他雅好书画，酷嗜书籍，不治生产，所得薪资，以购置书画、古籍居多。因家仅有园半亩，所居之室名"结岁寒缘馆"，藏书数万卷。刊刻《半亩园丛书》，收书30种。其中多有关于吏治民生之书。辑《释氏十三经》，著《三耻斋集》。吴坤修碑刻、题词现有：重建鸠江书院、重修谯楼、题"汉淮南工墓""古皋陶墓"。吴坤修在安徽颇有政声，他逝世后，安徽人为他立了一座碑，记载了他的生平与在安徽的政绩，这块碑至今尚在安庆市，他在任上修建一座宝塔，安庆人称之为"吴公塔"，以彰其绩。吴坤修是个热爱家乡的人。他在吴城兴复了"望湖亭"，在旁边兴建"鸿雪轩""半晦园"（一说叫"半亩园"）。

吴坤修是个热爱家乡的人。他在吴城兴复了"望湖亭",在旁边兴建了"鸿雪轩"。"鸿雪轩"名字的由来,是取苏轼诗句里面的"飞鸿踏雪泥"的意思。

他自己撰写了望湖亭楹联:"万顷湖光浮日月,一楼山色变云烟。"非常工整,有气势,一湖一楼,映照日月云烟,确实非常壮观,极富神韵。

他把1857年曾国藩、彭玉麟驻军练兵鄱阳湖时,对望湖亭的题词书写亭上:

曾国藩的对联是:

五夜楼船,曾上孤亭听鼓角;一樽浊酒,重来此地看湖山。

彭玉麟的题词为:

地以人传,溯自周郎习战,苏子题词,仙吏将才,千古各成奇迹;

天留我住,放教彭蠡风帆,匡庐瀑布,水光山色,一时都入壮怀。

战舰列千军,想当年小乔夫婿,破浪乘风,多少雄姿英发。今我戈船来击楫,吊古凭栏,叹几许事业兴亡,只赢得残灰劫火;

湖天开一碧,看此日大地山河,落霞孤鹜,无非活泼生机。谁家铁笛暗飞声?悲歌击筑,把那些沧桑感慨,都付与芳草斜阳。

当时显宦、名士对吴城望湖亭、吴坤修鸿雪轩、半亩园题词极多:

巡抚冯展云正在江西当督学,即将返回北京城,他分别为"望湖亭""鸿雪轩"题写对联:

东下壮军声,横槊高歌,遥想一时豪杰;

北归停使节,落帆小泊,闲看千里湖山。

泥雪人生几鸿爪,津亭诗句万牛毛。

槊是古代的一种兵器。成语有"横槊赋诗",形容能文能武的豪放潇洒风度，用来赞誉吴坤修文武全才，"闲看千里湖山"的豪情与逸兴。

名士阮元有《题望湖亭》两副：

能容湖水心胸阔；得见庐山真面目。

胜地重新，在红藕花中、绿杨阴里；

清游自喜，看长天一色、朗月当空。

知府曹汲珊有《题吴城鸿雪轩》：

客已倦游，偶然小住湖山，便欲乘风归去；

人生如寄，留得观前鸿爪，不妨踏雪归来。

征战沙场，勤政为民

——台湾知府陈思燏

陈思燏（1830—1871），字益辉，号子中，永修马口镇爱华村安埇人。他自幼聪慧，勤勉上进，饱读诗书，通过科举考试入国子监学习。咸丰年间，他以廪贡生的身份被选调到广西昭平县任教谕，开始为官生涯。

不久，陈思燏代理平乐县知事。在平乐县任职期间，他深察民情，体恤民意。深感平乐县作为少数民族地区，教育状况极为落后，百姓受教育程度很低，致力把振兴学校、培养人才作为紧要事务。他大力创办义学、社学、书院等教育机构，为当地贫困家庭子弟创造上学机会，深受百姓的爱戴和敬仰。

陈思燏在治理地方初见成效时，适逢太平天国翼王石达开率领太平军进攻广西柳州、平乐县一带，这为他展示军事才能提供了机会。清朝将领骆秉章、蒋益沣率军进行阻击，陈思燏组织指挥地方武装配合作战，迫使石达开败走大渡河。陈思燏因率领地方部队参战有功，被保举为"同知补用"，赏蓝翎顶戴。随后不久，其母亲去世，他回乡"丁忧守制"，平乐县百姓一路攀住车辕挽留，称颂之声不绝于道。

在守制期间，因浙江巡抚左宗棠的赏识和推荐，并向朝廷申请"夺情"，陈思燏被委任为"襄办楚汀两军后路粮台兼营务处"。于是，他跟随左宗棠来到浙江，平定浙东各郡县太平军。他督带练勇，奔赴战场，协同江苏清军收复了浙江嘉兴府城。陈思燏因带兵有方、战事有功，受封四品花翎顶戴，以道台、中议大夫的身份留在温州府补用，不久任温州知府兼护温处道台，一边开设书局，广兴书院，教化人民，醇厚风俗；一边率兵保靖海洋，巩固边防，维护稳定。

1868年，陈思燏调任杭州知府。当时的杭州，经过战争的摧残，满目疮痍，百废待兴。他便发动百姓，疏通河道，淘渌枯井，掩埋枯骨10万余具，大力修复因战争摧毁的城市各种设施，逐渐恢复百姓的正常生活。由于城内书院、庙宇、街道遭到严重破坏，修复费用巨大，他带头捐出养廉银，疏浚西湖，修复杭州崇文、敷文两个书院及各个庙宇，使破败不堪的杭州重新焕发出生机。

清同治时期陈思燏任台湾知府，加道台衔。1870年初，当时的闽浙总督、内阁大臣英桂亲自给皇帝上奏，称台湾知府祝永清出缺，陈思燏智勇双全，文武兼备，又精通汉兵、练勇，历任府台、道台，措置游刃有余，并十分熟悉福建的情况，可调补台湾知府。英桂因考虑台湾地方紧要，事务急迫，未经朝廷降旨，便命他去调补知府。事后吏部下达命令，认为这个任命"未候谕旨，自与旧章不符"。同治皇帝了解事情的经过后，毅然朱批："着即准其调补福建台湾府知府。嗣后不得援以为例。所有该督、抚应得处分，着加恩宽免。"

陈思燏在担任台湾知府期间，当地烟瘴横生，水土恶劣，还常有生番闹事，治理难度极大，人人视为畏途。他面对重重困难，没有丝毫畏惧，决心励精图治，积极组织筹划，立乡约、编保甲、办团练，身体力行，巡查地方、缉拿盗匪、教化乡民，恪守保境安民之责，有力地维护了台湾的社会稳定。同时推行"垦荒兴农"之策，积极劝课农桑，兴修农田水利，使台湾的农业生产得到了快速发展。陈思燏担任台湾知府虽然仅短短一年时间，但他为台湾的社会稳定和经济发展做出了重要贡献。

是年底，陈思燏被调回福建，"以道台补用"。他依然勤政为民，夙夜奉公，鞠躬尽瘁，终因长年历经风霜，积劳成疾，于1871年2月病殁于官署内，葬于爱华村磨盘山。朝廷为肯定陈思燏一生的功绩，追赠他为"资政大夫"。

陈思燏征战沙场，有勇有谋；治理地方，有为有位。他的家族文脉昌盛，一门显贵。他的太祖父陈仁备和哥哥陈思炽、陈思埏均被朝廷恩封为

"中议大夫"。祖父陈立益、父亲陈名芬被恩封为"资政大夫"。他的儿子陈彦培、陈彦均分别是贡生、邑廪生。

陈思燏长眠于爱华村磨盘山,其墓志和墓体保存完好。为纪念这位引以为傲的先人,村里人尊称他为"三太公"。每年元宵节、清明节、中元节等祭祀节日,人们都会自发地前往陈思燏墓地祭拜,以表达对他的缅怀和敬仰。

体虽俳而情则正，词虽俚而意则深

——草根诗人赖学海

赖学海（？—1893），字汇川，号虚舟。原籍广东顺德龙山乡。自幼随长辈来到吴城，长期居住于此，寓处取名岭南馆。

赖学海在吴城生活40年，从事南北海货的经营，且积累了一定的财富。他与时任南昌府同知（吴城司马）、后任知府的冯询是同乡好友。

冯询在江西担任同知、知府30年，为官节俭，操守廉明。自1848年开始，升任南昌府同知（吴城司马），一干就是15年。

咸丰五年（1855），太平军劫掠吴城。在加固吴城防务之余，冯询与赖学海秉烛夜话，谈心论诗，汇编成《雪庐诗话》。在《雪庐诗话》中，赖学海提到多年来仅回乡数次，其余时间多在吴城，从事南北海货的经营，且积累了一定的财产，并与文人论诗谈文，写下《虚舟诗草》《广艺舟双楫》等诗文集。

同治二年（1863），冯询写了一本诗歌集《子良诗录》，其中与吴城有关的诗歌27首，赠给赖学海的有5首。冯询想刊印自己的这部诗集，可是囊中羞涩，最后还是由赖学海在吴城为他出钱刊印。

赖学海为撰写《吴城竹枝词》(亦称《竹枝词》)（118首）倾注了大量心血。他认识镇上的大多数人，了解每一个细节。他入境随宜，运用自己写诗文的特长，把古镇风俗及景象收纳到了笔下，"闲尝无事以韵语编之"，把吴城当地人盛传的歌谣都记录下来，慢慢铺陈吴城的乡风民俗，到同治四年汇总为《吴城竹枝词》。

《吴城竹枝词》记录了古镇的乡风民俗与景象，以及当地人盛传的歌谣等等。其内容主要包括五大类：一是历史典故类；二是市镇风貌类，记

吴城古镇

述镇上的六坊、望湖亭、聂公庙、香姑垅、白骨塔、千英巷、各大会馆、僧寺、道馆、衙门等建筑和格局；三是民俗风情类，反映朝香、整规、荡路、打牌、拜年、迎神、开镰、行当戏、西瓜戏等风俗民情，描绘鼎盛时期吴城的繁华景象和众多的行业生活；四是土物特产类，介绍鄱阳瓜、银鱼、藜蒿、酥糖、蒲扇、干鱼等产品；五是风光景致类，涵盖吴城的湖区风光和人文胜迹。真可谓丰富多样，异彩纷呈。

古人评价说，《吴城竹枝词》"体虽俳而情则正，词虽俚而意则深"。它题材广泛，韵味悠长，故而广为流传。《吴城竹枝词》是对江西竹枝词的极大丰富，是当时吴城社会经济文化发展状况的真实反映，作为反映民情百态、历史文化的一种载体，具有独特的地域性和广泛的社会性，对研究吴城乃至江西的时政史料提供了重要参考。

光绪十九年（1893），赖学海因病去世。

《吴城竹枝词》是赖学海虚舟以民歌形式创作的歌曲，此诗被收入《清代稿钞本》第一辑。赖学海在吴城居住40年，他的亲身经历和耳濡目染，使他对吴城这个"十里洋场"有了很深刻的剖析，对吴城的历史典故、社会现象、风土人情、生活习俗了如指掌。全词倾注了作者全部感情，表现作者对吴城的无比热爱之情，同时为吴城留下了珍贵的文化史料。

吴城竹枝词

自　叙

吴城，江西一镇耳。地无五里，山复占之。然当湖上之冲，利泊舟，故商贾萃焉。人家高下半山居，高者畏风，下者畏水，然民恋而不去，则利之薮也。其俗逐末利而鲜盖藏，善周旋而重乡里。千金之家亦复时有。辄不旋踵而遂空，语者归咎于刘诚意讖，岂其然乎？岂其然乎。

余客此久，得交其地之贤士大夫，至于担夫、樵子皆而目识之，于以得其风土人情，闲尝无事以韵语编之，俗不成诗，涩不可歌，因命之曰词。古人纪俗有《竹枝词》，也慢曰"竹枝词"。然声非竹枝也，聊亦云尔。顾念半生作客，一事无成，余发如此种种矣，犹挟策走他乡，每一归家辄闻新语，则憯然以问人，而于此地情事若无不悉焉，此生之身事可知矣，词成得一百一十八首，叙而存之，以志感云。

　　　　　　　　时同治四年月日顺德赖学海虚舟

《吴城竹枝词·自叙》

百年苦行度众生，一件衲衣承五脉

——禅宗泰斗虚云

虚云像

虚云，字德清，名古岩，法名演彻。50岁后自号虚云。当代禅宗泰斗。原籍湖南湘乡县，俗姓萧，1840年生于福建泉州一个官宦家庭。父亲萧玉堂在福建泉州做官。出生时母亲颜氏不幸去世，由庶母王氏抚养长大。

虚云自幼即厌荤食，性喜恬淡，好读书习礼，聪慧过人。咸丰二年（1852），虚云随父奉祖母、生母灵柩回湘乡安葬，葬礼中见三宝法物，就生欢喜之心，遂萌发弃世出俗之愿。不久随叔父到南岳进香，萌发出家之志。咸丰六年（1856）离家奔南岳欲投师剃度，半道被截回。咸丰八年（1858）与从弟潜至福州鼓山涌泉寺，礼常开法师披剃。次年，依妙莲和尚受具足戒。从此，开始了他的百年苦行之路。

虚云后为避父追寻，隐居山后岩洞一住三年。同治元年（1862）方受师命回鼓山任水头、园头、行堂等职事，四年后，为习苦行，散尽衣物，无论冬夏，只有一衲一裤，一履一衣，一蒲团一绳床，长坐不卧，居无定所凡三年。

他27岁离开鼓山，同治九年（1870）抵天台龙泉庵，秉融镜法师之教放弃苦行，研习经教，初学天台教观，不久往国清寺参学禅制。

虚云和尚的一生极为传奇。42岁时，为报父母养育之恩，他曾三步一拜从普陀山拜到山西五台山。一路上备受酷热饥寒之苦，几经磨难，屡次死里逃生。历时两年多，终于到达五台山，才圆满成就这一深心大愿，其中的艰难非常人所能承受。为求得佛陀真谛，他勤修苦行，研习经教，参究禅宗，参访陕西终南山、四川峨眉山及拉萨三大寺，并由西藏至印度、锡兰（今斯里兰卡）、缅甸等国，朝礼佛迹……终于在一次禅堂修行期间，因茶杯落地的破碎声而大彻大悟。由缅甸回国，朝拜云南鸡足山，经贵州、湖南、湖北等地，礼安徽九华山，再至扬州高旻寺参加禅七法会。

光绪十一年（1885）至终南山结茅居住两年。光绪十八年（1892）约普照、月霞诸师结茅于九华山翠峰，同住三年。

1901年虚云至终南山结茅潜修，与戒尘法师结为同参，自后数十年两人在弘法事业上相互扶持，情同手足。1903年，他俩同时离开终南山，朝峨眉山后至鸡足山。虚云在昆明江南会馆闭关，戒尘为护关，三年出关再至鸡足山。在鸡足山，虚云和尚曾顶着枪口，冒着生命危险，感化了排斥佛教、拆寺逐僧的统兵官，并使之皈依三宝。他还凭着自己的威望，历尽艰险，和解了一场西藏分裂叛乱，使黎民百姓免受战乱之苦。

光绪三十三年（1907），奉嘱护送妙莲和尚骨灰南行至槟榔屿，复至丹那，转抵暹罗，一日趺坐入定九天，轰动暹京，国王礼请入宫百般供养，于宣统元年（1909）迎请玉佛一尊回国。

1911年革命军兴，清政权被推翻，革政鼎新，民国肇建。当时佛教界有中华佛教总会之筹，虚云由滇至沪，参与其事。1918年自南洋还请玉佛回祝圣寺供奉，其后常至昆明等地讲经说法，主持水陆道场。至1920年，祝圣寺兴建工程大体告竣，应滇督唐继尧之请，又移锡昆明华亭寺，重兴古刹，改名云栖寺。虚老在此十载辛苦，百废俱兴。1929年应福建省主席杨幼京之请，回鼓山任住持。讲经传戒，整顿寺规，创办戒律学院，恢复禅堂规约，修建颓废殿宇，整理经版文物，除旧布新，艰苦备尝。

民国二十二年（1933），针对当时传戒草率，失规违制，虚云和尚特将《三坛传戒仪规》加以重刊，并亲撰重刊后跋。

1934年，应广东诸护法及李汉魂将军之请，虚老移锡曹溪，主持重兴六祖道场南华寺。1936年，林森、蒋介石、居正等巡视南华，并各捐俸助修殿堂。当时日军侵华，国难当头，全国处于抗战救亡紧急关头，虚老提议全寺大众每日礼忏两小时，为我前线官兵祈福消灾；全体僧众减省晚食，节积余粮，献助国家赈济灾民。1941年，曲江县严重缺粮，饥民甚众，虚老乃将众善信供养的果资20多万元悉数交与粤省政府以为赈灾之用。

1942年于南华寺东建无尽庵，以为比丘尼道场。这年冬天，国民政府主席林森派屈映光等到粤，请虚老赴重庆主持"护国息灾大悲法会"。11月6日由南华寺启程，至1943年1月26日法宝圆满，历时三个多月。法会在慈云寺、华岩寺同时举行。其间，名公巨卿赠给虚老的名贵古玩及字画等五大箱，于归途中分赠各地寺庙，自己不留一物。所收果金，亦命侍者一一登记，移作南华寺修建海会塔之用。

1943年冬，南华寺修建事毕，因知粤北乳源县云门山大觉寺为云门宗之发源地，遂辞别曹溪，开法云门。十载经营，总计新建殿堂房舍243楹，新塑大小圣像690尊。重楼宝阁，备极庄严，使六祖禅灯再耀南天。

1946年秋，国民政府通令全国寺院诵经追荐抗日阵亡将士，虚云应请往广州主持水陆法事，设坛于六榕寺，随喜者前后达十余万人，极一时之盛。

1949年，虚云应邀至香港讲经，时值全国解放在即，不少人劝其留在香港，被虚云断然拒绝。是年10月，中华人民共和国成立，云门修建事宜基本完成。

1952年虚老应京汉诸弟子之邀，4月由佛源、法云等随侍北上到达北京。初驻锡广化寺，旋迁广济寺，其时亚洲及太平洋区域和平会议在京召开，圆瑛法师、赵朴初居士代表我国佛教界出席和会。9月26日至10月2日，北京市佛教界为拥护太和会在京召开，在广济寺举行祝愿世界和平法会，请虚云主坛，圆瑛法师、巨赞法师为副主坛。10月1日国庆节，虚云代表全国佛教徒接受锡兰出席和会代表团团长达马拉塔纳法师所献舍利、贝叶经和菩提树等三件珍贵礼物。10月15日，虚老在北京代表中国佛教徒向出席亚太地区和平会议的锡兰、缅甸、泰国、越南等国佛教代表赠送礼品。11月5日在北京出席中国佛教协会发起人会议，并被推举为首席发起人。是年冬，上海佛教界发起举办祝愿世界和平法会，虚老应请主法，于12月11日由京抵沪。法会自农历十月二十六日开始，历时49天，至农历十二月十四日圆满结束。

1953年农历正月，上海玉佛寺举办禅七法会二周，请虚老主法。是年5月30日中国佛教界召开首届代表大会。

是年6月3日中国佛教协会正式成立，礼请虚云为名誉会长。会议结束后，虚老前往山西大同参礼云冈石窟后离京，经武汉赴江西庐山养病，暂憩大林寺。时永修县云居山有数禅人至大林寺参礼虚老，言及云居胜概，惜殿堂毁于日军炮火，明代铜铸毗卢佛像坐于荒烟蔓草之中。虚老得知此情，恻然伤之，遂发愿重兴云居祖庭。8月，虚云应云山性福之请，在释果一、达成陪同下往云居山礼祖，目睹祖庭仅存破旧大寮三间，荒草遍地，遂发愿重修，他结茅而居，以图复兴。没有住房，便先后搭成七间茅棚住下。消息传出后，四方衲子云集，年底就达50余人。与此同时，他冥冥之中感到这座长年云雾缭绕的禅山，将是自己的最后归宿。虚云，云居，这似乎是一种天意。

各地僧众闻虚老驻锡云居，纷纷前往依止，不到一年座下集百余人，虚老遂商诸护法，一面组织僧众实行农禅生活，开荒种地，植树造林，一面筹措资金，修复殿堂，以安众僧。

虚云主持成立真如禅寺僧伽农场，将僧众分为农林与建筑两队。前者开垦农田茶园，衣食自足；后者修建庙宇，重塑佛像。他带领僧众弘扬百丈家风，坚持农禅并重。白天出坡干活，夜晚上殿诵经；同时整顿寺规，严肃道风，夏讲经，冬参禅。老和尚处处严格要求自己。有一次，弟子们不忍心见110多岁高龄的老人与大家一起出坡劳作，就把他的劳动工具藏起来。他就依据"一日不做一日不食"的百丈家风,拒绝进食。大家只得作罢。年内虚云当选全国政协委员。次年,虚云与寺中各寮职事商量,将全山僧众加以组织,开荒种地,修建寺庙。是年夏即新建法堂一座,楼上藏经,楼下安禅;新垦农田60亩,嘉禾满垅,衲僧满堂,耕田博饮,俨然百丈家风。至1955年,藏经楼、香积厨、五观堂、库房、客堂等相继建成。8月16日,虚老出席了在京召开的中佛协第二次理事扩大会议。同年秋,虚云根据《梵网经》中"自誓受戒方便"之规,在真如寺内设坛传授三坛大戒。

经过数年的努力,倾颓的真如禅寺得以振兴。殿宇宏伟,佛像肃然,重现了千年祖师道场雄姿。常住们都住进了新寮房,而老和尚依然住在茅棚里,不肯搬迁。他节俭惜福,曾经见弟子吃红薯扔皮,就默默捡起塞在嘴里吞下。

虚云和尚十分注重培育僧才。在重兴真如禅寺那样极其艰难的条件下,创办了"佛学苑",广招贤才。虚云弟子——著名的海灯法师就是这个时候受邀上山住持真如禅寺讲经说法的。老和尚也常常亲自授课,开堂传戒,日有开示,真可谓呕心沥血。他把生命最后的六年时光献给了云居山真如禅寺,真正做到了上求下化,度己度人。

1956年正月,虚云主持重建大雄宝殿、天王殿及钟鼓楼。云居各殿堂布局多依照南华云门殿堂图纸,仅依地形之不同而稍有变化。山中衲子近200人,开水田180余亩,旱地70余亩,收稻谷4万多斤,杂粮2万多斤,粮食自给有余。同年5月制订真如寺修复重建工程总体规划。同年10月,虚云在真如寺向释海灯、性福数人传授沩仰宗法印。

1957年,有山阴吴意性居士发起修路浚湖,自张公渡上山至寺,计18华里,均拓宽至6市尺,以便行人来往;修浚寺前明月湖,培植天然风景,使水光山色相映成趣。是年因人欲占寺中所垦田地,虚云屡屡据理力争,并将情况写成一信,派专人送交全国人大李济深副委员长转周恩来总理,很快得到明确回复:"宗教政策要落实,不得随意侵占真如寺的田地。"

1958年，真如寺僧众先后参加"社会主义教育运动"和"反右斗争"，虚云也受到波及，但他一如既往，严格要求自己。

1959年，云居修建工程基本竣工。5月，虚云抱病写了《申明事由》上交省有关部门，详细回顾自己自登云居山的一些情况，并就其中一些事实加以说明。同年秋，虚云病势日深，他嘱咐弟子将自己身后的骨灰撒入江河，与水族结缘，并反复叮嘱他们，要"勤修戒定慧，息灭贪嗔痴"。圆寂前，他一语双关地告诫弟子们保护好自己一生拼死争来的那领衲衣。弟子问，如何能够永久保持？他只说了一个字：戒！10月13日（农历九月十二日）因患噎膈慢性消化不良症圆寂于云居茅棚，享年120岁，僧腊101年。18日封龛，19日荼毗，得五色舍利子数百粒，21日奉安舍利于云居山海会塔中。中国佛教协会副会长巨赞法师、北京广济寺方丈广济法师及四众弟子数百人专程前来云居山参加悼念法会，首都佛教界于10月17日在广济寺举行追悼大会。

　　　　　　三步一拜到五台，一声杯碎顿悟开。
　　　　　　百年苦行度众生，一件衲衣承五脉。

　　　　　　一杖一笠云山外，亦禅亦农真如来。
　　　　　　闭目观心大菩萨，慧灯长明耀四海。

　　　　　　老和尚，虚云老和尚，
　　　　　　坐阅五帝四朝，一百二十载。
　　　　　　老和尚，虚云老和尚，
　　　　　　受尽九磨十难，云居莲花开。

这首广为流传的歌曲《老和尚》，高度概括了虚云和尚心坚行苦、慈悲济世的传奇一生，歌颂了他的大慈悲和大智慧以及难行能行、难忍能忍的大无畏精神。

虚云一生志大气刚，悲深行苦，历主十五道场。中兴鸡足祝圣寺、昆明云栖寺、鼓山涌泉寺、韶关南华寺、云门大觉寺、云居真如寺六大名刹。重建大小寺院庵堂80余处。先后嗣法妙莲为临济宗第四十三世祖，嗣法耀成为曹洞宗第四十七世祖，嗣法词铎为沩仰宗第八世祖，嗣法良庆为法眼宗第八世祖，嗣法深静为云门宗第十二世祖，以一身而承五宗法脉，大振禅风。弘宗演教数十年，剃度、得法、受戒、皈依弟子达百万人。门下法嗣弟子遍布全中国，广及东南亚以及美洲诸国。其门下嗣祖沙门比丘较为著名的有十余人，其中释一诚、释传印两位大德高僧先后担任中国佛教协会会长。虚云工诗善文，存诗400余首。所著有《楞严经玄要》《法华经略疏》《遗教经注释》《圆觉经玄义》《心经解》等，又有《虚云和尚法汇》数十万言。

  虚云和尚的一生跌宕起伏，颇为传奇。他以振兴禅门为己任，慧灯长明，被人称为民国四大高僧之首、禅宗泰斗。他波澜壮阔的一生，正如他晚年写的一副楹联：历经四朝五帝，不觉沧桑几度；受尽九磨十难，了知世事无常。

"绿林"之魁，勇杀日寇

——抗日英雄蔡家明

蔡家明（1877—1939），永修县九合乡青墅蔡村人，生于清光绪三年（1877）。蔡家明精通武术，以习武为名，设馆授武为业，招收徒弟数百名。但附近百姓都知道他是个专以偷牛盗马、坐地分赃的"绿林魁首"。蔡家明"兔子不吃窝边草"，不但不在永修东门一带偷盗，即使在永修其他地区也从不作案。他带领门徒常出没于新建、南昌一带，所偷的牛畜，随盗随销，很少留下痕迹。而且，他专偷地主豪绅方家，穷家小户，均不染指。因此，家乡四邻对他并无恶感。

蔡家明故居

蔡家明为人机警。传说，一次他到一户地主家偷牛，被地主发现。地主手持鱼叉向蔡掷去，将蔡的手掌钉在牛棚木柱上。十指连心，蔡痛彻心扉，口里却说："险呀险，差一点点叉到我的手！"黑暗中，地主不辨真假，信以为真，将渔叉拔出，蔡趁势逃脱。

民国二十七年（1938）十月，日本侵略军占领德安后，继续南侵。于十一月前后，占领修河以北的艾城、虬津一带。中国军队第九战区薛岳兵团五个军的兵力沿修河南岸布防于吴城至箬溪一线，抗击日军。这时，修河北岸的群众纷纷"跑反"，离乡背井，逃往修河南岸的大山之中。蔡家明虽然年过花甲，毫无畏惧，依然独居本村。

薛岳兵团第四十九军刘多荃部一〇五师这时正驻防修河南岸的陈桥坂（今江上乡焦冲村附近）。有人向师长王铁汉推荐蔡家明，称其深明大义，武术高强，又深谙永修各地的地理情况。王便派人请来蔡家明，要他为国效力。蔡家明当即一口答应。起初，王师长仅用蔡为向导，又因他熟悉地情，有时也叫他率侦察队到修河北侦察敌情。蔡不但出色地完成向导任务，而且每次从敌后归来，均带回敌方步枪、机关枪、子弹等武器弹药。一次竟驱使日军军马将日军的小钢炮（六〇炮）驮了回来，当即受到王师长的嘉奖，并再三告诫蔡家明务必谨慎，下次再不可单独活动。蔡一笑了之，心底并未介意。

不久，蔡家明率领门徒50多人，暗携兵械，半夜泅渡修河，半数留在城外接应，向日军发起突然袭击。日军乱成一团，等到组织反击时，蔡家明等已歼敌数十名，安全返回修河南岸。王铁汉师长由此对蔡愈加重视。

民国二十八年（1939），蔡家明带领便衣队深入敌后之驿南（今江益），不幸被日军发现，重兵包围。传说蔡家明跃身窜上大树，隐蔽起来。日军四处搜查未见踪影，便牵来狼狗，跟踪追到大树下才发现蔡家明。日军乱枪齐发，蔡不幸中弹，为国捐躯。日军将蔡的尸体吊在树上"示众"，以恐吓抗日军民。

王铁汉师长得知蔡家明殉难,失声痛哭。命令蔡的徒弟无论如何要将蔡的尸体抢回。蔡的徒弟深入驿南,偷回蔡的尸体,安葬于九合乡青墅蔡村。

王师长称蔡家明为义盗,作传以表彰其功绩,并特命厚恤其家属。民国三十年(1941)四月二十日,江西《民国日报》"前矛副刊"以赫然大字刊登了永修"义盗"蔡家明抗击日军,不幸身殉的新闻,一时轰动各地。尤其在永修一带,更为人所传颂。

40年代末期,吴宗慈教授编纂《江西通志》时,在"江西人物"中,收入了"蔡家明传"。1987年版《永修县志》中,也将蔡家明列入了"人物传",以弘扬他的爱国精神。

聚首共事，造福民众

——共青团一大代表叶纫芳

叶纫芳（1883—1947），号南馨，永修县吴城镇大同八门村人。他先后与孙中山、毛泽东等人聚首共事，为造福民众，四方奔走。他是中国共青团创始人之一、共青团"一大"代表以及重要的历史见证者和参与者。

辛亥革命爆发，李烈钧主政江西。叶纫芳倾向革命，很快被推荐参加了江西的军政府。当时，他与中国社会党领导人江亢虎交情深厚，被任命为该党南昌支部长。后来，他辗转奔波于上海、九江、广州、北京等处，从事过多种工作。

1919年，叶纫芳报考了司徒雷登创办的燕京大学，被录取。在校期间，他热心工农运动和青年活动，与谭平山等人交往甚密。毕业后，叶纫芳南下广州，受谭平山、俞秀松、施存统等人影响颇深。他经常深入工农群众之中，参加过早期共产主义的各类组织，撰写发表了许多思想进步的文章，其言论颇受瞩目。其间，他与马林、张太雷、陈独秀等人也有交往。

1922年1月，马林和张太雷到汕头与叶纫芳多次联系，提出建立社会主义青年团的构想。谭平山在组建广东社会主义青年团的时候，给潮汕地区的同志寄去团的章程和书报，并委托叶纫芳等人开展建团工作。叶纫芳回信表示："要尽我的能力联合各处同志，并将建团事宜宣传到本地的各界。"此外，叶纫芳利用《广东群报》《青年周刊》等阵地，与谭平山讨论并宣传社会主义思想，其中《纫芳致谭平山的信》公开宣传俄国，号召工农革命，达成共产主义。

1922年5月，中共中央决定在广州召开社会主义青年团第一次代表大会和全国第一次劳动大会，要求全国各地落实推荐代表。叶纫芳被选为潮

1924年国共合作期间，国民党上海执行本部人员合影（前排右二为叶纫芳）

汕地区的团代表和工人代表，同时参加了这两个大会。

在苏联解密档案中，发现了叶纫芳在青年团一大会议上的签名和发言记录，其中有这样一段发言文字：今天是中国社会主义青年团第一次大会，又是马克思诞生纪念日，又是欢迎全国劳动者的大会。兄弟得此机会参与盛会，令我发生好多感想和希望。社会主义到中国还不很久……在这种政治黑暗、武力压迫之下，我们应如何努力奋斗，务望社会主义随处皆得实现，到最后全国实行团结起来，将资本主义根本打倒，将共产主义的社会建设起来，那么我们的目的才算达到。

1922年8月，叶纫芳随同孙中山先生从广州避难到了上海。中山先生在上海市环龙路44号（今南昌路180号）自己的寓所创建了国民党本部，作为全国的指挥中心。叶纫芳担任干事，长达三年半。

1924年1月，第一次国共合作形成，国民党本部从上海迁到了广州，上海本部改名为"上海执行本部"。毛泽东代表中共参与其中，主要在秘书处工作。叶纫芳与毛泽东等人朝夕相处，两年间结下了不解之缘。

1925年3月12日，孙中山先生病逝。在悼念会之后的第三天，社会各界在上海闸北再次举办追悼大会，宋庆龄委托叶纫芳代表她出席并致辞。

1926年，叶纫芳担任江西省政府襄理。此后历任省民政厅第一科科长、代理厅长、省救济院院长、省水利局局长、省振务会秘书、省救济委员会总干事等职务。后来，他投身江西省第一所本科大学——中正大学的建设，参与编撰《江西通志》。

1944年，因族人叶久荫在吉安永和镇创办培森中学不幸去世，叶纫芳出面维持校务。抗战胜利后，叶纫芳回吴城继续办学，教书育人。

1947年农历二月，叶纫芳在南昌病逝，享年66岁。家人把他运回吴城镇，安葬在程家山后的木星垴上。

创办学校，为国为民

——龙起凤兄弟

龙起凤，字法伊，清光绪十六年（1890）12月生于建昌县（今永修县）立新乡厚岗村书香门第。民国元年（1912）毕业于江西高等师范学堂。民国二年至五年在江西中医学校及江西法政专门学校任教。民国六年至八年任江西省参议员。民国九年至二十六年在南昌创办江西匡庐中学，先后任教师及校长，并先后担任江西省国术馆教务长、省运动会武术裁判长、南昌市国术馆馆长等职。与此同时，龙在家乡立新乡厚岗村与胞弟创办了"匡庐小学"，前后十年间，办学卓有成效，因此全县及南昌等地均有人送子弟来此求学。

抗日战争初期，龙在赣州及上犹师范任教。1942年至1945年他任高安县县长，在高安创办尚法中学，兼任校长。抗战胜利后于南昌高级商业学校任教。

新中国成立后，龙先后在江西财经学校和瑞金师范学校任教。1953年7月，龙起凤于瑞金病逝。

龙起凤擅长武术拳法，尤精于"长字门""法门南拳"；书法艺术闻名全省，曾在南昌举办个人书法展览，其楷书、隶书融武术、书法于一体，笔力遒劲刚健，气势磅礴，别具一格。

说到龙起凤，自然会想到龙起鹍。

龙起鹍（1895—1963），又名龙均元，是龙起凤的胞弟。1914年至1917年在南昌省立第一中学（前身为江西大学堂）读书，毕业后考入江西省法政专科学校。

1927年龙起鹍在省法政专科学校毕业后，在大哥龙起凤的鼎力匡助下，在永修县厚岗村创办匡庐小学，担任校长十年。他的夫人程素梅深通国学，尤工诗词、学识渊博，也在该校任教师。匡庐小学除招收龙姓子弟及邻近村的儿童外，还招收外地寄宿生。南昌等地慕名送子弟前来入学者亦为数不少，最多时在校学生达到三百余人。匡庐小学聘请优秀教师，采用新教材，学生不仅要学古文、诗词、书法，还要学习植树、种花知识和参加歌咏、绘画、球类等活动。龙起鸥还聘请优秀武术教师，添置刀、矛、剑、戟、棍等器械，指导学生学武术。他重视校风校纪的培养，提倡学生穿校服，这在当时乡村学校中是一创举。他言传身教，诲人不倦，强调学生德、智、体、美、群五育的均衡发展。因而匡庐小学教学成绩，名列当时全县各校小学生毕业会考前茅。当时的永修县教育督学对匡庐小学教学特色倍加赞扬。

龙起鸥在致力地方教育的同时，带领学生与家人在村庄周围的荒山荒坡，种植经济价值较高的茶树，至今在厚岗村的后山坡尚留存有他亲手种植的茶树。他还在修河中的炭埠洲垦荒种棉，收获颇丰，享誉乡里。1935年，为解决农民种田困难，他筹建永修县信用合作社联合社（简称县联社），被推举担任县联社理事会主席，当时县联社向中国华洋义赈会驻赣办事处贷款五万元（月息四厘）作为基金，向涂埠、马口、艾城、白槎等地农民办理放款业务。凡所属各基层农村信用社社员，春耕时需款购买种子、肥料等生产物资，均可向县联社信用部低利贷款（月息六厘）。社员如遇特殊困难，临时需款，亦可带抵押物品，凭社员证向县联社押借。县联社并自筹稻谷 2000 石，在青黄不接时贷给社员。1938 年因日寇入侵江西被迫疏散停办。

抗战时期，龙起鸥举家迁往赣南。他追随著名农垦专家唐启宇博士（抗战初期江西省垦务处首任处长），投身大后方垦荒事业。当时他离家只身前往，被派往吉水县主持白沙垦殖场从事垦务开发工作。不久调任更具规模的泰和县中村中心垦殖场场长，组织难民垦荒，为垦民解决农具、种子等困难；大力推广种植西瓜等经济作物，推销到战时省会泰和城区，深受社会好评。1945年初，他升任江西省垦务处第二科科长，随省垦务处迁往婺源。带领垦民在德兴县香屯村乐安江畔沙洲地一带垦荒。

抗战胜利后，龙起鹍回南昌，任江西省垦务处科长。1947年辞去公职，在永修县虬津乡创建私营农场，取名复兴农场，原跟随他在德兴垦荒的河南老垦民闻讯而来，与他同心协力，将虬津附近大片荒芜之地开发出来。

龙起鹍对子女教育十分严格，三个儿子均有建树。大儿子龙书祁中正大学毕业后曾担任台湾"行政院"文教组组长；二儿子曾担任过赣州伊斯兰小学校长；三儿子龙书觉曾担任陕西省宝鸡国营769厂中心理化试验室主任，金相热处理工程师。

1949年初，龙起鹍返回厚岗村故宅居住，自食其力。20世纪60年代初，他迁至山下李村（今立新乡山下村）居住，从事农业生产。1963年因病去世，享年68岁。

治学严谨，精研法律

——著名刑法学家蔡枢衡

蔡枢衡（1904—1983），永修县三角乡周坊蔡村人。1927年南昌省立第二中学毕业后，任南昌十小（今普贤寺小学）校长。1928年东渡日本，先后在日本东亚预备学校、明治大学专门部法律科、东京中央大学法学部、东京帝国大学法学部研究院学习。1935年回国后受聘于国立北京大学法学院法律系。1938年，抗战爆发，他随校南迁，任"西南联合大学"法学院法律系教授兼律师。因不满国民党腐朽的黑暗统治，同情革命，曾为营救进步学生向反动当局作斗争，并为受迫害的地下共产党员孟献功撰写诉讼文件，依法进行辩护。抗战胜利后，他随校迁回北京，代理学校法学系主任。1948年夏，因返故乡葬母，适逢江西南昌中正大学创办法学系，遂受挽留任中正大学法学系主任。解放前夕，南昌中正大学校长潜逃，学校教职员工自发组织"校务委员会"，推选他为主任委员，维持校务，避免了学校遭受国民党的破坏。

蔡枢衡

新中国成立后，北京大学请他回校任教，并兼任中央人民政府法制委员会委员。1952年北大法律系撤销，他任中央人民政府法制委员会专门委员，兼中央法制委员会刑事法规委员会副主任委员和全国人民代表大会常务委员会办公厅法律室顾问等职，并受聘为中国科学院哲学社会科学部法学研究室研究员，九三学社会员。全国人大副局级（行政十级）干部。

蔡枢衡治学严谨，精研法律，尤以法理学方面更有建树，早在西南联大时就著有《中国法理自觉的发展》书稿，并以论文形式发表部分章节，引起社会较大反响，抗战后全书得以出版。1942年著有《中国法律之批判》《刑法学》等书，时年38岁，是当时中国法学界中可望有大成的学者。新中国成立后，因法学界一度改学苏联，各地法学院撤销，"文革"中又提倡法律虚无主义，终使他无用武之地。"文革"后，他曾想将自己的最后一本著作《中国刑法史》付梓，但未能通过审查，后于1983年由广西人民出版社出版。同年，这位在民国后期被视为拥有新锐法学思想的学者，中国近代法学史缩影的重要人物，不幸病逝北京，终年79岁。

身为异客，心系故园

——翻译家淦克超

淦克超（1906—1998），字叔生，号班卿、元箸，翻译家，永修县九合乡城南前舍村人，与张朝燮一起毕业于武昌师大，获文学士。1926年12月20日，在《世界日报》副刊上，发表了《吴文英的词》。并对诗人黄仲则研究较为出色。1929年发表《关于知难行易——评胡适〈知难，行亦不易〉》。后留学于美国密歇根大学，获政治学硕士、博士学位。归国后，他在大学任教，同时参与国民党中央财政部金融研究，任武汉国民政府金融局副局长。

淦克超

他与朱自清等人交厚。1933年5月1日，《中学生》第35号发表了朱自清《莱茵河》一文，盛赞淦克超翻译德国大诗人海涅诗歌。文中朱自清这样写道：

> 德国大诗人海涅有诗咏此事；此事传播之广，这篇诗也有关系的。友人淦克超先生曾译第一章云：传闻旧低徊，我心何悒悒。两峰隐夕阳，莱茵流不息。峰际一美人，粲然金发明，清歌时一曲，余音响入云。凝听复凝望，舟子忘所向，怪石耿中流，人与舟俱丧。

1944年，淦克超在重庆著有《战时四川工业概况》。曾被选为国大江西代表之一，1949年随国民党赴台湾，任白崇禧办公室秘书长。白崇禧去世后，专业从事翻译工作，达30余年，后又从台湾移居美国加州洛杉矶。

淦克超是一位著名的翻译家，一生翻译了大量英文专著和文学作品，诸如《政治原理》《民主原理》《政府与业务》《公共行政及企业管理个案类编》《行政首长应用的基本会计学》《翻译之理论与实际》《亚里斯多德的政治学》以及尼采的

> 譯者其他譯著
>
> 亞里士多德的政治學（Arnold Brecht 原著 太平洋及水牛出版社
> 政治原理（Arnold Brecht 原著 商務出版）
> 民主原理（Sartori 原著 幼獅出版）
> 理論與歷史（Ludwig Von Mises 原著 三民經售）
> 政府與業務（政大出版）
> 公共行政及企業管理個案彙編（政大出版）
> 行政首長應用的基本會計學（David E. S...）
> 謠譯之理論與實際（新陸出版）
> 歷史之用途與濫用（尼采原著 水牛出版）
> 浮士德（歌德原著 水牛出版）
> 歌德箴言錄（歌德原著 水牛出版）
> 英文前置詞習慣用法用例（水牛出版）

淦克超译著

《历史之用途与滥用》，米塞斯的《理论与历史》，歌德的《浮士德》《歌德箴言录》，罗伯特·达尔的《现代政治分析》《理论与历史》，吉尔伯的《美国外交政策二百年》，兰特诺的《外交政策分析》等；同时著有《英文打字》《英文前置词习惯用法用例》《翻译之理论与实际》《孔子与亚里士多德的政治思想比较研究学》《克超随笔》等著作以及文章。

他心怀祖国、情系故乡，20 世纪 80 年代曾寄回五首五绝《忆故乡》，以表达对祖国、对家乡建昌城南的思念之情：

> 常忆故乡好，建昌萝卜甜。多含维生素，食后百病痊。
>
> 常忆故乡好，城南曲水边。六月荷香飘，扁舟去采莲。
>
> 常忆故乡好，云居送爽来。晴岚复雨霁，山色画图开。
>
> 常忆故乡好，品茗论乡贤。交谈尽相识，琐事与间言。
>
> 常忆故乡好，移家亦偶然。沧桑多变幻，岂能昧田园。

传说，其父淦阁老年届花甲，起初生了 10 个女儿，先后出嫁，却没有儿子。人们说他"家有万金不富，膝下五子绝嗣"。因而继娶吴城张氏，生淦克超、淦靖南等人。且他们分别成长为翻译家、历史学者。淦靖南（1910—？），字云藩，毕业于北平师大，早年成名，曾任《西北晨报》主编，著有黄埔军校历史教科书《东亚历史》。抗日战争胜利后，在江西省财政厅任科长，解放后在安徽滁州教育局任职，编著了《皖东历史》等书籍。

1998 年，淦克超在美国加州洛杉矶家中因病去世，享年 92 岁。

反对"台独"，维护统一

——南社诗人刘宗向

刘宗向（1912—2001），永修艾城镇人。1924年就读于永修县高等小学。早年从事青年运动和农民运动。国共合作时期，由张朝燮介绍加入国民党，任永修县青年协会委员，永修县西乡青年学会委员长。北伐胜利后，在国民党永修第十二区党部工作，从事农民运动，任区党部执委。

1928年9月，刘宗向赴南昌读中学，一度被国民党江西省部派回家乡工作。1933年9月，刘宗向考入北京大学。毕业后，分别在南昌剑声中学、江西高级农村实用学校任教。1937年3月，在江西新闻日报社任编辑、总社论委员。1938年1月，于国民党江西省保安司令部政训处宣传科任中尉科员，同年7月，在国民党新编第十八师政治部先后任少校秘书、团指导员。1940年1月，在国民党中央军校，担任特别党部秘书、上校英语教官。1941年3月，在国民党中央训练团党政班十九期受训，5月，任私立朝阳学院政治系（重庆）副教授。1944年1月，任国立贵州大学法学院政治系（贵阳）及国立师范学院、私立大夏大学副教授，同时兼任国民党贵州省新闻检查处副处长。1946年1月，任国民党中央教育部（南京）视导。

新中国成立后，刘宗向应聘于东北师范大学历史系，被聘为讲师。1951年加入中国国民党革命委员会，任民革长春市委员会筹备处负责人、

刘宗向

市委会主委、民革吉林省委会委员。1957年被错划为右派，下放劳动。1969年回到原籍永修。

粉碎"四人帮"后，拨乱反正，刘宗向先安排在江西永修师范学校任教，后被九江市人民政府选聘为参事。他在永修积极推动组建民革永修县支部，并担任第一届主委。晚年还曾担任民革中央团结委员会委员、政协九江市第十一届委员会委员、政协永修县常委等。

刘宗向致力于祖国统一，反对台湾"独立"。他与台湾国民党元老陈立夫，台湾中国美术家协会会长易苏民博士，台湾原"立法委员"莫萱元等人士多有书信往来与诗词唱和。1995年8月，他应台湾海峡两岸美术教授学术研讨会之邀，赴台作为期半年的访问。在学术交流之余，他痛斥"台独"分子数典忘祖、背叛祖国之阴谋，宣扬祖国领土不可分割之理念。

刘宗向对明清历史颇有研究，爱好诗词创作，是中国南社与柳亚子研究会会员、中华诗词学会会员、江西省诗词学会顾问、台湾中国美术家协会荣誉理事；有大量诗词、杂文、随笔等发表于报刊；著有中篇纪实小说《汪精卫与陈璧君》，短篇传记《汪精卫四姊汪兆娥轶事》，诗集《山谷二十家》《南山集》等。

刘宗向诗集

师古不泥古，书飘海内外

——书法家熊尧昌

熊尧昌（1913—1990），江西省南昌县人，1913年7月13日出生。曾任江西省文史馆特约馆员、中国书法家协会会员、中国书协江西分会会员、九江市书协顾问、永修县书协名誉理事长。九江市第八届人大代表，永修县第七、第八届政协委员。其毛笔书法在省内外享有盛誉。

熊尧昌

熊尧昌五岁丧父，随母在南昌市清节堂（即寡妇孤儿堂）过着极其艰苦的生活，仅在孤儿小学读至四年级。这期间，受母亲熏陶，学习毛笔书法。15岁时，他在百货商店当学徒，跟着居停主人喻文渊抄经书学书法，后又在南昌市周日青处学绘瓷板像。掌握了一定的绘画技术。他先后考取江西工商管理处、电政管理局、盐务管理局和省政府缮写员，与书法结下不解之缘。

1949年后，他在省商业厅工作，1966年下放到永修县白槎公社务农，1972年调县文化馆工作。从1962年起，熊尧昌的行书、楷书作品先后28次在日本、北京等地展出并获奖。1980年5月，他的作品参加全国第一届书法篆刻展览。1988年和1989年，他的行草诗词作品参加日本书艺院第49届、50届展览，先后获银奖、金奖。国内多处名胜、纪念馆有其墨迹。

熊尧昌的毛笔书法生涯数十年，融汇各家，师古而不泥古，创新而不囿于规矩，自成一格。其楷书雄浑苍劲、行草潇洒多姿。

1990年6月18日，熊尧昌因病去世，享年77岁。

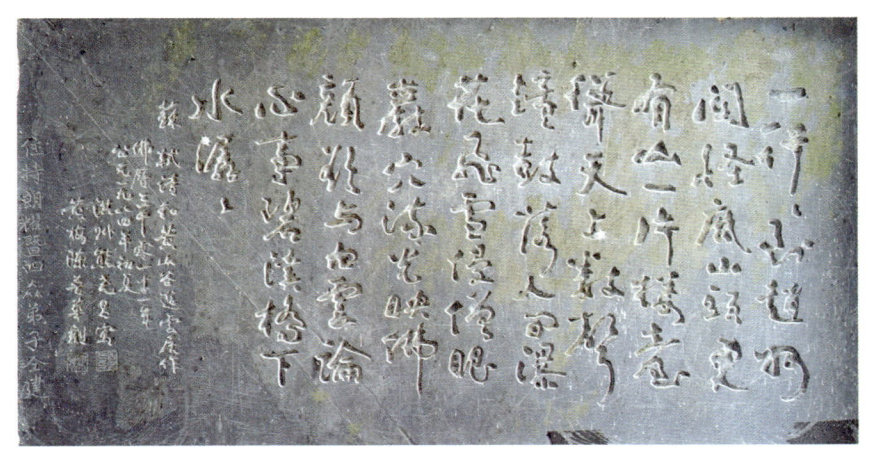

熊尧昌书法

医术高明，医德高尚

——医家戴会禧

戴会禧（1922—2005），永修三角乡人。少年时学医，先后拜师丁广仁、吴琢，22岁考入许寿仁先生创办的江西中医学校，攻读两年毕业，26岁悬壶家乡。1954年到永修县人民医院工作任中医科负责人，同年，至江西省中医进修学校培训一年，1958年8月，由省卫生厅选送到南京中医学院举办的"全国第2期中医教学研究班"深造一年余，任江西教研组副组长，学习成绩优异。1959年以后，一直从事中医临床医疗及实习带教工作，1982年晋升为副主任中医师。1986年秋，筹建永修县中医院，任名誉院长，1988年5月晋升为主任中医师。

戴会禧

他医术高明，医德高尚，医风正派，秉性直爽，性格开朗，态度和蔼，待人真诚，省市闻名。他行医60载，精通中医经典著作，具有丰富的临床经验，擅长中医内、妇、儿科，专攻疑难杂症。主张治病以调气为先，补气、养血、活血化瘀次之。他对肝病有专门研究，自制"大、小清肝饮"治急性黄疸型肝炎。特别是治肝硬化腹水，采用"三步疗法"，以半边莲合剂、健脾消症汤、调中健脾丸为主，配服蜂乳胶囊，取得了明显疗效，并积累了成功经验。治愈了一些重症病人，例如吴城的范次选等，招来了不少外地慕名求医者。

经过几十年的积累,通过反复实践,他推陈出新,研制了许多验方。有治上呼吸道感染发热的"石桑葛薇汤",治支气管扩张咯血的"支扩膏",治自汗的"利湿通阳汤",治胃及十二指肠溃疡的"消化性溃疡散",治血小板减少性紫癜的"加味白术散",治胸椎结核"化载阳和汤",有用于刮宫后经水淋漓不净的"补络固摄逐瘀汤",治小儿疳积的"健脾消积散"和治腹泻的外用药"止泻贴"等,功效均属上乘。

几十年来,他陆续在全国医药书刊上发表论文40篇。著有《戴会禧医案选》(江西科学技术出版社,1998年出版)。其医案收录《豫章医萃——名老中医临床经验精选》(上海中医药大学出版社),传略收录《中国高级医师咨询辞典》(知识出版社,1990年出版)。

戴会禧历任多届永修县政协委员和政协常委、永修县第八届人大常委、永修县科协副主席、永修县医学会副理事长等职。还曾任江西省第五届政协委员、省中医学会第一届理事、九江市人大代表、市中医学会副会长等,并被评为江西省名老中医。

2005年7月14日,戴会禧因病去世,享年83岁。

《戴会禧医案选》

勤于创作，以书为伴

——长篇小说家郭国甫

郭国甫（1926—2021），江西永修马口镇人。1949年毕业于南昌省立一中高中。1949年参军，历任第二野战军四兵团新华分社记者，二野军政大学四分校学员、校报《学习》编辑，昆明军区政治部文化部《部队文艺读物》编辑、创作员，《江西文艺》编辑部小说散文组组长，江西省文联委员，江西省作家协会副主席，文学创作一级。1947年开始发表作品。1962年加入中国作家协会。

郭国甫

1958年作家出版社出版长篇小说《在昂美纳部落里》。本书描绘新中国成立初期解放军进军阿佤山的故事。随着云南的解放，20世纪50年代和60年代，一批扛枪戍边的部队作家和地方的其他民族作家，创作出了一批反映云南边疆各少数民族人民生活、散发着浓郁的新生活气息和各民族风土人情味的作品，为当时的文坛吹进了一股新鲜的风。20世纪50年代革命战争文学兴盛，其作《在昂美纳部落里》，曾被《读书》杂志评为"最受读者欢迎的1958年出版的小说"之一，并先后译成俄文本、英文本和法文本出版。作品以独有的艺术魅力，成功地反映了边疆各少数民族人民生活的同时，也极大地影响着当时正处于成长中的各少数民族的新一代，在以往的二三十年里，正是他们接受现代教育逐渐形成自己的文化人格和文化心理的时期，在他们接触文学之初，除了受到中外优秀文学作品的熏陶外，深深触动了他们的正是上述反映他们民族生活的作品，因为这些作品里有他们的父兄、有他们的生活，甚至有他们自己的影子，使他们读后倍感亲切，并促使他们以全新的目光和角度去思考和观照自己的民族和生活。

1990年出版长篇小说《梦回南国》。《梦回南国》以诗意而怅惋的笔调叙写了一段美丽而遗憾的战时爱情，获得了广泛的赞誉。郭国甫的长篇小说，读之就像是"家乡一道好客的门户"，诱人深入到历史与个人、现实与理想交织中的南国。丰富的生活与战斗经历，对于大地之上人物命运的关注、风土人情之深谙以及人性之维的体悟，构成了作者旺盛创作的源头活水。

郭国甫于耄耋之年推出的又一部长篇力作是《百年南亭》。《百年南亭》写的是南方某省城附近一个南亭地区三个村庄的变迁，从抗战写起，一直到改革开放。作者以他的青少年农村生活记忆，加上70岁后到老家去间歇性的生活体验，写出这本46万字的小说。可以看出，作者的愿望是把这部小说写成史诗性作品的。郭国甫素来以创作长篇小说见长。完稿于2010年1月的《百年南亭》在以往革命历史题材的基础之上又前进了一步，将时间跨度拉到改革开放以后。把笔触集中到了农村生活，以南亭地区的农村为背景，从日寇侵略时南亭农民的避难始，写到"新的世纪来临了"，行文如流水，体现了作者"史诗性"的审美追求。海德格尔认为"作品存在就是建立一个世界"，而世界虽然有物的因素，却"并非现存的可数或不可数的、熟悉或不熟悉的物的纯然聚合"。但想法是想法，实际是实际。要在46万字里裁剪出一部史诗，没有大量的生动素材显然是不可能的事。七八十岁后写小说的，也不是没有，好像那个侦探小说家克里斯蒂娜就是70多岁还在写的。但那种小说，主要是靠想象力，光靠少年记忆和暮年掠影，很难构成横跨上百年的史诗性作品的。作品因此很容易让人感觉"心有余而力不足"。更何况老作家当年修炼的现实主义的表现形式，对生活的二维表现模式，现在看上去也是比较古老的。

另外，郭国甫还著有散文《巡逻路上》《寄自边防哨所的信》，报告文学《万古长青》《傣家女儿的中国心》，短篇小说《国境线上》《林中炊烟》《银雪照丹心》等。

2021年，郭国甫于南昌因病去世，享年95岁。

第二章

名人足迹

信义笃烈，古人风范

——吴国大将太史慈

太史慈（166—206），字子义，东莱黄县（今山东龙口东黄城集）人。三国时期吴国大将。203年至206年任建昌都尉，领海昏左右六县，留下部分遗迹。

太史慈曾在郡府中任奏曹史，十分勇猛，由于官场倾轧，后因参与郡守与州牧之间的官场斗争，担心遭到州官迫害，逃往辽东避祸。当时他的母亲受到了孔融的恩惠。后来太史慈在孔融危难的时候，突破重重包围，搬来刘备的救兵，挽救了孔融。

东汉献帝兴平二年（195），太史慈投奔同郡的扬州刺史刘繇。自太史慈离开辽东回来后，未与之相见，于是太史慈亦渡江专程到曲阿去拜访刘繇，正逢孙策率军进攻曲阿。有人劝刘繇可以任用太史慈为大将，以拒孙策，刘繇却说："我若用子义，许子将必会笑我不识用人。"太史慈箭法精湛，骁勇善战，本可为大将，可刘繇只让太史慈充当斥候，担任侦察任务。及至神亭，太史慈独与一骑小卒同遇上孙策。当时孙策共有十三从骑，皆是黄盖、韩当、宋谦等勇猛之士。太史慈毫不畏惧上前相斗，正与孙策对战。孙策刺倒太史慈的座下马，更揽得太史慈系于颈后的手戟，而太史慈亦抢得孙策的头盔。直至两家军队并至神亭，二人才罢战解散。真是孤胆英雄，一个人缠斗孙策十四骑，孙策非常欣赏他的勇猛。

后刘繇大败，太史慈守护刘繇败奔豫章，遁走于芜湖，逃入山中，自称为丹阳太守。当时，孙策已平定宣城以东，唯有泾县以西六县尚未顺服。太史慈趁势进驻泾县，建立屯守军府，山越之人争相归附，孙策只好亲自率军前往讨伐。孙策设计抓住了他。擒获太史慈后，孙策亲自为他松绑，并握着他的手说："尚记得神亭一战吗？如果卿当时将我生获，你会怎样处置我？"太史慈说："不可知也。"孙策大笑，说道："今后之路，我当与卿共闯。"说完，立即任命太史慈署理门下督。回到吴地后，又授以兵权，任命他为折冲中郎将。

后来刘繇丧于豫章，其部下士众万余人无人可附，孙策便命太史慈前往安抚兵众。左右皆说："太史慈必北去而不还了。"孙策却深具信心地说："子义他舍弃了我，还可以投奔谁呢？"更替其饯行送别至昌门，临行把着太史慈的手腕问："何时能够回来？"太史慈答道："不过六十日。"果然如期而返。

太史慈投降孙策，《吴历》这样写道：

> 太史慈于神亭战败，为孙策所执。孙策素闻其名，即时解缚请见，询问进取之术。太史慈答："破军之将，不足与论事。"孙策说："昔日韩信能定计于广武，今策亦能向仁者询求解惑之法，你又怎么要推辞呢？"太史慈便道："扬州军近日新破，士卒皆离心分散，难复再合聚；慈愿出去宣示恩惠，以安其心并集其众，但只恐不合尊意而已。"孙策竟跪而答道："这实是策本心所望。明日中，希望君能及时来还。"诸将皆十分怀疑太史慈，独孙策坚说："太史子义是青州名士，向以信义为先，他终不会欺骗我。"明日，孙策大请诸将，预先设下酒食，将一根竹竿矗立在营中视察日影。至日中，太史慈果然依约而回，孙策大喜，常与慈参论军事。

《江表传》又记载：

> 孙策问太史慈道："闻知卿昔日为郡太守劫州章，赴助于孔文举（融），请援于刘玄德（备），都是有烈义的行为，真是天下间的智士，但所托却未得其人。射钩斩袪，古人不嫌（管仲原是齐公子纠的属下，曾引弓射中公子小白（齐桓公）的钩带，然而小白日后仍以管仲为相；晋公子重耳（晋文公）曾出走奔翟，晋

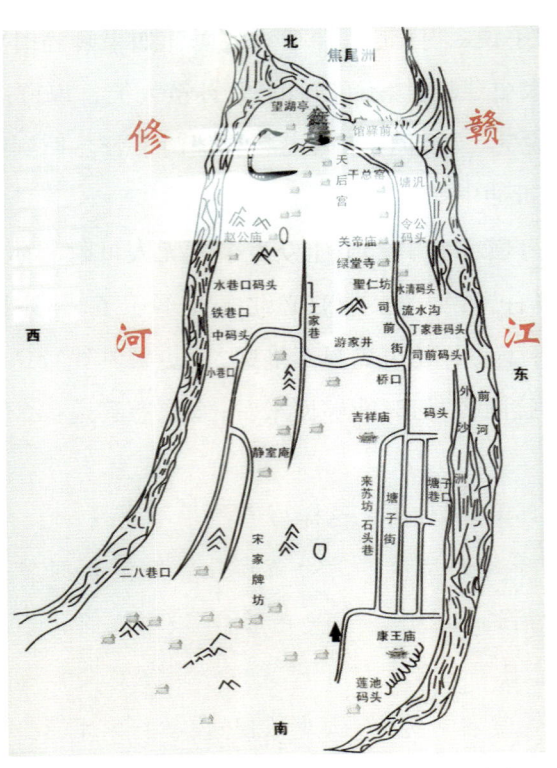

吴城古图

献公遣寺人披追之,更斩下重耳的衣袖,然而重耳仍能容赦寺人披)。孤是卿的知己,卿千万别忧虑会不如意啊。"又说:"龙要高飞腾空,必先阶其尺木。(龙适与雷电俱在树木之侧,雷电去,龙随而上,故谓从树木之中升天也。《论衡校释》)。"

荆州牧刘表的侄子刘磐骁勇善战,多次侵扰艾县、西安县等地。孙策为靖安地方,分出海昏、建昌左右六县(今永修县及周边县、区),任命太史慈为建昌都尉,前后时间3年(203—206),治所就在海昏(今永修吴城),在海昏设立牛栏梗、芦潭,太史慈出兵上潦津(今永修县涂家埠上街头),督帅将士抵御刘磐。打得刘磐逃窜匿迹,从此不敢再来侵扰。

太史慈的射术确是史上有名的。他跟从孙策讨伐麻保贼,有一贼于屯里城楼上毁骂孙策军,并以手挽着楼棼(城楼上的柱子),太史慈便引弓射之，箭矢贯穿手腕，牢牢钉在楼梦上，围外万人无不称善。曹操闻其威名，向太史慈寄了一封书信，以箧封之，内无多物，而放了少量当归，寓意太史慈应当向其投诚，其见重如此。

孙权执政后，因为太史慈能抵御刘磐的进攻，就把南方的事都交托他管理。在攻打黄祖等战争中，他都大显身手。

建安十一年（206），太史慈去世。临终时，他叹息道："丈夫生世，当带三尺之剑，以升天子之阶。今所志未从，奈何而死乎！"孙权知道太史慈死，十分悼惜。其子太史享嗣任，太史享字元复，历任尚书、吴郡太守。官至越骑校尉。陈寿在《三国志》中称："太史慈信义笃烈，有古人之风。"

孝廉树典范，治水除孽蛟

——道教四大天师之许逊

一、道教净明派祖师许逊

许逊（239—374），字敬之，豫章郡南昌县长定乡益塘坡慈母村（今南昌市高新区麻丘镇附近）人。俗称"许真君"，是晋朝著名道士，道教净明派祖师，与张道陵、葛玄、萨守坚并称道教四大天师。

许逊赋性聪颖，博通经史、天文、地理、医学、阴阳五行学说，尤其爱好道家修炼法术。20岁，举孝廉，屡荐不就。29岁，拜西安（今武宁）大洞君吴猛学道，尽得秘传。36岁时，与文学家郭璞结伴遍访名山胜地，最后选择南昌西郊的逍遥山（今江西省南昌市新建区西山乡）隐居，只求修炼，不愿为仕，平日以孝、悌、忠、信教化乡里，深为乡人尊敬。直至西晋太康元年（280）42岁时，因朝廷屡加礼命，难于推辞，出任四川旌阳县令。

许逊到了旌阳，去贪鄙、减刑罚、倡仁孝，近贤远奸，实行了许多利国济民措施。有一年，旌阳大水为患，低田颗粒无收，许逊让大批农民到官府田里耕种，以工代税，使灾民获得解救。当时瘟疫流行，许逊便用自己学得的药方救治，药到病除，人民感激涕零，敬如父母。那时旌阳传唱一首民谣："人无盗窃，吏无奸欺，我君活人，病无能为。"盛赞许逊的功德。邻县民众纷纷前来归附，旌阳人户大增。许逊在旌阳十年，居官清廉，政绩卓著，被人们亲切地称为"许旌阳"。

太熙元年（290），鉴于晋室将有大乱，料知国事不可为，许逊挂冠东归。启程时，送者蔽野；有的为他建生祠、画神像，终年祭祀；有的千里跟随来到西山，聚族而居，与许逊为伴，都改姓许，人称"许家营"。

许真君东归后，时逢彭蠡湖（今鄱阳湖）蛟龙为害，水灾连年，许逊率领众弟子，足迹遍布湖区各地。他不仅为豫章治水，还到湖南、湖北、福建等地消除水患，斩妖除魔，赢得人民的广泛尊崇。

东晋元帝大兴四年（321），许逊隐居南昌南郊梅仙祠旧址，创办道院，名太极观，额曰"净明真境"，立净明道派。其宗旨为"净明忠孝"。著有《灵剑子》《玉匣记》等道教经典。传说许逊活到136岁，于东晋宁康二年（374）八月初一日合家42人一齐飞天成仙，世人尊奉他为"许仙"。东晋朝廷为了表彰他的功德，将旌阳县改名德阳县。后人在他居住地西山建起万寿宫，在南昌铁柱宫建旌阳祠，并受历代王朝赐匾表彰，宋王安石撰写《许旌阳祠记》。

二、许逊在永修民间的传说

江西人信许真君，犹如闽台人信妈祖。许真君是民间所说的福主菩萨（普天福主），是道教大洞君吴猛的弟子，传说"于海昏（今永修）诛巨蛇，豫章除孽蛟"，又传许逊得"仙家宝剑"于梅山下，江西各地奉祀为真君，立万寿宫祭供。被奉为"净明忠孝"道教的开山鼻祖及万寿宫主神，是道教四大天神之一，纪念他的地方一般都叫万寿宫。就有关统计，全国约有万寿宫1300多座、许真君活动遗迹近300处，分布于8省67县，其中绝大部分在江西鄱阳湖边，多毁于抗战、"文革"。在永修县，发现在抗日战争爆发前至少有9座较大的万寿宫，多毁于与日寇大战的修河保卫战时期。

有关许逊的传说在海昏（今永修县）故地传之甚广，至今在永修还保留着不少的地名，如磨剑泉、八蛇泮、炭妇港、蛇子港、七靖井、蛇骨洲、吴猛泉、卓剑泉、尊胜塔等，这些都见证了历史的传说。

"许逊诛巨蛇"的原地是海昏县。在永修地名上痕迹非常丰富。据《永修县地名志》（1984年2月版）记载，全县至少保留下来有十多处与许逊诛巨蛇有关的地名。

磨剑泉　位于永修县艾城西冷水观前。传说许逊斩蛇后在此磨剑，今留有磨刀里的地名。

八蛇泮　传说许逊在立新袁家八蛇（舍）泮，挥剑斩蛇八条，故该地称八蛇。

蛇骨洲水　传说许逊在此斩蛇，聚骨成洲，其水因名蛇骨洲水。立新乡有个叫"蛇骨洲"的地方，也就是蛇骨头的墓地。

炭妇港　位于艾城河南岸李家铺附近。许逊同诸弟子过此。许逊化炭为妇人，以试众弟子品行，次日验之，不杂者仅十人，逊收此十人为徒。后人称此为炭妇港。

蛇子港　在艾城南九里。旧永丰乡（今九合乡）。传说有巨蛇占山为穴，吐气为云，亘40余里，吞吸人畜。许逊过此，众弟子请为民除害。许逊插剑于地，对天默祷，片刻后泉水飞涌，赤鸟飞越。许曰：时至矣，遂命众乡民鼓噪趋前，卓剑布气，画符召海昏地神社公，驱蛇出穴；命弟子吴世云引剑劈蛇首；甘战、施岑裂蛇腹。蛇腹中出一小蛇，长数丈，甘战欲斩之，许逊曰：腹中小蛇未见天日，未见害民，不可妄诛。小蛇奔走六七里，怆惶回顾母蛇，走修智乡七里入港，后人称此为蛇子港，并留下俗谣：七里回头听，方知母命殁。小蛇由修河入鄱湖。吴城顺济龙王庙即奉祀小蛇为神，亦称小龙王庙。

七靖井　许逊在艾城黄龙山炼丹，蛇魅作法，兴洪水欲淹丹室，被许逊以木擒获，钉于石壁之上；回城时又遇巨蛇为害，逊仗剑诛之，法北半七星，分别以井镇之。因此艾城内外共有七井，分别称丹符靖、华表靖、紫阳靖、刘真靖、霍阳靖、御奏靖、进化靖。

吴猛泉　一名冷水泉，相传吴猛尝游憩于此，方与览胜云人有疮痍，或饮或洗，皆愈。艾城旧有冷水亭，今废。

卓剑泉　位于艾城南四十里的广福观。许逊斩蛇后淬剑于此。

这些传说故事不仅烙印在地名上，而且在志书《大明一统志》《建昌县志》都有记载。

在古海昏的主要集镇——艾城出门往西走两里左右，有个地方叫"冷水观"（现在成为庙宇）。冷水观几十里外有"磨剑池""磨刀里"几个地名。据说这里是许逊师父吴猛休息、传道的地方，且传说许逊斩蛇前后在这里磨剑、磨刀。磨刀里，经过查考地点在三溪桥横山。

冷水观附近还传说有"七靖井""卓剑泉"（或"淬剑泉"），但这七座水井和泉水，已经无法查寻。

出了冷水观，到修江边，有七里大队，即古书记载的宁远乡七里。如果划上小船，下行约里许，靠另一侧的河边处有一个村庄，叫"炭妇淦"村。那村旁有一条河沟，人们就叫"炭妇港"。传说，许逊带着许多弟子一起从彭蠡湖（今鄱阳湖）赶到这里，他为了考验弟子们，于是把木炭变化成妇人，挑逗众人，弟子中有十多个人一尘不染，身上没有炭迹。许逊发现唯独有一弟子身上有被炭染的痕迹，于是就把那个弟子赶走了。

出了炭妇淦，继续沿河往下游行走一段路，有一个叫"八蛇泮"的地方，那就是传说中斩蛇的"八蛇泮"的地方。为什么叫这么稀奇古怪的名字呢？传说，有一次，许逊和弟子发现在河流中有一条巨蛇，他们就把这条巨蛇斩为八段，所以取名叫"八蛇泮"。

极目八蛇泮，只见鄱阳湖湖边的河川与草洲相连，无边无垠。这个古老的地名，经历过沧海桑田，经过多少区划变换，但称呼却从来没有断绝过，依然生生不息。现在已经成为16个村的统称，至今在地图上仍然清晰地标示着。

沿潦河往上游行走，离此不远处有一个村庄，叫"石符戴家"。按照有关记载，那里也是许逊斩蛟的纪念地。传说许逊在此贴上符咒，阻止巨蛇（蛟）逃离。

据《建昌乡土志》记载："许逊至海昏上潦斩巨蛇，腹裂出一小蛇，逃出六七里，闻鼓噪声未息，小蛇走宁远七里入港。"而记载中的"上潦"，就在今天涂埠镇老城的上街头。

千百年前，这里陆地多是漂浮在鄱阳湖上的冲击岛，这里湖河纵横，后来被圈成九合、三角、马口、立新等圩堤。沿着修江支流杨柳津河和鄱阳湖西部平原寻找，你就会找到一个很符合"七里入港"描述的地方，那就是靠近恒丰企业集团北部、鄱阳湖西北的地方，有一个地名叫"沙港"村（今永修县九合乡红光村）。"沙港"，古称"蛇港"。永修话，"蛇"与"沙"发音相同。或许这里曾经沧桑磨洗，抑或蕴含一种悲戚与怜悯，抑或谐音之故。

继续沿修河支流杨柳津河，下行一段路程，从大湖池边上经过，到达吴城古镇。那里就保留着几处纪念许逊斩蛇的万寿宫和顺济龙王庙遗址。

1101年，大文豪苏轼去世前曾经为这个"顺济庙"写过《吴城顺济庙石砮记》。这个顺济龙王庙，人们称为"小龙王庙"。庙中奉祀的神仙，居然就是这条苦命孤独的小蛇！

遥想1700年前，在这汪洋恣肆的万顷波涛、飞扬跋扈凶险异常的彭蠡湖（今鄱阳湖）中，巨蛇与鳄鱼比人类更加有生存优势，数量众多，并随时随地能夺取人畜的生命。再加上大兴元年（318）发生的大地震、彭蠡湖地质剧烈运动，造成生态紊乱，赶它们逃出洞穴，导致它们四出肆虐，造成大量祸患。我们的先祖不得不寄托希望于有魄力的大人物，来灭除这些巨蛇，争取人类的生存与希望，而许逊正是这样一个造福人们的好侠客。

千里鄱湖，滔天巨浪，长蛟巨鳌，终于低头，而人们总不会忘记施惠过自己的人，甚至让子子孙孙来纪念他们，就连地名上都擦不去它深刻的历史印痕。

高才博洽，一代英伟

——文学家沈约

沈约（441—513），字休文，吴兴武康（今浙江德清武康镇）人，南朝政治家、文学家、史学家。历仕南朝宋、齐、梁三代。刘宋建威将军沈林子之孙、刘宋淮南太守沈璞之子。出身江东大族。《梁书》上说他左眼有两个瞳孔，腰上有颗紫色的痣，聪明过人。

关于他的事迹姑且不说，单说他功封建昌县侯的故事。

刘宋武帝时，嘉其功封沈约为建昌县侯（今永修县）。梁朝建立后，沈约担任散骑常侍、吏部尚书，还兼任右仆射。萧衍祭天登上帝位后，沈约被任命为尚书仆射，封建昌县侯，食邑千户。又拜沈约母为建昌国太夫人。沈约接到诏书的当天，右仆射范云等20多人都来拜望祝贺，当官的和老百姓都以此为荣耀，感到很光彩。很快，沈约又被提升为尚书左仆射，仍然任散骑常侍。不久又兼任领军，加侍中官职。天监二年（503），沈约的母亲去世，皇帝亲自前往凭吊。因沈约年老体衰，为免悲伤过度，所以皇帝派中书舍人帮沈约谢绝宾客来访。朝廷举用沈约任镇军将军、丹阳尹，可以设置辅佐的员吏。服丧完毕，沈约被提升为侍中、右光禄大夫，领太子詹事、扬州大中正、关尚书八条事，后又被提升为尚书令，仍兼任原来的侍中、太子詹事、扬州大中正等职。沈约多次上书请求辞官后，改任尚书左仆射、中书令、前将军，仍兼任侍中，不久又任尚书令兼太子少傅。任建昌县侯11年（502—513）。他死后，他的儿子沈旋、孙子沈实继承建昌县侯（513—？）。

沈约是建昌县（今永修县）人的骄傲。这不仅仅是他的高洁谦逊的人品，更有他的斑斓文采、辉煌创作成就。

沈约不喜欢喝酒，没有什么嗜好，他的地位极端显赫，自己却非常朴素，每次被加官，他总是推辞再三再四。他澹泊自甘，在"东田"盖了房子，一眼能够眺望郊外田野。他曾经写下三千多字的《郊居赋》，铺陈景色汪洋恣肆，写自己的"伴君如虎"、在建昌县生活、隐居保身的心情极端细腻生动，描写了永修清静优雅的山水自然的景色，表现了避世闲居的隐逸思想。《梁书》作者姚察、姚思廉父子非常崇敬沈约，高度赞誉他的人品文品，评价他"高才博洽、一代英伟"，并在正史中直接把这篇长赋记录下来。

文章开篇写道：

> 惟至人之非己，固物我而兼忘……伊吾人之褊志，无经世之大方……违利建于海昏，创惟桑于江汜……乍容身于白社，亦寄孥于伯通……本忘情于徇物，徒羁绁于天壤。应屡叹于牵丝，陆兴言于世网。事滔滔而未合，志悁悁而无爽。路将殚而弥峭，情薄暮而逾广。抱寸心其如兰，何斯愿之浩荡。咏归欤而踢局，眷岩阿而抵掌……不慕权于城市，岂邀名于屠肆。

沈约在开篇中说明自己在封地"海昏"（今永修）"东田"建房，认为自己无大志大才，所以不邀名利，希望洁身自好于远地。下面使用大量美文讴歌"纷披蓊郁，吐绿攒朱，素烟晚带，白雾晨紫，紫莲夜发，红荷晓舒。轻风微动，其芳袭余"的绝世好景，又"伤余情之颓暮，罹忧患其相溢，长太息其何言"，把心境描述得很曲折生动。

沈约是一代文豪。作为南朝文坛领袖，学问渊博，精通音律，与周颙等创四声八病之说，要求以平、上、去、入四声相互调节的方法应用于诗文，避免八病，这为当时韵文创作开辟了新境界。尽管有的诗评家认为他的诗歌不如鲍照、谢灵运，但是在写美文方面，他算是最杰出的代表。著有《晋书》《宋书》《齐纪》《梁武帝本纪》等史书，其中《宋书》入二十四史。

沈约的辞赋作品，由于六朝文献的严重散失，其中大部分已经散佚，现在所能看到的，只有从唐代欧阳询所编的类书《艺文类聚》中辑出的十篇辞赋的片段以及《梁书》所收录的《郊居赋》全文。虽然总共只有十一篇，且其中十篇是残篇，但从这为数不多的沈约现存辞赋作品中，可以看出，沈约的辞赋，既有对楚辞的继承、对前代辞赋传统的延续，也有对潘岳《闲居赋》和谢灵运《山居赋》的借鉴，更有自己的创新之处，从而形成了其独特之美。韵律之美是沈约辞赋最鲜明的特点，讲究押韵，追求对偶工整，善于运用双声叠韵、行文讲究平仄等使沈约辞赋形成了一种声律的和谐，读起来回环往复、朗朗上口。

仲宣原隰满，子建悲风来

——高斋学士庾肩吾

庾肩吾（487—551），字子慎，一作慎之。南阳新野（今属河南省）人。南朝梁代文学家、书法理论家。世居江陵。初为晋安王国常侍，同刘孝威、徐摛诸人号称"高斋学士"。随府授宣惠参军，历中郎云麾参军，并兼记室，及王为太子，兼东宫通事舍人。除安西湘东王录事参军，领荆州大中正，迁中录事参军、太子率更令、中庶子。梁简文帝即位，升任度支尚书，有集10卷。《隋书·经籍志》载有《梁度支尚书庾肩吾集》10卷，但李贺已经感叹不得见其遗文（李贺《还自会稽歌序》）。明代张溥辑有《庾度支集》，收入《汉魏六朝百三家集》中。

庾肩吾是一位书法家，著有《书品》，叙述书法的源流演变，评论历代书法家的特色，颇受后人的重视。

庾肩吾在永修的诗作有《过建昌故台》，诗中"鲁国观遗殿，韩城想旧台"，当是昌邑王刘贺"遗殿"，睹物思人，悲情万千。这首诗，就是借刘贺、王粲、曹植等故事，表达自己对侯景之乱的悲愤之情。据光绪版《建昌乡土志》卷四（古迹志　山水　遗址　基塔　金石　桥庄　附名胜）载，庾肩吾令建昌，有过建昌故台，《诗·细绎》篇中"鲁国韩城"及"子建"等语，疑是汉海昏侯刘贺，或吴建昌侯孙虑所筑。今废。此诗当为诗人有感而作。

过建昌故台

鲁国观遗殿，韩城想旧台。

仲宣原隰满，子建悲风来。

夏莲犹反植，秋窗尚左开。

图云仍滞雨，画石即生苔。

　　及君观四望，知余念七哀。

　　据记载，庾肩吾的父亲庾易是南齐的高士、隐士，他的哥哥庾黔娄则在广陵，与肩吾并仕。庾肩吾后任梁度支尚书。侯景叛乱，朝局动荡，他被迫到建昌（今永修）担任县令。他建造了这个楼台，而旧志皆云："齐庾台。"

　　另有学者说，唐欧阳询有《过建昌故台》，该诗歌见于《艺文类聚》。并称："梁诗曰：鲁国观遗殿，韩城想旧台。"一般认为，《过建昌故台》这首诗为庾肩吾作，书法则为欧阳询书写。

陶令八十日，长歌归去来

——"诗仙"李白

一、五上庐山

李白（701—762），字太白，号青莲居士，又号谪仙人，四川江油人。唐代伟大的浪漫主义诗人，被后人誉为"诗仙"。后世将李白与杜甫并称为"李杜"。其人爽朗大方，爱饮酒作诗，喜交友。李白是继屈原之后，中国文学史上又一位伟大的浪漫主义诗人。

李白有《李太白集》传世，诗作中多以醉时写的，代表作有《望庐山瀑布》《行路难》《蜀道难》《将进酒》《越女词》《早发白帝城》等多首。

李白一生漫游天下，九江（唐代称浔阳，亦称江州）是他多次驻足之地，他特别喜爱庐山，前后来到庐山五次：分别是唐开元十四年（726）、唐天宝九载（750）、唐天宝十五载（756）、唐至德二年（757）、唐乾元二年（759）。

天宝十四载（755），"安史之乱"爆发，李白避居庐山，胸中始终存在着退隐与济世两种矛盾的思想。恰在此时，唐代"安史之乱"爆发后的天宝十五载（756），唐玄宗的第十六个儿子、永王李璘起兵反击叛军。大军过浔阳时，李璘三次派人上庐山，请隐居庐山的李白下山做他的幕僚。李白终于被永王的盛情打动，兴致勃勃地下了山。一向胸怀大志的李白以为有了用武之地，兴奋地写道："但用东山谢安石，为君谈笑静胡沙。"他居然以东晋大破前秦苻坚百万兵马的宰臣谢安自喻。谁知不久，太子李亨眼看"安史之乱"快要平息，怕永王李璘会趁机与他争夺皇位，竟指责李璘军为"叛军"。兄弟俩又发生内战，李璘兵败，李白也因为"附逆"被系于浔阳狱，而被判"流放夜郎"（今贵州、四川一带）。当他沿长江西行至白帝城时遇大赦，又高唱着"千里江陵一日还"顺江直下，回到浔阳时再次登上庐山，这年李白已近60岁了。第四次上庐山时，李白还在五老峰北侧的峡谷内筑草堂隐居了半年多，有终老此地之意。李白最后一次上庐山是他在遭受一生中最大的挫折和磨难之后。

上元二年（761），已六十出头的李白因病返回镇江。在镇江，他的生活相当窘迫，不得已只好投奔了在当涂做县令的族叔李阳冰。第二年，李白病重，在病榻上把手稿交给了李阳冰，赋《临终歌》而与世长辞，终年62岁。

二、建昌情缘

李白曾五次上庐山，多次到建昌（今永修）。李白在永修的诗作有《对酒醉题屈突明府厅》《入彭蠡经松门》《彭蠡湖》《夏日山中》《白鹭鸶》《寻山僧不遇作》《独酌》等。

《对酒醉题屈突明府厅》作于李白晚年寓居豫章（今南昌）之时，寄托了李白对友人辞官归隐的期望。

陶渊明的诗文，生前及死后相当长一段时间，并未受到应有的重视。刘勰的《文心雕龙》只字未提，钟嵘的《诗品》仅列于中品，萧统的《文选》所收陶诗也不过八首，陶文则仅《归去来辞》一篇。直到唐代，陶渊明的诗文才开始享有盛誉。而李白正是陶渊明及其诗文的一位突出的崇拜者、继承者。现存李白诗文中，提及陶渊明的就有23处。李白还多次引用了"桃花源""归去来"等与陶渊明有关的典故，歌颂了"发黄垂髫，并怡然自乐"（陶渊明《桃花源记》）的世外桃源和"不为五斗米折腰"的傲岸精神。透过李白对陶渊明的赞颂和仿效，正好可窥见李白"陶令八十日，长歌归去来""山翁今已醉，舞袖为君开"的心迹，了解陶渊明对李白及其诗歌的影响。

《入彭蠡经松门》是李白创作的一首五言古诗。松门位于今永修县吴城镇松门山（松门村）。石镜：如镜的山石。晋代王嘉《拾遗记·周灵王》："时异方贡玉人、石镜，此石色白如月，照面如雪，谓之'月镜'。"北魏郦道元《水经注·庐江水》："山东有石镜，照水之所出。有一圆石，悬崖明净，照见人形，晨光初散，则延曜入石，毫细必察，故名石镜焉。"南朝谢灵运《入彭蠡湖口》诗："攀崖照石镜，牵叶入松门。"李白《寻阳送弟昌峒鄱阳司马作》诗："松门拂中道，石镜回清光。"王琦注："〔松门山〕上有石镜，光可照人。"诗人在诗中描写了鄱阳湖"空蒙三川多，回合千里昏。青桂隐遥月，绿枫鸣愁猿"的雄浑气魄，表达了诗人"吾将学仙去，冀与琴高言"的出世情怀。

相传，李白从修河乘小舟前往庐山游览，行至一片森林地带，此地人烟稀少，古树参天，见天色已晚，准备找户人家借宿，正好碰上一个樵夫在柘树林中砍柴，李白上前作揖问道："此地何名？"樵夫答道："乃无名之地。"李白听了，环视这里的山水，瞧了瞧河州上成林的柘树，便对樵夫说："此地名'柘林'也。"樵夫连连点头。从此，这地方就叫"柘林"。

乱峰深处云居路，共蹋花行独惜春

——江州司马白居易

白居易（772—846），字乐天，晚年又号香山居士，河南新郑（今郑州新郑）人。我国唐代伟大的现实主义诗人，中国文学史上负有盛名且影响深远的诗人和文学家。他的诗歌题材广泛，形式多样，语言平易通俗，有"诗魔"和"诗王"之称。官至翰林学士、左赞善大夫。有《白氏长庆集》传世，代表诗作有《长恨歌》《卖炭翁》《琵琶行》等。

一、江州司马四年任，留下诗文两百篇

815年，宰相武元衡遇刺身亡。白居易上表主张严缉凶手，被认为是越职言事。其后白居易又被诽谤：母亲看花而坠井去世，白居易却著有《赏花》及《新井》诗，有害名教。遂以此为理由贬为江州（今江西九江）司马。

白居易的母亲虽因看花坠井去世，然而白居易早有许多咏花之作，而依宋代的记录，《新井》诗作于元和元年前后（《新井》诗今已失传），可见此事不能构成罪名。他被贬谪的主因，很可能与他写讽喻作品而得罪当权者有关。

贬谪江州是白居易一生的转折点：在此之前他以"兼济"为志，希望能做对国家对人民有益的贡献；此后他的行事渐渐转向"独善其身"，虽仍有关怀人民的心，表现出的行动却已无过去的火花了。然而白居易在江州虽不得志，大体上仍能恬然自处，曾在庐山北建草堂，并与当地的僧人交游。

818年，白居易的弟弟白行简至江州与他相聚。当白居易被任命为忠

州刺史时，白行简也与兄长一同溯江而上。途中与元稹相遇于黄牛峡，三人相游之处被称为三游洞。在忠州任职时，他在忠州城东的山坡上种花，并命名此地为"东坡"。

白居易自贬谪江州为司马，到818年冬天离开江州出任忠州刺史，江州司马是个五品官，待遇丰厚，衣食无忧，但又是个"无言责，无事忧"的闲职，这就决定了白居易在政治上难有作为，又使他有充裕的时间和充沛的精力"可以从容于山水诗酒间"，从事文学创作和游历活动。江州是白居易政治生涯的低谷，却是他文学创作的高峰。白居易在江州前后待了四年时间。贬官江州给他以沉重的打击，早年的佛道思想滋长。在江州，他始终没有摆脱伤感与失意的阴影，创作了两百多篇诗文，几乎篇篇是失落，句句有感伤，代表作《琵琶行》更是集中而真实地反映了他在江州谪居的孤寂和内心的忧闷。

二、建昌江水县门前，立马教人唤渡船——建昌江吟唱

白居易在江州担任这一闲职的几年间，他寄情山水，泼墨题诗。他踏遍了建昌的青山绿水：建昌江赏景览胜，云居山访古参禅，易家河休闲泡泉，留下了许多名篇佳句。

一天，白居易由吴城沿着修河溯流而上，来到当时的建昌县城艾城（今永修县艾城镇）。在杨柳津渡口，他伫立河边待渡，眼前是一江修水横在县城边。城郭房舍，垂柳绿树，倒映在清清江水里。微风吹拂着岸边的青草，如银似雪的细沙铺满滩头。毛毛细雨，将渡口渲染得一片迷蒙，他不由得触景生情，信口诵出一首《建昌江》：

　　建昌江水县门前，立马教人唤渡船。
　　忽似往年归蔡渡，草风沙雨渭河边。

白居易作此诗时，正谪任江州司马。他来到江州附近建昌江杨柳津，以渡口所见所感，写下了这首绝句。诗表面上写渡口风光，其实蕴藏了深

沉复杂的思想。

原来，白居易在长安做校书郎时，丁母忧去职，在长安附近的渭村住了四年。他从风波险恶的官场，来到农村的自由天地，心情十分坦荡舒畅。丧服满了之后，他又被起用为太子左赞善大夫，还是卷进了宦海波涛。仅仅一年，就因开罪权贵贬为江州司马。现在，他满怀忧郁地来到建昌江边，目击这渡口风光酷似渭河边上的蔡渡，就很自然地联想到当年退居渭村时那种身心闲适的境地，回味起当时"一朝归渭上，泛如不系舟"（白居易《适意》）的心情来了。可见，此时此地，他想起渭村，不仅是渭村风景优美，人心淳朴，更重要的是，渭村是一个可以躲避政治风雨的安谧的小港；在那里，他的心灵之舟可以安详宁静地停泊。

这首诗看似一幅淡墨勾染的风景画，其实是一首情思邈远的抒情诗，全诗四句二十八字熔诗画于一炉。诗的一、二句是一幅"待渡图"：一江修水，横在县城边，城郭房舍，倒映在清清江水里，见其幽；渡船要教人唤，则行人稀少，见其静。我们就在这幽静的画面上，看到立马踟蹰的江州司马在水边待渡。陡然接个"忽似"，领起三、四句，又推出另一幅似是而非的"待渡图"。展现在读者眼前的依然是一条江水，但这儿是渭水；依然是一个渡口，但这儿是蔡渡。所似者，微风吹拂着岸边的青草，如银似雪的细沙铺满滩头；而毛毛细雨，把画面渲染得一片迷蒙。无限往事，涌上心头；无限归思，交织在这两幅既相似又不相同的画图里。"草风沙雨"，色调凄迷，衬托出诗人幽独凄怆的心境。这种出言平淡而造境含蓄深远的诗风，正是白居易的独特风格。第三句"忽似"一转，立见感情跳跃，从而导出了无限风情的第四句。这个"忽似"，妙在凌空而来，触景而及，推出了新的境界。而这种突然而来的新境界，又正说明诗人经常想着渭村。经常梦魂萦绕，才产生了这突然的联想，让我们于无声处，听到了诗人在高吟"归去来"！钟惺在《唐诗归》里赞许白诗说："看古人轻快诗，当另察其精神静深处……此乃白诗所由出，与其所以传之本也。"这诗从"轻快"中取得"静深"之妙，全赖一转得之。

杨柳津上，曾有白居易的"唤渡亭"（离古县城艾城一里许）。后来，建昌百姓为了纪念白居易，在他唤渡的地方，建了一座"风雨亭"，让过往行人遮阳避雨。北宋书法家、大诗人黄庭坚将白居易这首诗书刻于亭上，并取诗中二字，将风雨亭改为"唤渡亭"，使人们在等待艄公的时候，多了一点悠然，多了一份诗情。这也成了后来的"海昏八景"之一——柳渡春烟。

三、白居易游白槎

永修有个白槎镇。有趣的是，白槎的由来，修饰"槎"的那个"白"，相传有个美丽的故事。

白居易因得罪朝廷权贵，被贬到江州任司马。因盛唐时期国泰民安，没有战争，主管地方军事的首领也无事可干。白居易，行事不同于常人。他又是一位诗人，所以趁此时机，他游山赏水，把酒吟诗。

一次，白居易出巡建昌县，经过艾城，当即赋诗一首："建昌江水县门前，立马教人唤渡船。好似当年归蔡渡，草风沙雨渭河边。"随即乘槎（古人称木排为槎）逆修河而上，行至一片梅林之地，这个梅州古镇一直以种植梅花、集散江南木材而出名。此时，天色已晚，岸边市井灯火初上，也听见鸡鸣狗吠人嬉闹市声，想在此借宿一夜，明日再行。随即便上岸找到一户人家问：

"敢问仙家，此乃何处？"

那人回答："这里是梅州太平镇。"

"哦，此乃梅林之州。"于是就留驻一宿，吟诗作赋（至今白槎有"吟诗巷"）。

那客栈店主见他仙风道骨，又见宿簿上写有"乐天"二字，应有来历，便连夜禀报镇守，镇守听得，知是司马。欲要拜见，又恐天色已晚，搅扰不便，思量明早前往问安。

第二天，东方刚晓，白居易领随从乘槎离去。镇守一早扑空，很是遗

白居易雕塑（摄影/李鸣）

憾。此事一传十，十传百，大家既觉遗憾，又感幸事，遗憾未谋一面，庆幸有如此名人到梅州小镇一游，岂不传为佳话！为纪念此事，大家遂将梅州太平镇改称白槎，就是"白居易泛槎"的地方。这名字一直用到今天。在小小的白槎镇子上，还有个街道遗址，叫"吟诗巷"；河对岸的"江上乡"的村子也叫"亭子村""吟诗村"；下首不远永兴杨柳津有个"巷口杜村"，仍然保留白居易吟诗旧址，当地地名又叫"咏诗巷村"。白槎因唐代著名诗人白居易泛槎修河，路过此地而得名。也有人说是李白。不管是白居易也好，还是李白也罢，总之，是位唐代的大诗人乘着木筏到过这个地方，这给小镇平添了几分文化气息，有了历史的厚重感。

四、大都山属爱山人——白居易云山情

说起白居易，人们都会想到他的名作《琵琶行》。然而，对于他在此期间于永修所作的《云居寺孤桐》《游云居山寺赠穆三十六地主》等诗篇，

或许知之者甚少。其实，从这些诗篇中，人们不难看出，白居易与云居山及真如禅院有着浓厚的情缘。

据《云居山志》记载，白居易贬任江州司马期间，大部分时间居于庐山草堂，常与东林寺名僧神凑等遨游青山秀水、寺庵道场，曾多次登上云居山，作诗多首留念。传说他每次至云居山都要与真如禅院的住持高僧促膝长谈，习经研法，并且与僧众一道疏迁水池、种植树木，搬运砖石，建造殿宇，深受僧众的爱戴。这对于他晚年清心寡欲，崇向佛义有着很深影响。

在永修，民间至今流传着这样一个故事。

白居易被贬任江州司马不久后的盛夏，他从山下步行至云居山。沿着道容禅师当年白鹿引路的小道，拜谒云居禅院。当天夏日炎炎，他头戴草帽，脚穿芒鞋，顺着崎岖山路攀登而上。一路上唇干舌燥，大汗淋漓。当行至禅院东侧时，忽见一株梧桐枝繁叶茂、绿荫如盖，白居易顿觉心情舒畅，浑身凉爽。他在树荫下踟蹰良久，想在树下休憩，这时有一僧人好奇地来到他身边，热情地为他讲述了开山祖师道容禅师当年由白鹿衔花引路、登山选址的故事。白居易听后若有所思，然后从布袋里取出笔墨纸张，当即写下《云居寺孤桐》。次日，白居易在当地友人穆三十六的陪伴下，过仰天塘，登五老峰，饱览云居山秀丽风光。回到禅寺后，写下七绝《游云居山寺赠穆三十六地主》，其中"乱峰深处云居路，共蹋花行独惜春"成为千古佳句。

五、白居易游柘林

永修温泉，自古有之，原属白槎区，今属柘林镇。清光绪三十二年（1906），白槎区属西乡，管辖温泉等22个区。诗人苏轼、黄庭坚、王安石、秦观也曾在永修泡过温泉，王安石、秦观在温泉还留下美丽的诗篇。

传说白居易浮槎游修河（今永修柘林镇境内），曾踏此淋浴，而当年曾沐浴过的温泉就在今天的永修县柘林镇易家河村温泉组境内，他出浴乘兴题下千古绝唱的《温泉》："一眼汤泉流向东，浸泥烧草暖无穷。骊山温水今何事，流入金铺玉砌中。"

"骊山温水"即骊山温泉，亦称华清池温泉。在唐代因"华清宫"建在温泉上，故名为"华清池"，后因贵妃出浴而享有"天下第一温泉"的美誉。骊山温泉堪称一绝，被誉为"天下第一泉"。"骊山温水今何事，流入金铺玉砌中"，可见白居易把柘林温泉与骊山温泉相媲美，盛赞永修柘林温泉，喜爱之情洋溢其间。

在永修县柘林镇，也就是现在的庐山西海（柘林湖），历史故事和民间传说最多最有趣的地方，也许就是司马村了。据永修《司马宗谱》记载：司马村最早称司马地，因古代任水部侍郎、岳阳太守的司马暠、司马延义从江陵迁到建昌（今永修）云山白沙港，并葬在这里而得名。到了唐朝时，著名文学家白居易被贬为江州司马时，曾几次上云居山游览赋诗，并特意步行到桃花庄（现在的司马村）观赏盛开的桃花。于是，村民从此将桃花庄改称为司马村，以此纪念白居易。

柘林水电大坝（摄影／张群龙）

对床老兄弟，夜雨鸣竹屋

——东坡居士苏轼

苏轼（1037—1101），字子瞻，又字和仲，号东坡居士。眉州眉山（今属四川）人。他与父苏洵、弟苏辙合称三苏。他在文学艺术方面堪称全才。其文汪洋恣肆，明白畅达，与欧阳修并称"欧苏"，为唐宋八大家之一；诗清新豪健，善用夸张比喻，在艺术表现方面独具风格，与黄庭坚并称"苏黄"；词开豪放一派，对后世有巨大影响，与辛弃疾并称"苏辛"；擅长行书、楷书，能自创新意，用笔丰腴跌宕，有天真烂漫之趣，与黄庭坚、米芾、蔡襄并称"宋四家"；画学文同，喜作枯木怪石，论画主张神似。著有《苏东坡全集》和《东坡乐府》等。

一、对床老兄弟——李苏之交

苏轼与李常关系甚密。苏轼生于1037年，比李常小九岁。李常是建昌磨刀（今永修县三溪桥磨刀李村）人。李常曾经担任上护军、陇西郡侯、户部尚书，是苏轼的挚友，世界第一个私人图书馆"白石山房"（亦称"李氏山房"）创建者。苏轼比李常的外甥黄庭坚大八岁，这种辈分差距是明显的。黄庭坚诗、书甚至与苏轼齐名，并称苏黄，但是仍以后学身份，谦虚地充当苏门四学士（或六学士）之一。而李常则一直被苏轼尊敬为长兄，这从《苏轼集》中赠李常29首诗词及18封信件文书，还有相关诗文24篇中，都可以看出来。李常是苏轼坎坷一生的挚友，苏轼题赠李常，深情地写道："遥想他年归，解组巾一幅。对床老兄弟，夜雨鸣竹屋""宜我与夫子，相好手足伴"。他是把李常作为兄弟来看待的。这就是苏轼与李公择"对床老兄弟"的故事，李常与苏轼共同演绎了"李苏之交"的故事。

1076年（神宗熙宁九年）2月，李常转齐州太守，灭除多年盗患，兴水利，赈百姓。苏轼之弟苏辙在李常手下任职一年左右，李常对苏辙关爱有加。那么，李常与苏轼、苏辙到底有着怎样特殊的关系，身为大文豪的苏轼为什么那样敬重李常，我们从苏轼几十篇赠诗中不难寻找答案。请看苏轼其中的一些诗，诸如《约公择饮是日大风》《答公择》《寒食次韵答公择（三首）》《闻公择饮傅国传家大醉（二首）》《次舒教授韵告公择（二首）》《至济南公择以诗相迎次其韵（二首）》《公择求黄鹤楼诗因记旧所闻于冯当世者》《闻公择过云龙，张真人辄往从之，公择有诗戏用其韵》《李公择过高邮见施大夫与孙莘老赏花诗，忆与仆去岁会于彭门折花馈笋故事，作诗二十四韵见戏，依韵奉答亦以一戏公择云尔》《送李公择》《再别公择》等大多就是这时的诗作。

《题公择白石山房》这首诗中，诗人苏轼将李常称为"谪仙"，《约公择饮是日大风》这首诗，他将李公择比作"颜渊""子产"，《次舒教授韵告公择（二首）》此诗借蓝桥典故，《李公择求黄鹤楼诗因记旧所闻于冯当世者》把李公择比作"冯公"，他反复把李公择比作"天人""谪仙""居士老庞蕴"，不仅如此，还借用"孟光"举案齐眉典故，《再别公择》中诗人把李公择比作"祖师"，这些都是何等的敬佩！苏轼作为文宗，诗歌水准那是远远超过李常，从诗中可见对公择的敬慕，苏轼多次谦虚地在赠诗中抬高李常，硬是赞誉李常与自己齐名。在《寒食次韵答公择》诗中，"从来苏李得名双，只恐全齐笑陋邦。诗似悬河供不办，故欺张籍陇头泷"，想必李常只能感喟良多。虽然我们无法知道李常到底帮助了苏轼多少，但是有一点可以肯定，苏轼对他的敬重有加那是不容置疑的。

其实，苏轼与李常的情谊由来已久，早在十多年前就有交往。

神宗熙宁五年（1072），苏轼任杭州通判3年。1074年，李常任湖州太守。9月20日，苏轼别南北山道友，秋末去杭赴密州，与杨元素同舟，与陈令举、张子野过李公择于湖州。1075年，苏轼到密州，与李公择互有唱和，有《和李公择来字韵》诗。神宗熙宁九年（1076）2月，李常转齐州太守，灭除多年盗患，兴水利，赈百姓。苏轼之弟苏辙在李常手下任事。同时，李常也因为多年来亲近和保护苏轼被牵连，几乎要被斩首，有幸逃出生天，只是被贬斥做了太守，后来又调到济南。苏轼非常敬重李常，赠诗歌几十篇。不难看出，苏轼自比"山人"，字里行间蕴含着对李常这位"好人（品行端正的人）""使君"的景仰。

1080年（元丰三年）正月，因为"乌台诗案"而被贬谪，苏轼赶赴湖北黄州。弟弟苏辙把苏轼的家眷接到离自己任职地——高安（当时叫筠州，他在那里做"酒监"）相邻的九江，这是苏轼第一次与浔阳江头的缘分。

贬谪黄州后，苏轼思想性格变得沉稳，他直爽的性格趋向于成熟，并创作了大量诗、词、文、墨，随着欧阳修的去世，他已经成为文坛领袖。在他写给李常的信中，多书写黄州的清苦和家庭的变故，谈自己开辟"东坡"菜园的快乐，爽快地邮寄竹笋和芍药，连同书信一起给远在山东的李常，也同黄庭坚还有秦观等人兴致勃勃地谈起李常。

东坡天才头脑，性情真挚，对看不惯的事物，像吃苍蝇一样不吐不快，为此而吃了不少的亏。他的小妾朝云说他"一肚子不合时宜"，他自己也赞成。皇帝曾多次赞誉苏轼兄弟，说是留给儿孙两个太平宰相，苏轼一生却没有得到过宏图大展，而他厚道的弟弟倒是做了一段时间宰相。经历了"乌台诗案"的苏轼有些收敛，可是当收到李常的信，这性格又爆发出来，他回信说：我们虽然老而且穷，但是为了维护道理、忠义，应该舍生忘死，不怕祸患。书信结尾写道："不是在你面前，我哪里会写这些。看完记得烧掉啊。"这是一个何等天真可爱的东坡，一种何等坚定的友谊和信任。

神宗元丰七年（1084），李常被召回京城，恢复了京官生涯，做太常少卿，不久当上了户部尚书，后转为御史中丞和龙图阁直学士。苏轼被贬官黄州已达五年之久。反对派要阻止苏轼回朝廷，由于李常做了一些正面的努力，神宗下诏曰："苏轼累出居思咎，阅历资深，人才难得，不忍终弃。"于是东坡被安排到离京城较近的汝州（今河南临汝）任团练副使。虽然苏轼很不情愿离开自己的"东坡"，但是他还是依依不舍地告别待了近五年的黄州，在大家送别下启程了。

四月初六，苏轼从黄州的齐安江正式动身走水路，向浔阳进发，并顺路到高安看望弟弟苏辙。他让长子苏迈带全家人去九江等他。有三个朋友决定送他去九江，一个是至交陈季常，一个是比他小五岁的和尚参寥，还有一位道士乔同。四月上旬到达浔阳后，开始在浔阳、庐山访古，他带着一种深深的感情，探访了李常读书的地方和李常故居。

四月中旬，苏轼再次到九江，从水路经过吴城，并与前来迎接的弟弟苏辙相会在永修云居山真如禅寺。其间，苏轼正好在建昌境内向北前进，路遇王郎，这人是苏轼兄弟共同的友人。苏轼很高兴，于是就写下《将至筠，先寄迟适远三犹子》这首诗，快速地寄给苏辙的儿子们——他的三个侄子，诗歌用盼望和想念的语句写成，一种即将见面的喜悦跃然纸上。

下旬，苏轼再过建昌（今永修）、赴九江及湖口。其间，苏轼览九江，游庐山，拜访了好友李常在庐山脚下的白石山房。这里是李常和弟弟读书的地方，东坡在诗歌中，经常提到李常"匡庐读书""山中读书三十年"等等，看来他还是很想看看李常故居和书斋的。可以想象苏轼一行当时受到很热烈的欢迎，这里已经是读书人的图书馆，士子较多，在场的人士也许提出，让他撰写一篇诗文，下笔有神的东坡，挥笔写下了《李氏山房藏书记》（也称《李氏山房记》）。《李氏山房记》这篇散文，盛赞李常"闻名当世"、藏书 9000 卷，是他使该地能成为私人图书馆，是"仁者之心"。盛赞李氏山房胜于"象犀珠玉怪珍""桑麻布帛五谷"。苏轼认为："孔子圣人其学必始于观书"，李氏山房是学子之幸。文章概述了李氏山房："余友李公择少时读书于庐山五老峰下白石庵之精舍，公择既去，山中之人思之，指其所居为'李氏山居'，藏书九千余卷。公择既涉其深，探其源，剥花实而咀嚼其膏味，以为已有发于文章，见于行事，以闻名于当世矣。"李氏之举乃是"仁者之用心"，并发出"使来者知昔之君子见书之难，而今之学者有书而不读，为可惜也"的感慨。苏轼还亲题了"李氏山房"的石碑。此后，还写了一首诗《题李公择白石山房》，用"若见谪仙烦寄语，康山头白早归来"来表达对李常的思念与赞美。

　　大约是苏轼兴致未尽，于是下山转道建昌去拜访李常家里，"过公择建昌野人居"并题诗。根据可以考证的材料来看，李常的"建昌野人居"应该不是星子县的这所寺庙，因为寺庙是完全无法提供诗歌中的"野人居"的形象的，而且苏轼明确说明是"过建昌李野夫公择故居"，用来区别白石山房，只能指向在今永修县艾城附近的李常故居。无疑，故居很简陋，因此被苏轼称为"野夫居"，但是苏轼是怀着敬重的感情，来描述和歌唱这草房子的，他写了这首《过建昌李野夫公择故居》诗。在诗中，苏轼"徘徊不忍去，微月挂乔木"，这是一个重情义、真性情的东坡，在那修水之畔，庐山、鄱湖的灵山秀水近处，还有些月光挂上桂树枝头的傍晚，他徘徊在野人居旁，想念李常，如果多年以后，与公择（即李常）砥足同眠，同听寺庙的钟声，在书窗下一起聊到蜡烛烧尽。老兄弟一起听风雨声，那是多么美妙的享受啊，这是一个了悟人生，多经坎坷的大诗人最深处的梦想，从不与人说，却题写给了李常。两者感情深厚是不容置疑的。所以李常推荐的秦观、黄庭坚能立刻被苏轼看重，绝不是没有道理的。

苏轼在多篇传记中，写出了对李常的赞誉。他在《记公择天柱分桃》中，写在天柱寺游玩，桃子不够分配，大家都不高兴，而李常以其中一个人母亲超过70岁，分给他，让他拿回去尽孝道，使大家心服口服，苏轼说，这样的事情不得不记录下来。还有《富神道碑》中，长篇论述李常治理山东地方，描述他赈济当地和根除了几十年盗匪祸患的事情，盛赞李常造福数省多年，他的防止瘟疫和治理流民社会的创造，"不知活几千万人矣"。

老年的苏轼深深怀念湖州"六客"和"六客堂"。那还是在1074年，时任湖州知州的李常建造了这座"六客堂"。在杭州就地升官的苏轼来到这里，与李常等六位诗词名家欢聚，先后两次畅饮赋诗。他们的吟唱，不久被汇编为《六客词》《六客堂诗》，一时传为佳话。后来苏轼在给诗人杨绘的诗歌中写道："蘧蘧未必都非梦，了了方知不落空。莫把存亡悲六客，已将地狱等天宫。"又几年后，即1099年，苏轼临死前两年，"六客"中除了苏轼，都已经谢世，他悲伤地写道："月满苕溪照夜堂，五星一老斗光芒。十五（应为二十五）年间真梦里，何事？长庚对月独凄凉。"

苏轼比李常小九岁，比李常的外甥黄庭坚大八岁，但是这种辈分差距是明显的。但黄庭坚仍以后学身份充当苏门四学士之一。李常一直被苏轼尊敬为长兄。他们共同演绎了"李、苏、黄"的动人故事。

二、苏轼建昌情

苏轼与建昌（永修）是特别有缘的。因为他的至交李常是建昌人，后来他在金山寺谈禅的好友佛印，从1079年开始也来到云居山当主持许多年。因此苏轼积极探访他们的足迹，并对建昌的山水怀上了深厚的感情。

此前两年有一段往事。那时苏轼正写作《怪石供记》，收到已经担任云居山主持的挚友佛印（了元禅师）的信件。了元禅师道行高昂，才能卓绝，以至于四众倾服，名动朝野。宋神宗赵顼也听闻他的大名，颇为赞赏，曾经亲赐高丽磨衲袈裟和金钵，赐了元以"佛印禅师"称号。而且从1072年东坡在杭州做官开始，两人就交厚，留下不少佳话。这回大概是佛印禅师信中说云居山是禅宗曹洞宗发源地，风光无限，于是苏轼便写下赠诗《赠云居山真如禅寺佛印》并回信道："数日大热，缅想山门方适清和，法体安稳。云居事迹已领，冠世绝境，大士所庐。"他高度赞誉云居山是"冠世绝境，大士所庐"，指出云居山风景绝美，是大士真正的结草庐、修行的好地方。这也许是苏轼这次向往和游历云居山的重要原因之一吧。

后来黄庭坚游历云居山并写了诗歌，盛赞云居山："四时美景观难尽，半点红尘到不能。"苏轼根据自己的观感，应和了黄庭坚这首《游云居作》，留下了《和黄山谷游云居作》这篇脍炙人口的诗歌。

和黄山谷游云居作

苏轼

一行行到赵州关，怪底山头更有山。

一片楼台耸天上，数声钟鼓落人间。

瀑花飞雪侵僧眼，岩穴流光映佛颜。

欲与白云论心事，碧溪桥下水潺潺。

苏轼一生，仅从其诗文里可以看出，他曾经至少三过永修吴城（为鄱阳湖水路枢纽，七省通衢），一过云居山，一过艾城。

1084年4月中旬，苏轼从水路经过吴城，并与前来迎接的弟弟苏辙相会在永修云居山真如禅寺。经过建昌（今永修）、高安、湖口去汝州途中，一路风餐露宿，往高安行进，而弟弟苏辙及侄子也披星戴月地从高安往建昌迎接。一大家子在这年的端午，相会于云居山的真如禅寺，并置办酒局来欢庆了一回，同日又步履匆匆地奔赴高安境内。苏轼于是写下《端午游真如寺》（又名《端午游真如寺，迟、适、远从子由在酒局》）这首诗。诗

石床

中的"迟""适""远",是指他的三个侄子,苏迟、苏适、苏远;"子由"是他弟弟苏辙的字号;从子由,就是他们跟随爹苏辙在酒局。这次可称得上是苏府在真如寺的大聚会。苏轼内心非常高兴,宁愿大醉,宁愿大家说说家乡话"西川语",对水饼、饭筒都觉得大快朵颐。然后他带着这三个孩子,到云居山访问禅宗的老祖。东坡这次与老友佛印见了面,佛印已经从归宗寺讲学回到云居山,而且当时东坡就带醉题写了"石床"墨宝,后来

谈心石

他们在云居山相会地点也被称为"佛印桥""谈心石"。全篇诗歌的最后,东坡先生满足地说,回来相见真的让我开心啊,这次可安慰了我们长久被压抑的心情。

10年后六七月间,苏轼被贬谪到广东,因为顾念他是皇帝的老师,年

纪老迈，所以被同意经由水路过鄱阳湖去广东，苏轼过吴城写下了《南康望湖亭》诗歌。苏轼最后一次经过吴城，是他逝世的三个月前，即1101年（宋徽宗靖国元年）4月经豫章过庐山、鄱阳湖。

这次苏轼除写下了著名散文《吴城顺济庙石砮记》外，还登上了望湖亭，题写了著名的楹联："战船列千乘便矣周郎观水阵，危亭经百刻岿然彭蠡听渔歌。"

三个月后，六月二十八日，这位一代文豪，病逝于江苏常州，享年64岁。苏轼坎坷一生，由于李常的关系，他深深爱上了永修，为永修文化注入了汩汩的血液，在永修文学史上至今仍然闪耀着他的光辉。现在永修县新城的东坡路就是为了纪念他而命名的。

佛印桥谈心石并序

天上楼台山上寺，云边钟鼓月边僧

——江西诗派开山之祖黄庭坚

黄庭坚（1045—1105），字鲁直，自号山谷道人，晚号涪翁，又称豫章黄先生，洪州分宁（今修水县）人。北宋著名文学家、书法家，盛极一时的江西诗派开山之祖。他与杜甫、陈师道和陈与义素有"一祖三宗"（黄为其中一宗）之称。英宗治平四年（1067）进士。历官叶县尉、北京国子监教授、校书郎、著作佐郎、秘书丞、涪州别驾等。与张耒、晁补之、秦观游学于苏轼门下，合称为"苏门四学士"。诗歌方面，他与苏轼并称"苏黄"。书法方面，与苏轼、米芾、蔡襄并称为"宋代四大家"。词作方面，与秦观并称"秦黄"。著有《山谷词》，且黄庭坚书法亦能独树一格，为"宋四家"之一。

一、黄庭坚建昌情

黄庭坚是李常的外甥。他的母亲就是建昌（今江西永修）李常（字公择）的姐姐。他早年受知于苏轼，与张耒、晁补之、秦观并称"苏门四学士"。诗与苏轼并称"苏黄"，有《豫章黄先生文集》。词与秦观齐名，有《山谷琴趣外篇》《豫章黄先生词》。词风流宕豪迈，较接近苏轼，为"江西诗派"之祖。苏轼与李常交情甚厚，作为外甥的黄庭坚，一直非常敬重李常。苏轼比李常小九岁，比李常的外甥黄庭坚大八岁，这种辈分差距是明显的。黄庭坚诗、书甚至与苏轼齐名，但是仍以后学身份，谦虚地充当苏门四学士（或六学士）之一。因而在永修、修水演绎着"李、苏、黄之交"的佳话。

黄庭坚故里（摄影/淦家凰）

　　黄庭坚与永修有关的诗文很多：《云居佑禅师烧香颂》《题伯时画揩痒虎》《题伯时画严子陵钓滩》《赠惠洪》《题李夫人偃竹》《次韵公择舅》《赠惠洪》《逢和公择作拣芽咏》《谢公择舅分赐茶三首》《今岁官茶极妙而难为赏者，戏作两诗用前韵》《又戏为双井解嘲》《逢同六舅尚书咏茶碾煎烹三首》《与李公择道中见两客布衣斑荆而坐对戏弈秋因作一绝》《送舅氏野夫之宣城二首》《次韵寄李六弟济南郡城桥亭之诗（德叟）》《次韵寄滑州舅氏》《听崇德君鼓琴》《伯氏到济南寄诗颇言太守居有湖山之胜同韵和》《用明发不寐有怀二人为韵，寄李秉彝德叟》《观崇德墨竹歌并序》《自舅氏李公择将抵京辅以归江南初自淮之西犹未秋日思归》《酌姨母崇德君寿酒》《同世弼韵作，寄伯氏在济南兼呈六舅祠部》《题崇德君所画雀竹蜩螗图赞》《次韵公择雨后》《登云居作》《和子瞻内翰题公择舅中丞山房》《奉和公择舅氏送吕道人研长韵》《再和公择舅氏杂言》《姨母李夫人墨竹三首（其一）》《王长者墓志铭》《答佛印了元禅师》等。

黄庭坚是非常热爱建昌山水的，他行走在修水与永修之间，拜访磨刀李，寻访李常旧居，和苏轼（子瞻）拜访公择舅中丞山房，常常奉和公择舅氏长韵，对姨母李夫人墨竹画极为欣赏。姨母李夫人，李常的妹妹，即黄庭坚的姨母。李夫人被封为崇德君，善绘墨竹，黄庭坚极为欣赏姨母李夫人的墨竹画。黄庭坚曾作《姨母李夫人墨竹三首》《题李夫人偃竹》《题崇德墨竹歌》《题崇德所画雀竹蜩螗图赞》等诗称颂姨母的作品。

黄庭坚在《姨母李夫人墨竹三首（其一）》诗中作了一个小注：山谷姨母崇德君，为李公择之妹，适朝议大夫王之才。画竹刻石，旧在山南白石寺，久废。

黄庭坚一生命运多舛，仕途坎坷，与苏东坡极为相似，热衷佛老，也不逊于苏。黄庭坚与苏轼相互唱和，《和子瞻内翰题公择舅中丞山房》就是其中的一首。这是黄庭坚的一首和诗，诗中子瞻，即苏轼。1084年（神宗元丰七年），李常任吏部尚书，提拔苏轼受阻。苏轼被贬官黄州已达五年之久。神宗下诏曰："苏轼累出居思咎，阅历资深，人才难得，不忍终弃。"将苏轼调离黄州到离京城较近的汝州（今河南临汝）任团练副使。四月下旬，苏轼从湖北黄州调河南汝州的赴任途中，经过建昌（今永修），苏轼拜访了好友李常在庐山脚下星子县的白石山房，写下《李氏山房藏书记》《题公择白石山房》等。不久黄庭坚和了苏轼这首诗。

黄庭坚，儿时就深得舅父喜爱，他"与舅舅斗对"的轶事典故常常成为美谈。

有一天，李常来到黄庭坚家，见黄庭坚正伏案攻读，便想试一试外甥的才学。进书房时，李常见院内有一棵桑树，便以桑、蚕、茧、丝、锦缎之间的关系为题，吟顶真上联道：

　　　　桑养蚕，蚕结茧，茧抽丝，丝织锦绣。

见舅父又来考试，黄庭坚非常高兴，才思益发敏捷。他从手中握的那支毛笔得到启发，立即答对出下联：

　　　　草藏兔，兔生毫，毫扎笔，笔写文章。

　　李常见外甥小小年纪便能对出这样难度较大的联句，从此对黄庭坚更加器重、爱护，着意精心栽培，使之进步更快。

　　黄庭坚十四岁时父亲逝世，次年即跟李常游学淮南，随侍左右。他得到舅舅赠予的一方泽州澄泥砚，而且是当时人们最喜欢的吕道人砚，欣喜若狂。泽州吕道人制澄泥砚为宋代顶尖的名牌产品，多少人梦寐以求而不可得。大书法家黄庭坚却得到一方，是他的舅舅李公择馈赠的。为了避免黄庭坚惊喜过度，也为了表示慎重，李公择先写诗告诉黄庭坚，要送他一方吕砚，随后才派人将砚台送过来。接到舅舅的诗，得到这方珍贵无比的吕砚后的奉和之作，于是写下了《奉和公择舅氏送吕道人研长韵》这首诗。和诗之后，感到意犹未尽，再次提笔，抒发胸臆，写下了《再和公择舅氏杂言》，在表示对舅氏感激之情的同时，对吕砚极尽溢美之词。

　　黄庭坚与所有的文人一样，得到这方吕道人砚后欣喜、激动的心情，是可以想象的。但如何给舅舅和诗，如何写好《奉和公择舅氏送吕道人研长韵》这首诗，如何表达自己对舅舅的无限感激之情，黄庭坚很是动了一番脑筋。他深知吕砚虽好，但没有舅舅哪来这吕砚，没有舅舅的培养扶助哪来自己的成长。所以诗的一开篇，并没有立即赞美吕砚，而是用很长的篇幅对舅舅大加赞美。诗先从舅舅做人为官夸起。称赞舅舅像"玉壶冰"那样高洁清廉，像"朱丝弦"一样公道正直。天资妙质，才高德厚，有待于伯乐发现和推荐。称赞舅舅无论是做图书整理校勘工作，还是对《诗经》作注解，甚至在礼部为官，都尽职履责，兢兢业业。接着写舅舅对他有抚育和培养之恩，引荐和推举之劳。这吕道人砚就是舅舅给他传授的衣钵，是传家之宝。他最后祝愿舅舅，在仕途上进一步升迁，为国家出力效忠，不辜负平生所学。并表示自己也要做好这编辑校订的工作，坚持不懈地写作，将来一定要写出流传百世的名篇。

　　在《再和公择舅氏杂言》这首诗里，读者可以感受到黄庭坚心潮的起伏，思绪的飞扬。感受到这方吕砚在诗人心中的特殊分量。当诗人将这方吕砚表面的污渍和灰尘清洗干净之后，只见如新的宝砚，色泽如同碧玉一般发出自身固有的光泽。砚的上方有一个醒目的"吕"字，白色、隶书，与砚体形成鲜明的对照。表明它的身份为泽州名家吕道人所制，出身名门。诗人一会儿看它与端砚相仿，只是砚体上没有称为"鸲鹆眼"圆形斑点。一会儿又觉得与歙砚中的龙尾砚颇为相似，当用它研墨试笔，感到涩不留笔，滑不拒墨。发墨如歙砚并无二致……诗人不由赞叹吕翁造砚技术的高超，已经与天相通。坚重如石的吕砚，使诗人在浮躁之时，可以提醒自己沉下心来。湿润可人的特性，也告诫诗人在烦躁之时态度要冷静，对人要和颜悦色。他反复把玩抚摸着这方宝砚，品味着质朴清秀的容颜，眼前忽然幻化出舅舅李公择慈祥的面孔。看着这方宝砚，他觉得舅舅就在自己身边。

黄庭坚纪念馆（摄影／淦家凰）

二、黄庭坚与《江亭怨》

吴城小龙女（生卒年不详），宋代人，真实姓名不详，身世不详，她是因为所写的一首《江亭怨》词而出名的。

吴城小龙女别有一番逸事。

《白香词谱》《词综》俱引《冷斋夜话》中语："黄鲁直（即黄庭坚）登荆州亭，柱间有此词。夜梦一女子云：'有感而作。'鲁直惊语曰：'此必吴城小龙女也。'"据《冷斋夜话》云：黄庭坚被贬期间，独自登上了荆州亭，见到亭柱上写的这首词，便仔细地阅读起来。等到把全词读完，联想到自己的身世，竟与少女一样，也是身不由己、有家难归，黄庭坚再也控制不住自己的情感，泪流满面，感叹不已地说："这真像是替我写的啊！"尤其是读到"泪眼不曾晴"时，不觉大为惊叹，说："只有鬼才能写得出来的好句哪！"当天晚上，黄庭坚就投宿在荆州亭山下的客栈里。整个晚上，他头脑中所萦绕着的仍是荆州亭中那首哀怨缠绵的词。夜深人静时，朦胧间见到一位容貌美丽的少女翩翩然向他走了过来，对着他莞尔一笑说："我家住在南昌吴城山，随一艘客船来到此地，不幸被风吹落水中而死。于是我登上了荆州亭，写下《江亭怨》这首词，却不料得到先生的错爱和谬奖。"黄庭坚一惊，骤然一翻身，醒了过来，才知道是南柯一梦。回想梦中情景，黄庭坚肯定地说："此必吴城小龙女也！"

江亭怨

帘卷曲栏独倚，山展暮天无际，泪眼不曾晴，家在吴头楚尾。

数点雪花乱委，扑漉沙鸥惊起。诗句始成时，没入苍烟丛里。

因黄庭坚乃是当时与苏轼并称"苏黄"的大词人，权威之言，便成定论，以致《全宋词》收录此词时，亦署名"吴城小龙女"。《宋史》中载小龙女乃宋时民间传说的神魔人物。至于此词缘何出于神魔之手，近人薛砺若说得明白："大约向来以为系龙女所作者，以词境过于凄冷，殊不类人间语，因有此传说耳。"

黄庭坚石像〔摄影／淦家凰〕

    这首《江亭怨》词，从词意来看是一个流落异乡的少女感物伤怀思乡想家之作。但由其艺术手法来看，其内容之深刻，画面之丰富，手法之巧妙，给人感受之丰富不似一个初出文坛的少女之作。这首词全词虽未着一"怨"字，但贯穿始终的都是一种幽怨之情，一种少女流落异乡的感物伤怀思乡的幽怨之情。其意境深邃，余味不绝，似有似无，给人以无比凄凉、无比悲伤的感觉。《宋词通论》评为："词境极冷隽幽倩，如子规啼月，哀猿夜啸，为一切词家所无之境。即两宋最大手笔，亦不能写得如此凄冷动人。"可谓至评。古人云"用意十分，下语三分，可几风骚"（《词人玉屑》），本词的境界几近于此。

    因为吴城小龙女的这首词，中国的文化宝库——唐诗宋词里又多了一个词牌:《江亭怨》。这首词就词牌而言,乃属《清平乐令》,这首词原题于荆州江亭之柱上,故由此得名《江亭怨》,故又名《荆州亭》和《清平乐令》。双调。上、下阕各四句,共四十六字。上、下阕逢第一、二、四句押韵,均用仄声韵。作者并不可考,《冷斋夜话》《异闻录》等著作言其是吴城小龙女之作,使这首词增添一种神秘的色彩。

吴城小龙女这首《江亭怨》词,正是由于有了像黄庭坚这样的大文豪的赏识才得以保存,也正因为有像黄庭坚这样的大诗人演绎这样一个传奇的故事才得以流传。

我独不愿万户侯，惟愿一识苏徐州

——"苏门四学士"之秦观

秦观（1049—1100），字少游，一字太虚，号淮海居士，别号邗沟居士；"苏门四学士"之一。扬州高邮军武宁乡左厢里（今江苏省高邮市三垛镇少游村）人。北宋文学家，婉约派词人。善诗赋策论，与黄庭坚、晁补之、张耒合称"苏门四学士"。尤工词，为北宋婉约派重要作家。所写诗词高古沉重，寄托身世，感人至深。长于议论，文丽思深，兼有诗、词、文赋和书法多方面的艺术才能，尤以婉约之词驰名于世。著作有《淮海词》3卷100多首，宋诗14卷430多首，散文30卷共250多篇。著有《淮海集》《劝善录》《逆旅集》等。

秦观少时聪颖，博览群书，抱负远大，纵游湖州、杭州、润州（今镇江）各地。熙宁元年（1068），他因目睹人民遭受水灾的惨状，创作了《浮山堰赋》《郭子仪单骑见虏赋》。十年（1077），苏轼自密州移知徐州，秦观前往拜谒，写诗道："我独不愿万户侯，惟愿一识苏徐州。"（《别子瞻学士》）。次年，他应苏轼之请写了一篇《黄楼赋》，苏轼称赞他"有屈（原）、宋（玉）才"。在此期间，秦观与苏轼同游无锡、吴江、湖州、会稽各地，结下了友谊。在苏轼的劝说下，秦观开始发奋读书，积极准备参加科考。可是命运不济，两度应考均名落孙山。苏轼为之抱屈，并作诗写信予以劝勉。元丰七年（1084），苏轼路经江宁时，向王安石力荐秦观的才学，后又致书曰："愿公少借齿牙，使增重于世。"王安石也赞许秦观的诗歌"清新似鲍、谢"。在两位文坛前辈的称许、鼓励下，秦观决心再度赴京应试。

元丰八年（1085），秦观考中进士，初为定海主簿、蔡州教授。元祐二年（1087），苏轼引荐为太学博士。元祐五年（1090），秦观由范纯仁引荐，得以回京任秘书省正字。元祐六年（1091），秦观因"洛党"贾易诋其"不检"而罢去正字。接二连三的政治迫害，使得秦观大受打击，对政治开始灰心，且有退隐之意。元祐七年（1092），苏轼自扬州召还，进端明殿学士、翰林侍读学士、礼部尚书。秦观迁国史院编修，与黄庭坚、晁补之、张耒同时供职史馆，人称"苏门四学士"。

绍圣元年（1094），太皇太后高氏崩逝，哲宗亲政后，"新党"执政，"旧党"多人遭罢黜。新党人士章惇、蔡京上台，苏轼、秦观等人一同遭贬。秦观出杭州通判，道贬处州，任监酒税之职，后徙郴州，编管横州，又徙雷州。元符二年（1099），秦观年事已高，身处雷州，自作《挽词》。元符三年（1100），哲宗驾崩，徽宗即位，向太后临朝。政坛局势变动，迁臣多被召回。秦观也复命宣德郎，放还横州。至藤州（今广西藤县），游光华亭，秦观口渴想要喝水，等人送水至，他面含微笑地看着就去世了。

秦观活跃在江西文化圈之中，他与江西文人，诸如王安石、黄庭坚等交谊甚深，同时颇得大学士苏轼的赏识，因而在建昌（今永修）留下《寄李公择郎中》《怀李公择学士》《陪李公择观金地佛牙》《呈李公择》《温泉》《次韵（二首）》《云居佛印禅师》《故龙图阁直学士、中大夫、知成都军府事、管内劝农使、充成都府利州路兵马钤辖、上护军、陇西郡开国侯、食邑一千一百户、食实封三百户、赐紫金鱼袋李公行状》等作品。《次韵（二首）》这两首诗，第一首叙述人生经历，表达青年时消遣娱乐的情怀。第二首表达对谢灵运与陶渊明的向往和对"政美"的期望。《寄李公择郎中》这首诗，前四句描写环境，后四句表达对李公择的敬仰和怀念之情。《温泉》这首诗中，诗人描写了温泉的位置和环境，前八句、中间四句重点写温泉的颜色和质地。最后四句表达对温泉的喜爱和怀念。《故龙图阁直学士、中大夫、知成都军府事、管内劝农使、充成都府利州路兵马钤辖、上护军、陇西郡开国侯、食邑一千一百户、食实封三百户、赐紫金鱼袋李公行状》这篇行状，其实是一篇人物介绍散文。这篇散文，详细叙述了李常（公择）世系、生平、生卒年月、籍贯、事迹。

何用建遗烈，寒泉荐孤芳

——理学宗师朱熹

朱熹（1130—1200），字元晦，一字仲晦，号晦庵，晚称晦翁，谥文，亦称朱文公。祖籍南宋江南东路徽州府婺源县（今江西省婺源），出生于南剑州尤溪（今属福建省尤溪县）。南宋著名的理学家、思想家、哲学家、教育家、诗人、闽学派的代表人物，儒学集大成者，世尊称为朱子。朱熹是唯一非孔子亲传弟子而享祀孔庙，位列大成殿十二哲者中。他是程颢、程颐的三传弟子李侗的学生，任江西南康、福建漳州知府，浙东巡抚，做官清正有为，振举书院建设。官拜焕章阁待制兼侍讲，为宋宁宗皇帝讲学。其著作甚多，辑定《大学》《中庸》《论语》《孟子》为四书作为教本立于学宫，自宋朝至今800年。

一、朱熹知南康军

淳熙五年（1178），宋孝宗任朱熹知南康军（今江西庐山、都昌、永修、安义）兼管内劝农事。翌年三月，朱熹到任。当年适逢大旱，灾害严重，他到任后，即着手兴修水利，抗灾救荒，奏乞蠲免星子县税钱，使灾民得以生活。十月，他行视陂塘时，在樵夫的指点下找到白鹿洞书院的废址。经他的竭力倡导，到淳熙七年三月，白鹿洞书院很快修复。朱熹在南康军任上，为白鹿洞书院殚精竭虑，不遗余力。他曾自兼洞主，延请名师，充实图书，还请皇帝敕额，赐御书。还置办学田，供养贫穷学子，并亲自订立学规，即著名的《白鹿洞书院揭示》。《白鹿洞书院揭示》是世界教育史上最早的教育规章制度之一，对教育目的、训练纲目、学习程序及修己治人道理，都一一做了明确的阐述和详细的规定，它不仅成为后续中国封建社会700年书院办学的模式，而且为世界教育界瞩目，成为国内外教育家研究教育制度的重要课题。

淳熙八年（1181）二月，陆九渊来南康访朱熹，相与讲学白鹿洞书院。

淳熙九年（1182），朱熹52岁时，才将《大学章句》《中庸章句》《论语集注》《孟子集注》四书合刊，经学史上的"四书"之名才第一次出现。之后，他仍呕心沥血修改《四书集注》，临终前一天他还在修改《大学章句》。朱熹将《四书》定为封建士子修身的准则，《四书》构成了朱熹的一个完整的理学思想体系。元至明清，《四书集注》遂长期为历代封建王朝所垂青，作为治国之本，也作为人们思想行为的规范，成为封建科举的标准教科书。淳熙十年（1183），朱熹在武夷山九曲溪畔大隐屏峰脚下创建武夷精舍，潜心著书立说，广收门徒，聚众讲学。

绍熙五年（1194），湖南瑶民蒲来矢起义，震动了朝野。朱熹临危受命，除知潭州、荆湖南路安抚，赐紫章服。五月，他至潭州。他到任后，兴学校，广教化，督吏治，敦民风。他改建、扩建了位于湖南长沙岳麓山下的岳麓书院，空余时间亲自到此讲课，使岳麓书院成为南宋全国四大书院之一。八月，朱熹除焕章阁待制兼侍讲。十月十四日，他奉诏进讲《大学》，反复强调"格物、致知、诚意、正心、修身、齐家、治国、平天下"八目，希望通过匡正君德来限制君权的滥用，引起宋宁宗和执政者韩侂胄的不满。因此，他在朝仅46日，被宋宁宗内批罢去了待制兼侍讲之职。

宋朝庆元二年（1196）十二月，"党禁"正式发生。监察御史沈继祖以捕风捉影、移花接木、颠倒捏造手法奏劾朱熹"十大罪状"，朝廷权贵对理学掀起了一场史所罕见的残酷清算，效法北宋元祐党籍的故伎，开列了一份59人的伪逆党籍，名列党籍者都受到了不同程度的处罚。朱熹被斥为"伪学魁首"，位列黑名单之中的第五位，有人竟提出"斩朱熹以绝伪学"。朱熹以伪学罪首落职罢祠，朱子门人流放的流放，坐牢的坐牢，遭到严重打击。

庆元五年（1199），朱熹已被各种疾病所困扰，党禁中的朱熹终于预感到死亡的逼近，使他有大限临头的不祥预感，更加抓紧著述。

庆元六年（1200）入春以后，朱熹足疾大发，病情恶化，生命垂危，左眼已瞎，右眼也几乎完全失明。朱熹却以更旺盛的精力加紧整理残篇，唯一的愿望就是要将自己生平的所有著作全部完稿，使道统后继有人。三月初九，71岁的朱熹在血雨腥风的"庆元党禁"运动中去世。四方道学信徒决定在十一月聚集在信州举行大规模的会葬，这又吓坏了反道学的当权者，竟令守臣约束。十一月，朱熹葬于建阳县黄坑大林谷，参加会葬者仍然有近千人之多。朱熹死后，被谥为"文公"，赠宝谟阁直学士，又追封徽国公等。

二、永修籍朱熹门人

朱熹是继孔子之后伟大的儒学大师、理学宗师，他和他的三子朱在先后在当时的南康府（今永修、庐山、都昌、安义等市县）担任"知南康军"，教化民众，广授门徒，尤其是弟子李燔早年仰慕、终生追随，是其衣钵传人之一。所以，当时永修不少学子跟随朱熹从学，涌现了不少名儒。尤其以李燔、余宋杰、胡泳、李孝述、"五吕"先生、周谟、司默、李煇、刘贲为突出。这些门人及其从学从教的事迹在《宋元学案》《考亭渊源录》《晦翁文集》等古籍中都有记录。在《南康府志》上说，世人纷纷称赞南康府风俗醇厚，因为这里属于圣贤朱熹、周敦颐教化过的地方。

李燔被誉为"理学黄李"之一

南康府建昌（今永修三溪桥横山磨刀李村）人李燔与朱熹交情甚厚。1179年，17岁的李燔曾受教于朱熹。当时朱熹担任"知南康军"，大兴整肃去弊、造福百姓的善政，初步兴复白鹿洞书院。1180年，51岁的朱熹请求减免南康钱粮获准，办社仓。李燔继续从学。1190年（光宗绍熙元年），李燔进士及第。授岳州教授。他先去福建"武夷精舍"拜会朱熹，朱熹勉励他。在岳州文武兼教。李燔后祖母去世，归乡；岳阳由毛友诚接手，毛赠谢诗相送："何以答夫子，力学穷朝曛"，朝廷又任命他为"襄阳府教授"。李燔再赴建阳拜会朱熹，深入学习探讨，不久辞官随朱熹讲学，朱熹很喜欢他，"凡诸生未达者皆先令访学燔，有所发，再从熹学，诸生敬服"。朱熹宣布李燔为衣钵传人。1192年，朱熹在福建沧洲建"考亭书院"，学生最多时数百人，朱熹写诗说"吾道付沧洲"，李燔从教。江西永修来此求学或任教的名儒有：李燔、胡泳、余宋杰、李辉、刘贲、吕烨、吕炎、吕炳、吕焘、吕焕、熊兆等。1194年，朱熹做潭州太守，恢复岳麓书院，李燔在岳麓书院教学。1196年，"庆元党案"发生，朱熹学说被禁，学生遭迫害；李燔回地方教学。1200年，朱熹逝世，李燔等顶住"学禁"，率领学子上千人共同办丧。1217年（宁宗嘉定十年），朱熹之子朱在以大理寺任"知南康军"，兴复书院，邀请李燔去白鹿洞。1232年（理宗绍定五年），理宗谈论当时最优秀的隐士，史臣李心传认为是李燔，说："李燔是朱熹高足，经术行义仅仅比黄榦低一点，当今海内仅此一人。"

李燔是理学宗师朱熹的高足。朱熹让学生们"未达者"先从李燔学，而且公开阐扬"他日任斯道者，必燔也"。李燔与朱熹女婿、理学大师黄榦一起并称为"理学黄李"，还被朝廷追谥为"文定"，一直配享在白鹿洞三贤祠、南昌正学书院十二先生祠、南昌名宦祠、本郡本县的乡贤祠。永修老县城艾城一直有"李文定夫子庙"（李燔少年读书处），在其家乡三溪桥横山磨刀李村还有"弘斋书院"遗址。

他的具体事迹，史书有这样一些记录（可参见永修文化研究学者罗勇来编的《教育家李燔》和《李燔年谱》）：

在《宋元学案·沧洲学案》中，李燔被列为第一位，他的儿子李举、孙子李镳，还有门人饶鲁、赵范、赵葵、方遥、宋斌、许应庚随其后。

在《宋元学案·晦翁学案》中，朱熹的弟子除了自己的子孙之外，门人李燔列在蔡元定、黄榦之后，位居第三。

《宋史》《考亭渊源录》《伊洛渊源续录》中均为李燔立传。但在《宋元学案·李燔传》中，对人物进行了综述，增加了一点新的记述。其中提到朱熹去世后，面对庆元党禁的政治高压，李燔率同门会葬朱熹，"不少怵"。其中还记录了他的主要门生，诸如方暹、饶鲁、赵葵等人的行迹。

在《建昌县志》（清朝道光元年马旋图版）中，不仅收录了《宋史》中的李燔传，还收集了岳珂《桯史》中关于李燔的长篇记述《李敬子》，另有胡俨《南昌县学记》关于李燔的赞颂，记录了《朱文公语录》《考亭渊源录》中李燔的问答。《永修县志》（1986年版）亦有李燔的传记。

胡泳及其弟胡伯履

据《宋元学案》卷六十九记载："胡泳，字伯量，建昌人。文公之高第弟子也。不乐仕进，学者翕然尊之。称为洞源（也有人作桐源、桐栢、桐原）先生，著有《四书衍说》。"

《考亭渊源录》卷六记载："胡泳，字伯量，南康建昌人。别号桐源。著《四书衍说》（查《四库全书》《续修四库全书》《四库禁毁》《四库荟要》，暂未录入）。弟伯履，号西园。兄弟孝友，人无间言。又，推其施之家者，达之乡，有南康《胡氏乡约》。"该传记后面还留下一点《备遗》材料。上面主要提到胡泳"理学八问"，朱熹与之一问一答，详细具体。

明朝正德《南康府志》卷六上把胡泳、"五吕"先生、周谟、余宋杰等诸多朱子建昌门人作为"隐逸"人物，其中记录胡泳说："不乐仕进""从朱文公先生学，得其传。当时学者翕然尊之。人称为桐源先生。"

《建昌县志》（马旋图版）对胡泳的事迹记录非常详细。书中卷八中记道："胡泳字伯量，尝从朱子游，不乐仕进，学者翕然尊之。称为桐源先生。著有《四书衍说》。从祀白鹿洞三贤祠。"

《朱文公语录》中说，胡泳学习和教育"艰苦"。胡泳居丧时还编撰了《丧礼》，直到归教以编，"礼亦不可终辍"。书中记录了他与朱熹的部分理学问答。并转述了黄榦《黄勉斋文集》中一则轶事。朱熹利用自己腰疼的事情比喻为学之道，胡泳"久而思之"，领悟到老师的苦心，这是教育他们勤学就如疼痛一样，不能断断续续，而是要持之以恒，想把痛苦拿掉也不可能，警醒后学刻苦精进。当时，胡氏在地方上是很有分量的仕宦家族，胡泳主持订立了《南康胡氏乡约》，成为家族规范，传家教子。

五吕先生

南宋时，永修人吕熠（本名烨，字德艺）、吕炎（字德明）、吕炳（字德文）、吕焘（字德昭，号月波）、吕焕（字德远），时人称为"五吕先生"。五兄弟都从学于朱熹。在《宋元学案》《考亭渊源录》中记录了最小两兄弟吕焘、吕焕的言行，这两兄弟都从祀于白鹿洞三贤祠等祠庙。

《考亭渊源录》里面记录了吕焕的一则趣事。他已经订婚，约定某天回家结婚。日子快到了，他对朱熹说，老师，我还要跟着您学一个月，再回去完婚。朱熹笑了，说这可是人生大事，你家里也许全部安排妥当。赶快回家去吧。吕焕听了老师的话，才回家去了。据《宋史》记载，谢方叔当殿中侍御史的时候，请求皇帝录用朱熹门人吕焘等人，皇帝同意了。

根据正德《南康府志》卷六的说法，是吕炎带动自己的哥哥吕烨、弟弟吕炳、吕焘、吕焕同学于朱熹，学成后就回乡，隐居不出，德望著于当时。

记述最详细的当数《建昌县志》（马旋图版）。在该书卷八中，记录了吕炎、吕焘、吕焕道德闻望被学者所尊重，并称为"三凤"，朱熹还把吕炎、吕焘称为"建昌二吕"，说兄弟二人讲论很有条理。同时，书中记录了吕炎的一首七绝诗：

> 阴阴径底葱抽叶，漠漠篱边豆结花。
> 唉鹤清愁牵犬恨，料应不到菜园家。

老县城艾城镇上，原来建有"五吕先生祠"，在老县城的全图上都清楚地标示着。

周谟的故事

《宋元学案》卷六十九记载："周谟，字舜弼，建阳人。"这里注意一点，周谟的这个记录不准确。按照《考亭渊源录》卷十六的记载，其家迁居建昌（今永修）已三世。

周谟少年警敏，嗜好学习，参加过两次乡试。朱熹担任"知南康军"后，他和余宋杰、李燔、刘贲登门求学于朱熹。周谟"尽弃其学而学"，而且不怕家乡与朱熹所在的武夷山长隔千里，山重水阻，从学不怠。等到朱熹离开武夷山去临漳担任地方官，又千里相从，直到学成回来，勤学不懈，保持操守，阐发朱熹的学问，还通过书信求教，朱熹肯定其"尤不易得"。

根据黄榦《黄勉斋文集》记载，周谟在坚持操守、传布朱熹理学方面很努力也较成功。周谟在朱熹去世、压力很大的情况下，徒步前往会葬。在庐山下聚集乡人讲学相互提高，从不懈怠。平时主持丧礼，斥去佛道的做法，乡人们都效法他。他去世后，黄榦给他撰写墓志铭并高度评价他的为学成就。

《考亭渊源录》卷十六中，有他的传记，还有长篇的《备遗》记录，记叙了朱熹勉励和阐发思想的四次问答或书信。在传记中，朱熹评价他："资强毅，果于为善。有不善立改。其接物温然。"多次千里求学朱熹，不畏瘴疠之地的危险奔赴临漳就学，学成后温和地阐扬理学。母亲去世，他居丧三年，只吃蔬菜，而且都采用古礼，不肯流俗，他的做法被乡人仿效，也被朱熹来信高度肯定与器重。

他德行高洁，在朱熹去世、党禁严密的情况下，带领同学的乡人，克服隆冬酷寒与路途艰险，披星戴月徒步前往会葬。年过六十，家庭贫穷，还奉养自己的寡嫂，抚育哥哥的孩子。交朋友、待人接物，在乡间没有人说他的闲话。他生于绍兴辛酉（1141）年，卒于嘉泰壬戌（1202）年，安葬在甘泉乡笠坑的原野上。他的同门、理学大佬黄榦给他撰写了墓志铭，大意是：

> 朱熹先生用孔、孟、程、周的学问教诲后进，海内士人跟从他，很多州郡都有不少人。朱熹去世后，学徒解散，仅保留一点原来的见识，学徒散漫到连讲习都很少了。可以说朱子学说像丝线一样垂着还没有断绝罢了。唯独南康郡李燔（敬子）、余宋杰（国秀）、蔡念成（元思）、胡泳（伯量）兄弟，率领门徒数十人，

专门参研宣读朱子书籍，每季度集会一次，参研探讨，轮流主持，反复问难，而且相互砥砺，指正过错，多少年过去还坚持不辍！我黄榦到江湖一带为官，才有机会与他们这些同门交游，心里非常仰慕愉悦，愿意卜居在五老峰与庐山山峡之间，跟在诸君的后面，可惜始终不能啊！嘉定丙子年（1216），我从汉阳道来到南康郡他们的家乡，他们自发集会的有十七个人，都是上佳的儒士，这是多好的盛事啊。

于是周谟的儿子周晔，告知我他父亲的行迹，哭泣着下拜说："自从朱熹担任知南康军，我家乡士子开始懂得学习理学。家父不远千里入闽求学，家乡士子们都拜读朱子门下。这都是我父亲起的头。我担心家父过世再也没有传承，所以请您为之写传。"唉，周谟（舜弼）的学问与行为，自己修养身心、施行于家中，又取信于乡里的人们，使得我老师的学问，得以继续传承发扬！现在我老了，不能完成他的心愿，愿意把每季度集会讲学的约定，回去传给我的家乡，使之能推行，让斯文之气不至于湮灭，难道这不也有周谟（舜弼）的力量吗？于是我毫无理由推辞撰写这些铭文。

正德《南康府志》中的记录，只简述了周谟与余宋杰、李辉、刘贲同时从学于朱熹。而《建昌县志》（马旋图版）则长篇记叙了他的事迹。其中增补了《考亭渊源录》中的传记，包括周谟的遗事，周谟八世祖周勋在南唐立下军功，官至御史中丞，先后迁居到瑞昌、永修。周谟少年颖悟，从学朱熹后，日夜抄写诵读朱熹著作，"精思笃行"，多次千里求学于朱熹。

余宋杰、李孝述、刘贲、李辉等名儒

余宋杰，字国秀（伯秀），南康建昌人。据《宋元学案》记载，他属于朱熹的《易》科弟子，"游学朱子之门。并有时名，不求仕进"。《考亭渊源录》《朱文公语录》里面记述他的问答和思想较多。后知南康军陈宓为他撰写祭文，文曰：

惟君禀资端重，度量裕如。早得师友，教授乡间。德行兼茂，学探泗洙。卧病在家，天其舍诸。我来试郡，实仰楷模。力疾访我，论伟貌癯。为信宿留，遽曳归舆。方图解绶，复拜君庐。云胡不淑，素志顿渝。一卮致奠，有泪如珠。

《考亭渊源录》卷十六记载"李孝述，字继善，李燔从子也"。还记录了朱熹给李孝述的治学的一封回信。《建昌县志》（马旋图版）对李孝述作传记，记录他的言论，还说："《大全集》载其《问答》一卷。"《永修县志·艺文》（1986年版）列入其《问答》一卷，载入《大全集》。这里的《大全集》是指陈淳（1159—1223）所撰《北溪大全集》。

据《宋元学案》记录，刘贲字炳文，南康建昌人，与李辉等人一起"并有时名，不求仕进"。《考亭渊源录》卷二十三记载，刘贲字炳文，南康建昌人，没有他的论述、言行的记录。其他古县志亦沿用这一记录。

《考亭渊源录》卷十六记录："李辉，字晦叔，南康建昌人"，并记录了他的论述与遗事，以及朱熹与他的两次理论学习问答。李辉为李燔堂弟。在《大全集》中记录他的问答很多，并列出了他的部分问答。

三、朱熹建昌（永修）情

朱熹在学术上的成就，使朝廷感到为难，若不任用，会招弃贤之嫌；如加任用，又恐其"干扰"朝政。经过一番研究，决定差遣他远知偏僻之地南康军。

宋淳熙五年（1178），经宰相史浩推荐，朱熹出任南康知军。10月，降旨，11月省札检会降指挥，12月催赴南康任。宋淳熙六年（1179）三月，朱熹出任知南康军（辖星子、都昌、建昌，以星子为军治）。他到任之初"考按图经，询究民间疾苦"，贴出《知南康榜文》：第一，为解决南康"民力日困，无复安土乐生之心"的社会问题，望士人、父老、僧道、民人有能知道利弊源者，悉具以陈。第二，请士民乡邻父老，每年集会，教诫子弟，使"修其孝弟忠信之行，入以事其父兄、出以事其长上，敦厚亲族，和睦乡邻，有无相通、患难相恤"，以成风俗之美。第三，乡党父老，推选子弟，入学读经。是年，朱熹又奏请免除赋税，并派司户参军与"逐县知县亲诣旱伤田段地头，对帐检视"。秋后又下发《劝农文》，劝农民"趁此天时多种荞麦及大小麦"度过灾荒。又极力推行王文林所作《耕田法》与《种桑法》。翌年九月，发起重修城南湖畔石堤，"允晦间亦躬行其上，劳苦勤恤者甚众"。淳熙七年（1180）七月南康大旱，大修荒政。上奏札于延和殿，欲蠲免南康赋税。朝廷因天旱讲求荒政，朱熹应诏上书直谏，朱熹上《封事》，提出"恤民""省赋"的主张。"天下国家之大务，莫大于恤民，而恤民之实在省赋，省赋之实在治军。"如南康军土地瘠薄，"赋税偏重"，丰年还能苟安于目前，"一有水旱，则扶老携幼，流移四出"，应蠲减税钱，以为恤民之本，"在人君正心术以立纪纲"。并敦劝孝宗"亲贤臣，远小人"。

淳熙八年（1181）正月，朱熹在星子、都昌、建昌三县设场济粜35场，赈民217880人。朱熹曾任知南康军两年零一个月。在任期间，他募集钱粮赈济灾民，百姓得以安生。

朱熹在南康任职期间，曾亲至白鹿洞书院视察。眼见这座曾经与岳麓、睢阳、石鼓并称"天下四大书院"的遗址，栋宇不存，毁于兵火的一片废墟，感到极其伤心，然又为书院的优美自然环境赞不绝口。他说："观其四壁，山水清邃环合，无市井之喧，有泉石之胜，真群居讲学、遁迹著书之所。"因"念庐山一带，老（老子、道家）佛之居以百之计，其废坏无不兴葺。至于儒生旧馆只此一处，而一废累年不复振起，吾道之衰即可悼惧，而太宗皇帝敦化育才之意亦不著于此邦，以传后世""其庐山白鹿书院合行修立"，遂再三向朝廷请求，孝宗皇帝终于批准重兴白鹿书院。复建白鹿洞书院，授徒讲学于其间。立周敦颐祠于学宫，来信请张栻作记。张栻作《南康军新立濂溪祠记》。书院落成之日，他饮酒赋诗："重营旧馆喜初成，要共群贤听鹿鸣。三爵何妨莫萍藻，一编讵敢议明诚。深源定自闲中得,妙用元从乐处生。莫问无穷庵外事,此心聊与此山盟。"并作《白鹿洞成告先圣文》,还屡次请求孝宗皇帝为白鹿洞书院题匾、赐太上皇帝御书石经、监等九经流注疏。

他根据多年的教育经验,亲自制订了《白鹿洞书院揭示》,即1.教育目的:父子有亲,君臣有义,夫妇有别,长幼有序,朋友有信。2.为学之序:博学之,审问之,慎思之,明辨之,笃行之。3.修身之要:言忠信,行笃敬,惩忿窒欲,迁善改过。4.处事之要:正其谊,不谋其利;明其道,不计其功。5.接物之要:己所不欲,勿施于人;行有不得,反求诸己,以及"循序渐进"的学习方法,"熟读精思"的学习原则。这是以程朱理学为指导思想的典型的教育纲领。这个学规,是世界教育史上最早的教育规章制度之一。它不仅为后续中国封建社会七百年书院办学的模式,而且为世界教育界所瞩目,国外很多教育家把它当作研究教育制度的课题。他不只是兴书院,订规章,还经常亲自授课讲学,每逢休沐,即亲至书院与学生一起质疑问难。朱熹对教学要求十分严格,有一次,在赴白鹿洞书院讲学时,曾写过一首诗赠给学生:"诸郎有志须精学,老子无能但欲眠。多少个中名教乐,莫谈空谛莫求仙。"以告诫弟子精学儒家名教,因是白鹿洞书院规模和教学质量均为全国之冠,四方好学之士,负笈裹粮,前来求学。建昌人胡泳、李燔、吕炎和吕焘兄弟,都昌人黄灏、彭浔和彭方父子,彭蠡(今彭泽县)人冯琦,星子人周颖等,均学有专攻,后来都成为传播理学的重要人物。

朱熹在永修的诗文有《温泉》《次沈侍郎游楞伽李氏山房韵》《楞伽院李氏山房》《谕建昌县榜文》《祭熊仁瞻孝子墓文》《鄱阳淦氏宗谱序》等。

《楞伽院李氏山房》这首诗通过对楞伽院李氏山房的描写来抒发对李氏山房主人的赞美之情。"蹑石循急涧,穿林度重冈。俯入幽谷邃,仰见奇峰苍"数句,是对李氏山房环境的描写,"苏公记藏书,文字有耿光""何用建遗烈,寒泉荐孤芳"数句是对李氏山房的赞美。

《谕建昌县榜文》是一篇告示,首先告示赞扬了建昌的"淳厚"之风,社会安定祥和,"廷少争讼、狱少系囚"足见社会安定,社会风气祥和。然后援引历史人物的"孝行显名"来赞扬"风俗之美",告诫"士民乡邻父老"要发扬美德。

《祭熊仁瞻孝子墓文》是一篇祭文,先是介绍缘由,然后写目的"以求此邦前贤",继而对建昌的"潜德隐行"予以赞美,到此文字才是一个铺垫,目的是为下文张本:"盖皆以孝德闻,而府君精神之感致涌水成川之应,私心窃敬仰焉","以孝德闻"是对墓主人熊仁瞻这个孝子的赞美,这种孝心"致涌水成川之应",真可谓感天动地,从而表达自己的敬仰之情。

六朝古迹招诗客，几忘囚服束吾身

——民族英雄文天祥

文天祥（1236—1283），初名云孙，字履善，又字宋瑞，自号文山、浮休道人。江南西路吉州庐陵县（今属江西省吉安市青原区富田镇）人，南宋末年政治家、文学家，抗元名臣，民族英雄，与陆秀夫、张世杰并称"宋末三杰"。

文天祥孩提时，看见学宫中所祭祀的乡先生欧阳修、杨邦乂、胡铨的画像，谥号都为"忠"，他羡慕不已，说："如果不成为其中的一员，就不是真正的男子汉。"他选中贡士后，换以天祥为名。宋理宗宝祐四年（1256）20岁的文天祥考中进士成为状元，后再改字宋瑞。在集英殿答对论策中，当时宋理宗在位已很久，治理政事渐渐怠惰，文天祥以法天不息为题议论策对，其文章有一万多字，没有写草稿，一气写完。宋理宗亲自选拔他为第一名。考官王应麟上奏说："这个试卷以古代的事情作为借鉴，忠心肝胆好似铁石，我以为能得到这样的人才可喜可贺。"他一度掌理军器监兼权直学士院，因为直言斥责宦官董宋臣，讥讽权相贾似道而遭到贬斥，数度沉浮，在37岁时自请致仕。不久，他的父亲逝世，文天祥回家守丧。

咸淳九年（1273），文天祥起用为荆湖南路提刑。因此经水路过吴城，作《吴城山》诗。拜见了致仕宰相江万里。江万里平素就对文天祥的志向、气节感到惊奇，同他谈到国事，神色忧伤地说："我老了，观察天时人事应当有变化，我看到的人很多，治理国家的责任，不就是在你吗？望你努力。"

咸淳十年（1274），文天祥被委任为江西赣州知州。

德祐元年（1275），元军南下攻宋，文天祥散尽家财，招募士卒勤王，被任命为浙西、江东制置使兼知平江府。十月，文天祥到平江，元军已从金陵出发进入常州。文天祥在援救常州时，因内部失和而退守余杭。随后升任右丞相兼枢密使，奉命与元军议和，因面斥元主帅伯颜被拘留，于押解北上途中逃归。不久后在福州参与拥立益王赵昰为帝，又自赴南剑州聚兵抗元。

德祐二年（1276）正月，文天祥担任临安知府。不久，宋朝投降，陈宜中、张世杰都走了。朝廷继续任命文天祥为枢密使。不久，担任右丞相兼枢密使，作为使臣到元军中讲和谈判，与元朝丞相伯颜在皋亭山针锋相对争论。伯颜发怒拘捕了他，向北至镇江。文天祥与他的侍客杜浒等12人，于夜间逃入真州。不断派遣使者四面联络。不幸败走板桥，两次得以脱身，后到高邮，泛海坐船至温州。

文天祥听说益王未立，于是上表

望湖亭

劝请即帝位，以观文殿学士、侍读的官职召至福州（今福建福州），拜右丞相。不久与陈宜中等人议论意见不统一。德祐二年（1276）七月，于是以同都督职出任江南西路，准备上任，召集士兵进入汀州（今福建长汀）。十月，派遣参谋赵时赏、咨议赵孟溁率领一支军队攻取宁都（今赣州宁都县），参赞吴浚率一支军队攻取雩都（今赣州于都县），刘洙、萧明哲、陈子敬都从江西起兵来与他会合。邹㵗以招谕副使在宁都召聚兵众，元军攻打他们，邹㵗兵败，同起事率兵的刘钦、鞠华叔、颜师立、颜起岩都死了。武冈教授罗开礼，起兵收复了永丰县（今吉安永丰县），不久兵败被俘，死于狱中。文天祥听说罗开礼死了，穿起丧服，痛哭不已。

景炎二年（1277）再攻江西，终因势孤力单败退广东。祥兴元年（1278）卫王赵昺继位后，拜少保，封信国公。后在五坡岭被俘，押至元大都，被囚三年。受俘期间，元世祖以高官厚禄劝降，文天祥宁死不屈。

元至元十九年十二月（1283年1月），文天祥从容就义，终年47岁。明代时追赐谥号"忠烈"。生平事迹被后世称许。著有《文山诗集》《指南录》《指南后录》《正气歌》等。文天祥多有忠愤慷慨之文，其诗风至德祐年间后一变，气势豪放，允称诗史。他在《过零丁洋》中所作的"人生自古谁无死，留取丹心照汗青"，气势磅礴，情调高亢，激励了后世众多为理想而奋斗的仁人志士。文天祥的著作经后人整理，被辑为《文山先生全集》。

文天祥在永修的诗作有《吴城山》《南康军和东坡醉江月》等。

吴城山

> 龙行人鬼外，神在地天间。
> 彭蠡石砮出，洞庭商泊还。
> 秋风黄鹄阔，春雨白鸥闲。
> 云际青如粟，河流接海山。

这首诗，首联叙述行踪，后三联描写了鄱阳湖的景象。

由剑邑过吴城

自戴南冠离粤境,凄风苦雨过吴城。

寒鸦点点仃伶影,络纬潇潇啜泣声。

夷狄兵戎摧上国,天人正气砥孤臣。

于今重饮鄱湖水,且学啼鹃带血吟。

这首诗中,作者叙述了自己的身世处境,描写了鄱阳湖"凄风苦雨"中的景色,表达了对元朝的愤慨之情,表现了自己正气凛然的风范以及视死如归的浩然之气。诗中写景抒情,情景交融,融合叙事与言志,描写与抒情,渲染忧愤悲苦的情怀,慷慨悲凉,感人至深。

被俘北归路过吴城

凌云披雾望湖亭,屹立赣水修河滨。

历尽沧桑罹万劫,饱经风雨度千秋。

此日登亭神气爽,百代名胜载酒兵。

六朝古迹招诗客,几忘囚服束吾身。

这首诗概述了自己"历尽沧桑""饱经风雨"的坎坷经历,表达了自己对失家失国的感叹,表现了登亭感怀之情以及希望自己矢志"酒兵"的情怀。诗中"此日登亭神气爽,百代名胜载酒兵。六朝古迹招诗客,几忘囚服束吾身"的诗句,谱写出激情慷慨的绝唱,起到了震撼人心、感天动地的效果。

儒林四杰　元诗大家

——元诗四大家之虞集、范梈、揭傒斯

元朝进入中叶以后，由于儒学得到官方的尊重，科举被恢复，社会文化进一步"汉化"。在这样的背景下，这时的诗坛有一种"盛世之音"的风味，其主要代表就是有"元四家"之称的虞集、杨载、范梈和揭傒斯。他们都是当时的馆阁文臣，因长于写朝廷典册和达官贵人的碑版而享有盛名。四人是延祐诗风最主要的体现者，同时也被认为是元朝最具代表性的诗人。人称"元诗四大家"。下面我们重点说说其中与永修渊源较深的虞集、范梈、揭傒斯三大家。

虞集（1272—1348），字伯生，号道园，又号邵庵，是元代享有盛名的文学家、史学家。少受家学，尝从吴澄游。成宗大德初，以荐授大都路儒学教授，升国子助教、博士。仁宗时，迁集贤修撰，除翰林待制。文宗即位，累除奎章阁侍书学士。领修《经世大典》，著有《道园学古录》《道园遗稿》。虞集素负文名，与揭傒斯、柳贯、黄溍并称"元儒四家"；诗入"元诗四大家"；理学为元代"儒林四杰"之一。

他还任元朝国修政书《经世大典》总裁官并修国史，元中后期朝廷大典、制诏、册文多出其手。在议政、教育以及论文、释经等方面，也皆有独到之处。虞集传世著述蕴藏着非常丰富的史料，为历来治元文史者所重。

他在永修的诗作有《望湖亭》，这是一首写景抒情诗，也是一首很好的怀古诗。作者抒发对历史的忧思，感叹人间的沧海桑田。

范梈（1272—1330），元代官员、诗人，字亨父，一字德机，人称文白先生，清江（今江西樟树）人。范梈生于宋度宗咸淳八年（1272），父亲早逝，母亲熊氏为培养范梈不另嫁。少聪颖，过目成诵，善诗能文，作文师

宗颜延年、谢灵运。

元至大元年（1308），范梈进京，被朝中大臣推荐为翰林院编修，属清要之职，正八品。后升为海北海南道廉访司照磨，所到之处，兴办学校，教育民众。且不畏艰难险阻，巡查遍及海南各偏远地方，亲自审查案件，澄清和洗刷了许多沉积多年的冤假错案。被选为翰林应奉。不久改任福建闽海道知事，改革当地弊俗。天历二年（1329），任湖南岭北道廉访司经历。他不畏风寒瘴疠，巡历偏远地区，兴学教民，审理冤错积案，颇有政声。并用自己的文笔为百姓疾苦鼓与呼，福建文绣局常借给皇上绣衣袍为名，随意征集老百姓家的女子无偿地当绣花工，范梈写了一首诗，揭露文绣局的腐败，廉访司拿去向上报告，很快取缔了文绣局。

范梈为官廉正淡泊，能为民兴利除弊。他尽职尽责，勤勤恳恳，清正廉洁，体察民情，兴学教民，体现了一个传统官员的良好素养，深得时人赞誉。揭傒斯在《范先生诗序》中说："（范梈）居官廉直，门不受私谒。"吴澄在《范梈墓志铭》中，评价他："持身廉正，莅官不可干以私，疏食水饮泊如也。"从范梈的很多诗文当中，也不难发现他为官廉洁、勤勉的思想和品质。他对民生疾苦深有体会，认为勤政爱民是自己的职责和本分。

范梈因母亲病重拒不赴任，回到家乡清江母亲的身边。这一年，范母病亡，他十分悲痛，抑郁成疾，于次年10月病逝，终年59岁。吴澄十分称赏他，把他比作东汉时的梁鸿、张衡、赵壹、郦炎等一样正直的君子。著有《燕然》《东方》等稿20卷，后人辑为《范德机诗》《木天禁语》两书传世。《范德机诗》共7卷，辑诗557首，诗题中多用"访、题、赠、寄、和、谒、奉、悼、省亲、书怀、咏古、登山、临水"之词，内容多为描写个人日常生活及应酬之作，但也有部分表达了他处世的廉正态度。

范梈在诗歌和书法方面成就突出，其诗好为古体，风格清健淳朴，用力精深。其诗代表了元代中期诗歌的主要风格特点，在元代乃至中国诗歌史上有着重要的影响。

他在永修的诗作有：《海昏道中》（一作"由海昏入武宁道中"）、《送熊叔昭还山房》、《建昌小湖望庐阜》、《绝句》、《数日跋涉泥淖至北山始霁暮经鄱阳湖》、《赠熊文学》。《海昏道中》这首诗，一、二句出语非凡，写出人生感悟。三、四句描绘了道中的景色。最后四句发出对人生的感叹，表达自己的心境。《送熊叔昭还山房》是一首送别诗。首联和颔联写出对李常（公择）山房的惋惜之情，颈联是写景，描绘其环境。尾联表达对熊处士的关切之情。

揭傒斯（1274—1344），元代著名文学家、书法家、史学家。字曼硕，号贞文，龙兴富州（今江西丰城杜市镇大屋场）人。

揭傒斯幼年家境贫苦，其父揭来成是南宋朝的拔贡，母亲黄氏。他五岁开始跟随父亲读书，父子互为师友，昼夜不懈。十二三岁时，他就已经博览经史百家，至十五六岁时已是文采出众，尤其擅长诗词、书法。年纪差不多的人，均敬佩他，拜他为师。但他早年家贫，十五六岁时便奔走衣食于四方。

元成宗大德元年（1297），23岁的揭傒斯出游湖南、湖北，受到一些名公显宦的器重，湖南宣慰使赵淇素把他看作无所不知的人才，说他将来必为"翰苑名流"。

大德三年（1299），揭傒斯开始结识卢挚。他还游览贵溪，拜访王道傅（清退先生）。 次年二月，程钜夫出任江南湖北道肃政廉访使，揭傒斯听闻后便同娄道舆拜谒程钜夫于武昌府。

大德七年（1303）初，29岁的揭傒斯留居武昌，夏季，他至长沙，被授予潭州主一书院山长。冬季，自长沙还家乡。元武宗至大元年（1308）春季，揭傒斯北上进京，北上过小孤山，至大都，馆于程钜夫门下。

元仁宗皇庆元年（1312）三月，揭傒斯服除，过济州城，再次进入大都，在程钜夫的远斋设馆，与虞集、邓文原、袁桷、范梈、杨载等识，且以文墨相议论，而其中揭傒斯的名声最大。遗老元明善、李孟、王约、赵孟頫等人见到揭傒斯论文论政后，都认为揭傒斯才华横溢，是国家栋梁之材，纷纷向朝廷推荐。当时的行中书省平章政事岳柱对他最好，不遗余力地提拔他。

延祐元年（1314）五月，因程钜夫等人的大力推荐，揭傒斯由布衣被授为翰林国史院编修，并且撰《国史·功臣列传》，他初入翰林修史，就表现出非凡的才识，受到当时兼任主管国史的同平章政事李孟的大力赞扬，深得上司的赏识和同僚的尊重，他先后任应奉翰林文字同知制诰、国子助教。

延祐五年（1318）二月，揭傒斯之父被朝廷赠谥号"贞文"，赐碑，程钜夫撰文，赵孟頫书并篆额。为纪念他，地方上建有贞文书院。秋，程钜夫逝世，揭傒斯十分悲痛，回家途中为其立碑。冬，揭傒斯南归省母。过临川遇饶国华，二人就国事交谈很深，结为好友。

天历二年（1329），元文宗辟奎章阁以教授勋戚大臣子弟，任命揭傒斯为奎章阁授经郎。揭傒斯对待这些贵族子弟不卑不亢，以教才育人为己任。元文宗时常来阁中咨询，常直呼揭傒斯的字"曼硕"以示亲重。每当朝廷推荐儒臣，元文宗就会问这个人"其材何如揭曼硕揭傒斯？"可见揭傒斯已成为衡量和选拔儒臣的标准。

至顺元年（1330），揭傒斯参与编修《皇朝经世大典》。元文宗看到揭傒斯写的《秋官宪典》，惊讶地说："这不是唐律吗？"便破格提拔揭傒斯为艺文监丞参检校书籍事，并且还屡次称赞揭傒斯纯实，想要重用他但是最后因种种原因未果。次年，《皇朝经世大典》便由揭傒斯等人修好进呈。

元统元年（1333），元顺帝即位，在便殿召见揭傒斯，揭傒斯一一应对，元顺帝十分感慨，宽慰勉励他为国尽忠，并下令赐予揭傒斯诸王侯的衣服各一套，亲自教他辨认识别，十分器重他，亲自提拔他为奎章阁供奉学士，又升侍讲学士、同知经筵事。连进四等，超进九阶。与此同时，皇帝还亲赐揭傒斯及他的父亲为进士，"父子同进士"一时传为佳话。

至元四年（1338），揭傒斯被授予集贤直学士。至正三年（1343），揭傒斯告老还乡。走到中途，朝廷又以修辽、金、宋三史，以揭傒斯为三史总裁官，派快马将其追回，揭傒斯虽然年过古稀，仍然以史学家的高度责任感毅然担负重任。他食宿都在史馆，总揽全局，与同事精心编撰，首先撰成《辽史》。揭傒斯日夜操劳，以尽早完成金、宋二史，由于揭傒斯年迈和劳累过度，终于病倒，至正四年七月十一日（1344年8月19日）去世。皇帝为他嗟悼，赐楮币万缗治丧事，并派官兵以驿舟送揭傒斯灵柩到故乡安葬。朝廷赠制护军，追封为豫章郡公，谥号"文安"。

揭傒斯在朝廷任职30余年，既做官又做学问，文学造诣深厚，为文简洁严整，为诗清婉丽密。除了史学著作以外，他个人文集《揭文安公集》留存至今，并被清代学者纪晓岚收录《四库全书》。他被誉为"元诗四大家""儒林四杰"之一。揭傒斯文章叙事严整、言简意赅，以清婉丽密、感情细腻见长。1958年，上海古籍出版社重新点校整理出版了《揭傒斯全集》。

他在永修的诗作有《望湖亭》这首诗。《望湖亭》这首诗描绘了鄱阳湖秋天的景色，中间四句写得很有特色，展现了鄱阳湖特有的景象。最后一句表达了对"神京"（京城）的思念之情。

遥忆故乡何处是？望湖亭下有渔矶

——《永乐大典》总纂修解缙

一、题书"理学名臣"

解缙（1369—1415），字大绅、缙绅，号春雨、喜易，吉安府吉水（今江西吉水）人。明代大臣，文学家。他才思敏捷，洪武二十一年（1388）中进士，为明太祖朱元璋所器重。后因上"万言书"批评朝政，被罢官八年之久。历官御史、翰林待诏，成祖即位，擢侍读，直文渊阁，参预机务，与编《永乐大典》，累进翰林学士兼右春坊大学士。解缙因为才学高而好直言被忌惮，屡遭贬黜，最终以"无人臣礼"下狱。永乐十三年（1415）冬，

吴城吉安会馆

吉安会馆建筑一瞥

被埋入雪堆冻死，卒年46岁。成化元年（1465），赠朝议大夫，谥文毅。有《解学士集》。

解缙为"大明第一才子"。传说他自幼颖敏绝伦，有"神童"之称。其母画地为字，于腿盖中教之，一见不忘。5岁时，父教之书，应口成诵；7岁能述文，赋诗有老成语；10岁，日数诵千言，终身不忘；12岁，尽读四书五经，贯穿其义理。

解缙擅书法，小楷精绝，行草皆佳，用笔之精妙，出人意表，其草书开晚明狂草先河，墨迹有《自书诗卷》《书唐人诗》，明吴宽《匏翁家藏集》称："永乐时，人多能书，当以学士解公为首，下笔圆滑纯熟。"明何乔远《名山藏》曰："缙学书得法于危素、周伯琦。其书傲让相缀，神气自倍。"据说现在永修县吴城吉安会馆旧址"理学名臣"为解缙所书。

二、解缙的永修诗作

解缙才气横溢，下笔不能自休，尤工五言诗，现存诗五百余首。他的古体歌行气势奔放，想象丰富，逼似李白，而律诗绝句，亦近唐人。解缙之文章雅劲奇古，极具个性特色，政论文直抒胸臆，气势充沛，人物传记叙事简洁，描摹生动。邹元标赞其曰："义节千秋壮，文章百代尊。"解缙一生最大的功绩是他亲自主持编纂了《永乐大典》。《永乐大典》是中国最大的一部类书，被学术界称为"辑佚古书的渊薮"，《不列颠百科全书》在"百科全书"条目中称其为"世界有史以来最大的百科全书"。

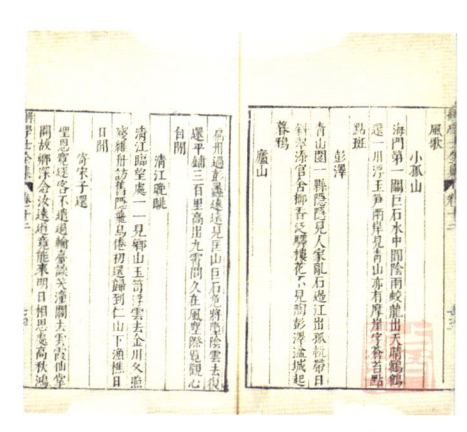

解缙诗作

解缙在永修的诗作有《望湖亭》《左蠡》等。

望湖亭

吴城堤上草萋萋，楼观苍茫曙色微。
一自英雄争战后，两川鸥鸟自忘机。
青山拍拍风沙满，红叶潇潇浦树稀。
遥忆故乡何处是？望湖亭下有渔矶。

这首诗描绘了望湖亭上所望鄱阳湖的景色，表达了对古战场的幽幽思古之情以及对故乡的思念。首联和颈联是写景，颔联和尾联是怀古思乡，表达对太平盛世的赞美和对故乡的思念。笔法纵横跌宕，开合有致。

左蠡

珠玑翠岫青如带，左蠡风沙白似银。
一幅蒲帆秋水里，鱼龙飞舞送归人。

归乡过湖，心情开朗，故此诗色彩映衬，鱼龙飞舞，无不可人。

最怜清净金仙地，返作豪门放牧场

——紫柏大师真可

真可（1543—1603），俗姓沈。吴江（今属江苏）人。明末浙江余杭径山僧人，法名达观，中年后改名为真可，号紫柏，晚号紫柏大师。门人尊他为紫柏尊者，是明末四大师之一。

紫柏年少时，性格刚烈勇猛，貌伟不群，慷慨且具侠义之气。

他17岁辞亲远游，本欲立功塞上。一日，行至苏州阊门，忽遇大雨，不能前行。当时，虎丘僧明觉禅师在苏州办事，偶然见到他，壮其伟岸，知是法器，遂以伞蔽之，并邀请他同归虎丘云岩寺，共进晚餐。那天晚上，他听见寺僧唱诵八十八佛名，心大开悦，即将腰间所缠十余金，赠给明觉禅师，并请求出家。明觉禅师遂予落发。

受具足戒后，真可禅师曾在嘉兴东塔寺，碰到一位僧人在抄写《华严经》，心生恭敬，便跪在一旁观看，叹道："吾辈能此，足矣！"于是，他便来到武塘景德寺，掩关三年。出关后，真可禅师便回到吴门云岩寺，辞别明觉禅师，决志策杖游方，以究明生死大事。

闭关三年后，他苦读《法华经》等重要经典，学与日进。参谒京师遍融、笑岩诸大师，颇受教益。承嗣遍融禅师，与莲池为同门师兄弟。先后游历五台、匡庐、崂山、峨眉诸大名山。以弘法为己任，修复嘉禾楞严寺、庐山归宗寺、京师潭柘寺等古老道场共15座。20岁受具足戒后，广研经教。对修寺、刻经，颇有业绩。始自楞严寺，终至云居寺。万历十七年，于五台山刻印大藏，四年后，南迁至浙江径山，其门人如奇等主持其事，贮藏经版于化城寺。他提倡发愿礼拜十方三世一切佛法僧和西天东土历代传宗判教，对佛教采取各宗并重的态度。明末阉党专权，横征暴敛，民不聊生。万历二十八年（1600），朝廷征收矿税，宦官乘机扰民，南康知府吴宝秀拒不执行征税命令而被逮捕，夫人愤死。紫柏多方调护，授以毘舍浮佛偈予吴宝秀："假借四大以为身，心本无生因境有。前境若无心亦无，罪福如幻起亦灭。"谆嘱其诵十万颂，当可出狱。紫柏忧心忡忡地感叹道："老憨不归，则我出世一大负；矿税不止，则我救世一大负；《传灯》未续，则我慧命一大负。"

紫柏慷慨激昂的言论，终于引起朝廷的侧目，门下弟子与德清等人皆力劝他尽速离京。不久，谤言四起，忌者乘机诬陷他乃匿名"妖书"的造作人，紫柏遂蒙冤被捕下狱。

万历三十一年（1603）十二月，执政法司定罪论死，紫柏以世法如此，久住何为？即说偈云："一笑由来别有因，那知大块不容尘。从兹收拾娘生足，铁橛花开不待春。"言毕，端坐安然而逝，世寿六十一，法腊四十一。遗骸浮葬于西郊慈慧寺外，后移龛至浙江余杭径山寂照庵，万历四十四年（1616）于开山前文殊台荼毗立塔。

生平律身至严，一衲无余。与莲池袾宏、藕益智旭、憨山德清并称为"明四大高僧"。紫柏大师长于诗文，与憨山时相唱和。其诗深得唐人意旨，轻灵俊逸，潇洒可观。著作结为《紫柏老人集》29卷、《紫柏老人别集》4卷及《般若心经说》《般若心经要论》《般若心经直谈》各1卷。

紫柏真可主张儒、道、佛一致，不执守佛教的一宗一派，融会性、相、宗义，贯通宗、教。德清大师曾称赞紫柏："予以师之见地，足可远追临济，上接大慧之风。"紫柏融和佛教的五戒与儒家的五常，提出："不杀曰仁，不盗曰义，不淫曰礼，不妄语曰信，不饮酒曰智。"并写有五首偈颂，对照佛、儒二家五种人伦道德。

真可在永修的诗作有《吴城舟中》《游云居怀古》《无心杏》《讲经台》《石鼓》等。

吴城舟中

黄梅未已复红梅，滇水歌残吉水来。
若使东林堪卓锡，聪明泉冷涤纷埃。

作者虽在鄱湖船上，但心思却全在传法事业，故一想到五祖弘忍传法的黄梅，一想到六祖惠能晚年回归粤北（经江西信丰滇水），再想到后来江西各地的佛教祖庭，并已决定要在庐山住锡之意。

游云居怀古

千尺盘桓到上方，云居萧索实堪伤。

赵州关外秋风冷，佛印桥头夜月凉。

唐宋碑题文字古，苏黄翰墨藓苔苍。

最怜清净金仙地，返作豪门放牧场。

这是一首怀古诗。诗中表达了对佛教道场云居山，对历代文人名士佛印、苏东坡、黄庭坚的怀念深情，以及皈依大自然的心情。这首七律乃可公登云居第一天所作，寄寓了深深的感慨。洪断禅师正是细读了这首诗，复与可公捆谈之后，方下决心南来江西兴复云居山古寺的，可见此诗的感人力量。

无心杏

有实无心事最真，难将此语对傍人。

只须自己亲尝嚼，如信欧峰别样春。

这首诗作者以无心杏为题，参禅无心杏的玄机，感叹"只须自己亲尝嚼，如信欧峰别样春"的道理。

讲经台

老僧曾此说楞伽，朝暮诸天雨宝花。

莫道即今消息继，登临依旧搭袈裟。

《讲经台》这首诗中，作者以讲经台为题，参禅讲经台的玄机，感叹参禅悟道的道路，表达对袈裟"圣贤"的向往之情。

石鼓

悬空架地力难移，怪石为匡藓作皮。

无孔铁槌敲便响，传留直下不须疑。

这首诗以石鼓为题，描写了石鼓的特征，表达了对佛教参禅的向往之情。

第三章

红色英杰

甘棠暴动，宁死不屈

——革命烈士曾文甫

曾文甫，字宪斌，1887年出生于永修大路边曾村。1922年受堂弟曾去非进步思想的影响，参加含英小学"青年学习补习班"学习，受到新文化、新思想的熏陶。1925年初，加入中国社会主义青年团。继后与曾修甫等在曾村办起了平民夜校。2月底，永修县第一个农民协会——曾村农民协会成立，曾文甫任委员长。4月，永修县农民协会筹备委员会成立，曾文甫任副会长。县农协拥有会员1200余名，是全省最早的县农协之一。7月，曾文甫加入中国共产党，是永修第一个党组织"中共永修小组"的九名成员之一。

曾文甫

1925年9月，根据中共南昌支部指示，曾文甫与淦克鹤由中共永修小组选派，赴广州参加第五期农民运动讲习所。12月结业，回永修从事农运工作。

1926年9月，北伐军进军江西，曾文甫与王环心根据中共永修支部决定，冲破北洋军阀的封锁，前往高安迎接北伐军，与北伐军第六军取得联系，向政治部主任林伯渠汇报了永修的情况，并将第六军的侦察参谋等人带往罗神殿，侦察敌情，勘探进军路线。北伐军光复永修后，党支部将全县以艾城为中心，划成东、南、西、北四个工作片。曾文甫为西门片负责人，主要负责白槎、虬津等地工作。12月，任中共永修支部干事会农民干事。

1927年3月，县第一次农民代表大会召开，曾文甫当选为会长，兼任农民自卫军常备大队大队长。农代会以后，曾文甫等积极开展农运工作，使全县各地农协组织迅速建立和发展，先后建立区农协11个、乡农协64个，会员达4万余人，占当时全县总人口的四分之一，使农协一时成为农村中最普及最有权威的政治机构。7月，大革命失败，在白色恐怖中，永修第一个农会诞生地——曾村被洗劫，曾文甫等遭通缉。

1928年1月，根据县委城山会议的决定，曾文甫参加了县委领导的滩溪甘棠农民暴动。暴动后，以原农民自卫军为基础成立了"永修县游击大队"，成为县委领导下的工农武装，游击队下编两个中队，有枪150余支，曾文甫任大队长。曾文甫领导游击队在艰苦的环境中开展游击战争，粉碎了敌人的多次进剿。2月，曾文甫任县委组织部部长。由于曾文甫等领导的游击队有力地打击了敌人，成绩突出，受到江西省委的高度赞扬。曾文甫受省委委托，以江西代表团书记的身份，于5月底赴苏联莫斯科参加中国共产党第六次全国代表大会。会间，被选为大会主席团成员和大会组织委员会、农民土地委员会、军事委员会、青年委员会成员。

同年7月，曾文甫从苏联回来后，县委进行了改组。曾文甫任县委书记。改组后，县委根据省委指示精神，在滩溪甘棠将永修县游击大队整编为江西红军游击第八纵队，曾文甫任纵队长。整编后纵队发展迅速，枪达300余支。11月底，曾文甫赴湖口参加中共江西省第二次党员代表大会，会上当选为中共江西省审查委员会委员。会议结束后，曾文甫回到永修，此时永修县委及游击队被敌破坏，领导者有的牺牲，有的被捕，有的赴赣东北投奔方志敏。情况虽恶劣，但曾文甫毫不气馁。他遵照省二大精神，转移至南浔铁路新祺周车站附近的瑶槽村，利用边境地区国民党统治的薄弱环节，领导永兴、马口、立新、新祺周一带的党员，积极开展党的活动。

1929年2月25日，根据省委指示，曾文甫在瑶槽村组织召开了党员大会，选举产生了新的永修县委，曾文甫任书记。县委直属省委领导，下辖三个区委,共有党员 300 余人,属当时全省组织情况较好的县之一。县委的恢复,使永修地区的革命形势再次趋向高潮,永兴、永南、里港等地恢复了党的组织。同时,又恢复了武装斗争。

1930 年 5 月,国民党新建县保安团根据当地土豪的告密,派出一营保安兵到县委所在地搜捕,游击队负责人张爱水等不幸被捕。随后,敌人开始在新祺周一带进行大规模清乡,逐村封锁"搜剿",县委在瑶槽村无法立足,迁至永兴曾村。

1931 年初,曾文甫领导群众砸马口食盐公卖处,反抗敌人的经济封锁。曾文甫还对党内的叛党投敌分子进行了坚决的斗争,并予以有力的打击,先后两诛叛徒赵远渭、杨祚智。4 月,由于两诛叛徒,加之敌人的通缉,曾文甫无法在永兴一带存身,只得独自潜往吴城丁家山,以教私塾为名,隐蔽待机。

1935 年 1 月,曾文甫从吴城秘密回到涂家埠大路边曾村,组织成立了中共北岸支部,亲任书记,领导涂家埠工人、学生、商民展开了抵制日货和爱国捐献等抗日活动。不久,叛徒邹文祖等伪装省委特派员,谎称"红军到了云山,省委派我回县联系,组织群众配合红军斗争"。曾文甫因长期与省委失去联系,急切中未料有诈,同意召开党员会议传达省委指示。1 月 19 日晚,40 多名党员聚集在邓万友家开会。晚 9 时许,敌方 70 多名军人和警察包围了会场,枪声一响,正在讲话的曾文甫知是中计,立即一口将灯吹灭,一拳将邹文祖打倒,指挥大家突围。叛徒邹文祖及特务李某紧紧抱住曾文甫,三人扭成一团,其他同志趁机从后门冲出,敌仅抓住曾文甫和通讯员两人。

曾文甫在南昌军法处受尽酷刑,宁死不屈,于 1936 年 12 月 26 日牺牲于狱中。

游击斗争，视死如归

——革命烈士曾修甫

曾修甫，1896年出生于大路边曾村，1922年在堂弟曾去非的影响下，参加含英小学举办的"青年学习补习班"，接受新文化、新思想教育。1925年初，与曾去非，曾文甫等在曾村开展宣传工作，并举办了平民夜校。对农民群众进行识字教育与革命道理的宣传。2月，参与组建曾村农民协会，并任副会长。4月底，县农民协会筹备委员会成立，曾修甫任副会长。同年6月加入中国共产党。

永修县革命烈士纪念塔

1926年11月，北伐军光复永修，成立以共产党人为主体的永修县国民革命政府，曾修甫担任信用社主任。与曾文甫一起负责全县农运工作。1927年2月22日，江西省第一次农民代表大会在南昌召开，曾修甫等作为永修代表出席了会议。2月底，县第一次农民代表大会召开，曾修甫当选为农协常委、副会长。

大革命失败后，曾村被洗劫一空，曾修甫等遭通缉。

1928年1月，县委在滩溪甘棠领导了农民暴动。暴动后，以原农民自卫军为基础建立了"永修县游击大队"，正式建立了党领导下的武装力量，曾修甫任一中队指导员，在云山地区一带坚持游击斗争，参加了粉碎敌人"进剿"的战斗。

1928年7月，永修县委改组，曾修甫担任农民部长。同月，永修县游击大队根据省委指示，改编为"江西红军游击第八纵队"，曾修甫任一大队政委。年底，游击队在燕山小坑一带活动，被土豪劣绅发现，向国民党县政府告密，游击队遭到敌人袭击，经过三天激战，第八纵队终因寡不敌众，弹尽粮绝，队伍被敌人打散。游击斗争失败后，游击队领导人决定分头赴赣东北，参加方志敏领导的赣东北红军。曾修甫因妻子沈云霞（县妇女部长）被捕，回涂家埠探听消息，在立新北徐被敌人发现而被捕，后转解到南昌军法处。在狱中，曾修甫坚贞不屈，表现了共产党人视死如归的大无畏精神，1930年11月被敌人杀害。

反帝爱国，殉难抚州

——革命烈士曾去非

曾去非，字宗藩，1899年生于永修县涂家埠大路边曾村贫农家庭。父亲早亡，他从小在柘林山区杂货铺做学徒，后在好友王环心、张朝燮等人资助下，考入南昌省立第一师范学校。"五四"时期，他积极投身学生运动，参与组织"永修反帝爱国讲演团"。1922年毕业后，与王环心等人在故乡创办"含英小学"，担任校长兼教师。

曾去非

1924年春，他和王弼等人将原"永修县教育改造团"改组为"永修改造团"，正式提出"改造社会"的口号。

1924年底，曾去非加入社会主义青年团，1925年6月加入中国共产党。

1925年春，曾去非回本村开办了平民夜校，成立了永修县第一个农民协会——曾村农民协会。

1925年10月，县第一次农民代表大会召开，他当选为农协委员长。

北伐军进入江西，永修光复后，国共合作的国民党县党部公开活动，曾去非当选为县党部执行委员，并组织成立了县农民自卫军，担任指导员。

1927年5月底，曾去非调抚州地区，任临川县委书记。大革命失败后，国民党以一个军的兵力，驻守临川，轮番"清剿"。他化名"于先"和店员工人周寿南、殷礼及进步学生丁英等取得联系，建立了县委通讯联络机构，恢复了三个中心区的党组织，使一度遭破坏而处于低潮的工运、农运、学运又逐渐开展活动。

继之，省委派曾延生任赣东特委书记，曾去非任特委组织部长，仍兼临川县委书记。他按特委指示，指派陈导平和徐国珍前往崇仁，自己带领殷礼奔走进贤、临川边界地区以及东乡、金溪、资溪、南城等县，恢复各县党的组织。经过数月的艰苦努力，各县党组织逐渐恢复了活动。

"八一"起义部队在汕潮失利的消息传来，土豪劣绅弹冠相庆，有些同志产生了悲观情绪。曾去非坚如磐石，从容应变，积极寻找部队失散的同志，如临川的刘景宽、吴从众，崇仁的章应昌等人，并不避风险，上门慰问，鼓励他们振作精神，继续坚持斗争。

1928年阳历年前后，曾去非领导各地党组织，在一夜之间砍倒了临川通向各地的电线杆，同时将"打倒国民党反动派""革命胜利万岁"的标语在大街小巷张贴。天明时，群众踊跃围观，纷纷传说叶（挺）、贺（龙）领导的红军又回来了，地主豪绅无不惊恐万状。

不久，临川县委机关遭破坏，龙津区委和交通机关也遭袭击。曾去非将临川县委从城内迁往高坪附近，不久又转移到榆坊村，并召开了全县党的活动分子紧急会议，调整了县委机构，作出了开展武装斗争，反击敌人"清剿"的重要决定。

会后，曾去非迅速将决议上报省委，同时指派廖羽军前往龙津组织游击队。自己带徐国珍到崇仁县航埠的古塘村，指示当地党的负责人曾希宪、黄凤池等迅速组织农民暴动，和龙津区游击队遥相呼应。

1929年5月，曾去非带领缝纫工人杨福喜前往罗针、唱凯、进贤、东乡等地视察，路过六岭约两里的山地，突遇临川保安队傅培兰拦路搜查，当即从杨福喜的挎包里搜出党的机要文件，曾去非不幸被捕。敌人从曾的口中得不到任何材料，于同年9月在抚州曾家园杀害了曾去非。赴难途中，他双眼圆瞪，高呼口号，敌人将石头、布条塞进他的口中，他双脚跳起，大喊大叫，路人见状，无不垂泪。

献身航空，鞠躬尽瘁

——新中国航空先驱王弼

一、永修革命斗争

王弼，字更生，曾用名"贺铎夫"（俄文名字）。1899年8月生于永修县三角圩流岭王村农民家庭。其父曾考取秀才，王弼出生后，便在家开馆教自己兄弟的几个小孩念书，农忙时也下地干活，靠几亩薄田勉强维持一家的生活。兄弟五人，王弼排行第四。王弼从小聪慧好学。小学毕业后，虽然家境贫寒，但未能阻止他强烈的求知欲望。1909年至1913年，王弼在本村私塾就读，后随父兄种田，仍利用农活间隙，勤奋自学。他向父亲提出了继续读书的要求。叔叔伯伯和父亲由于受尽地主豪绅欺凌压榨，也希望王弼将来能"振兴家门，出人头地"。几房兄弟东拼西凑，父亲又卖去二亩薄地，勉强供王弼继续求学。1918年1月，王弼考入县立高级小学，同年9月入南昌省立第一师范读书。当时南浔线已通车，但王弼为了节省车费，经常挽起长衫，挑起书箱、行李，踏着泥泞的小道，步行上百里，去南昌求学。

王弼

在校期间，他和志同道合的方志敏、邵式平、张朝燮、王环心等人结成契友，经常在百花洲聚会，探索改造社会的途径。

1919年，五四运动爆发，"国家兴亡，匹夫有责"，他以极大的热情参加了南昌学生运动,参加了宣讲队,贴标语,散传单,游行示威……如火如荼的火热斗争,使王弼经受了第一次锻炼。同年7月,王弼利用暑假回县的机会,和永修县旅南昌读书的张朝燮、王环心等进步青年一起,组织了"永修反帝爱国讲演团",深入全县城乡开展反帝爱国宣传。

1921年,深受新文化思想影响的王弼同张朝燮、王环心、曾去非一起,在永修开展了一场以反帝反封建为目标的新文化运动。为了建立宣传阵地,王弼积极协同曾去非等人在涂家埠创办了含英小学,王弼任教员,接着又成立了"永修教育改造团"(后将"教育改造团"改组为"永修社会改造团"),以大无畏的革命气概,向旧制度宣战。

这时,张朝燮、王环心去武昌、上海读书。王弼和曾去非成为"改造团"的实际负责人。"改造团"成立以后,王弼深入到涂埠搬运工人、铁路工人、店员工人中进行革命的启蒙教育,开办工人夜校。但是,遭到资本家、把头的无理干涉;工人开始也怕参加学习耽误休息,认为学不学照样做工。在这种情况下,王弼一方面向资本家、把头作说理斗争,说明学习是工人应有的权利,任何人不得干涉;另一方面在工人群众中做深入细致的工作。他深入每家每户从了解生活入手,阐述工人受压迫受剥削的根源。经过一段较长时间的努力,第一所有20余人参加的工人夜校终于在1924年初创办起来了。

工人夜校设有文化识字课、马列主义学习课、时事课等。王弼结合工人阶级受压迫受剥削的社会实例以及全国工人运动的形势,讲解马列主义理论,讲解俄国十月革命的伟大意义和社会主义制度的优越性,使工人觉悟不断提高,工人夜校很快发展到80余人。与此同时,他们又开办了平民夜校。夜校里,工人自己出墙报,组织剧团演文明戏,采用各种形式宣传马列主义和革命道理。王弼在实际工作中把马列主义理论和工人运动实践紧密结合在一起,使马列主义的真理在永修工人中广为传播。

1922年9月,王弼毕业回永修,在含英小学任教。

1923年底,王弼和王环心、曾去非等七位同志成立了社会主义青年团永修支部，王弼担任支部委员。永修支部在江西党组织负责人赵醒侬同志领导下开展工作。在团组织的领导下，他深入涂家埠搬运工人、铁路工人、店员工人中进行革命的启蒙教育，开办了工人夜校。

1924年夏，团组织得到很大发展，涂埠工人夜校、含英小学、承德小学等处都建立了团小组，团员发展到50余人。是年夏秋，他率含英小学部分学生去广东投考黄埔军校，中途被阻，返回上海，在哈同路织袜厂做工，不久回永修继续任教。

1925年3月，孙中山先生逝世的消息传到永修后，王弼和曾去非在涂家埠召开"孙中山先生追悼大会"。他在会上发表演说，并组织几千群众示威游行。是年5月，上海发生五卅惨案。王弼和曾去非等组织群众举行罢工、罢课，声援上海同胞"反对讲演团""仇货检查组"深入城镇乡村、街头巷尾，开展抵制日货运动。涂家埠"万兴记"老板蔡锡候私藏日货，王弼带领检查组从土窑（即迷窑）里搜出120余匹日本洋布，并将其当众烧毁，给不法资本家以有力的打击。

1925年6月，王弼由赵醒侬、张朝燮介绍加入中国共产党，并由张朝燮、王弼、曾去非三位同志组成中共永修党小组。与此同时，永修县国共合作的国民党第一次代表大会在涂家埠召开，王弼当选为县党部执行委员。同年7月，国共合作的国民党江西省第一次全省代表大会在南昌召开。王弼当选为永修县代表出席了会议。10月，党组织为了培养骨干力量，学习马列主义理论和军事，王弼和王经燕等13名同志由中共江西党组织选送去苏联学习，奉省委指示，他们于10月24日从上海取道海参崴，跋涉万里去莫斯科中山大学学习，同行中还有向警予、王稼祥、沈泽民、李立三夫妇等。

二、献身航空事业

王弼在莫斯科中山大学与伍修权、傅钟等人为同届学友，他在学习中表现了异常的刻苦精神。在短短的两年时间内，不但认真学习了马列主义理论，还掌握了俄语的运用。

大革命失败后，第三国际决定部分留苏学员转学军事，王弼选学空军，于1929年9月入列宁格勒空军地勤学校学习航空机务，两年后毕业，分配在哈尔科夫苏联空军第二十纵队一大队二中队，历任少尉、上尉机械师和准校工程师。

1933年1月，王弼入列宁格勒空军地勤学校工程师训练班进修，同年6月毕业分配在伏罗希洛夫格勒空军飞行学校修理厂任副科长和少校总检验师。

苏联空军的最高学府是莫斯科茹科夫斯基空军学院，为了打下扎实的基础，以便将来筹建我党自己的空军，王弼和常乾坤于1933年9月考入了茹科夫斯基空军学校工程系，学习飞机发动机设计和制造，在这里度过了五年艰苦的学习生活，成为我党最早掌握航空技术的专业干部。

1938年8月，王弼同常乾坤奉调回国，任弼时为他们办理了回国手续，亲自送他们上火车。9月，王弼抵迪化，组织决定他们留在我党驻新疆办事处，担任新疆军阀盛世才在苏联协办的航空队教官，但由于盛世才不接纳未能如愿。王弼只好暂留办事处，为我党在新疆航空队学习的43位同志补授飞行课。中共派在新疆航空队学习的学员大部分都是经过二万五千里长征的红军战士，文化程度较低，特别是上课没讲义，仅凭苏联教官口授，翻译当场口译，有的连笔记也无法记全。王弼利用星期日为他们讲授飞行和发动机原理等课程，并亲自刻印讲义，编写教材，对他们的学习给予极大的帮助。1939年初，中共驻新疆办事处在新兵营开设了航空训练班，王弼担任训练班党支部书记兼航空理论教员，讲授航空发动机和发动机原理课程。因学员大都是刚参加革命的青年，为此，王弼编写和翻译了部分航空理论教材。他编译的《航空发动机原理》一书，后来成为东北航校主要教材之一。

1940年底，盛世才下令解散新兵营，王弼和常乾坤等人化装成国民党军官，辗转离开新疆回到延安。在延安，王弼受到毛泽东主席、朱德总司令接见。

1941年1月，党中央正式批准成立中央军委航空学校，对外称"第十八集团军工程学校"。王弼任校长，丁秋生任校政治委员，常乾坤任校教育长，王、常兼航空教员。他们在王家坪军委总部制定教学大纲和教学方案，王弼率刘风等人着手勘察飞机场和校址，最后决定校址设在陕西省安塞县城以西10千米候家门一所中学的旧址。学校接受了前方各部队选送来的一批年轻、身体好、文化程度较高的连排级干部近百人；抽调一批原来学过航空技术和文化程度较高的干部，如刘风、王琏、熊焰等组成高级班并兼任文化教员。开设了航空基本原理、航空机械知识、政治、文化、俄语等课程。因陋就简，制作了航空机械模型等教具。

是年秋，中央军委决定撤销延安工程学校，并入抗日军政大学三分校一大队的俄文队和工程队。王弼改任抗大三分校训练部工程科主任。12月，延安军事学院开学，王弼任工程系主任兼工程大队长。

1943年春，延安成立俄文学校，王弼任秘书长兼教员。11月，中央军委总部成立中央军委作战部空军组，王弼任组长。同年，王弼与杨光（1938年入党，新中国成立后曾先后任中央卫生部妇幼卫生普及处处长、妇幼局卫生处处长、妇幼局顾问等职）结婚，毛泽东同志写了"没有什么困难，可以阻碍人们前进的，只要奋斗，加以坚持，困难就赶跑了"的赠词，表示祝贺。

1944年春，中央决定在延安修建飞机场，调王弼兼任飞机场建筑工程处处长。他遵循毛主席"自己动手、自力更生"的指示，从勘测机场、筹集器材、直到正式施工，自始至终领导修建此一工程，经过艰苦努力，飞机场按中央要求如期完成，机场的质量受到驾机来延安的美国驾驶员的称赞。

1945年8月15日，日本无条件投降，抗日战争胜利结束。9月，中央命令王弼组建张家口航空站，王弼任站长。不久他率领魏坚等同志赴东北北满地区调查航空设施并收集航空器材。

1946年3月1日，东北民主联军航空学校成立，王弼任校政治委员。由于日寇投降时对航空设施进行了破坏，许多残留设备散失在民间，王弼带领同志们把失散的器材一件一件从群众手里找回来，将敌人破坏的设备进行加工整修，到1948年修理飞机残骸四五十架。为了解决飞机燃料问题，自己开办酒精厂，用大豆制成酒精代替汽油，让教练机飞上了蓝天。不久，国民党企图一举捣毁这所诞生不久的航空学校，派飞机空袭，炸毁飞机六七架。航校不得不北迁牡丹江，在这里终于试飞成功，培养出我军自己第一批飞行员。1949年3月，王弼调任中央军委航空局政治委员。

新中国成立后，王弼历任中国人民解放军空军副政委兼空军工程部部长、空军副司令员等职。

1952年为了填补我国航空工业的空白，国务院在重工业部设航空工业局，李富春兼局长，王弼任第一副局长兼总工程师。此后，航空工业局与其他工业部多次合并，王弼调任第二机械工业部、第三机械工业部第四局副局长兼总工程师，第三机械工业部顾问（部长级）等职，为建设我国的航空工业，亲自勘定厂址，编制规划，逐项审核工程，参与设计，并参加筹建航空高等院校等工作，为我国航空事业作出了积极的贡献。

三、心系航空，情怀家乡

1966年，王弼已患癌症在家休养。病中他仍然念念不忘我国航空工业的发展，"四人帮"倒行逆施，残酷打击和迫害老一辈无产阶级革命家，他义愤填膺，不顾林彪、"四人帮"的打击和迫害，拖着带病的身躯到航空工业工厂蹲点。当看到我国航空工业非但赶不上国外先进水平，就连正常生产也被扰乱了，由于产品质量低劣，飞行事故不断发生。他对此忧心如焚，四处搜集材料，自学德语，专攻航空尖端技术，学习国外航空工业高速发展的经验，准备给中央写"建议书"，提出要抓质量、抓尖端、抓航空工业建设，把我国航空工业搞上去。

当时，有人劝他："这种时候你还写什么建议书？"王弼同志毫不气馁地说："愈是这种时候，愈要我们挺起腰杆来斗，不这样，我们将来就只能被动挨打,永远落在人家后面。"他在病中终于写出了长长的"建议书"送给了党中央和毛主席。

王弼离开永修家乡几十年,他时刻关心家乡的建设,缅怀当年与他生死与共的战友。1963年他到江西临川时,还向当地群众打听战友曾去非的牺牲经过。他经常把永修大革命时期的革命活动讲给自己的小孩和一些烈士子弟听,希望他们能把革命先辈的战斗生活记录下来,教育后人。1959年、1963年他两次回到家乡探亲,直到病中他仍然念念不忘三角乡农业生产情况。他在给亲友的信中,多次谈到家乡的水利建设,鼓励家乡的干部群众一定要把家乡建设好,为实现农业现代化作出贡献。

1976年,"四人帮"被粉碎以后,王弼欣喜若狂,兴高采烈地说:"这下好了,国家有救了,我国的航空工业有救了。"他把国外有关航空工业的资料都翻了出来,准备摘录资料,进一步学习研究,建议提升歼击机建设。不幸的是,病魔夺去了他的生命。1977年8月31日,王弼同志因患癌症,在北京不幸逝世,终年78岁。

《人民日报》等刊物曾发表多篇文章,盛赞王弼是无产阶级革命家、中国人民解放军空军主要创建人之一、新中国航空事业先驱、航空技术专家、教育家,肯定他为发展我国人民空军和航空工业作出了卓著的贡献。

播撒火种，革命花开

——革命烈士王环心、淦克群

王环心（1901—1927），又名经棠，永修县九合乡淳湖王村人，上海大学毕业。永修县首任县委书记。1926年创建第一个共产党员掌权的县政府，创建河南辉县、景德镇等地党组织，在武汉参加党的"五大"。1923年参与编辑《民国日报·觉悟》及《文化月刊》等，与堂兄王秋心（1899—1986）一起出版新诗集《海上棠棣》等。他妻子淦克群、妻弟淦克鹤也在其影响下，成长为革命英雄。

王环心

一、王环心投身革命

五四运动狂飙骤起，寄宿南昌省立第二中学的王环心，捧读了李大钊等人宣传马克思主义的文章，满腔热情地投身省城学生运动，并在家乡参与组织"反帝爱国讲演团"，号召群众抵制日货。他的讲演通俗易懂，吸引了大批听众，每到一地，他还向群众教唱自己编写的爱国民歌：

东方岛国，日本矮子，心如毒蛇窝。

甲午以后，屡屡欺我，如同吃好果。

1921年，王环心和张朝燮等人在南昌成立"永修教育改造团"。同年，毕业后又在故乡创办"承德小学""云秀女校"。他担任校长兼教员，公开提出反对旧道德、旧礼教、旧八股，提倡新道德、新文化的革命主张。

1922年初，王环心和堂兄王秋心赴上海东南高等专科师范学校读书。"东南高师"校舍简陋，校风腐败。他们参加同学会组织，王环心并担任学生会委员。学生会通过合法斗争，驱逐了原校负责人王理堂、陈织云，在瞿秋白、邓中夏等共产党人领导下，改组成立"上海大学"。邓中夏任教务主任，瞿秋白、张太雷、蔡和森、沈雁冰、陈望道等人都先后在该校任教。王环心入社会科学系学习。

1923年，王环心加入中国社会主义青年团。

1924年4月，王环心由瞿秋白、恽代英介绍加入中国共产党。他和张闻天、沈泽民、蒋光赤及堂兄王秋心等发起组织了"马克思主义研究会"。这年寒假，王环心回永修发展曾去非、王弼等人加入团组织。

1925年元月成立中国社会主义青年团永修特别支部。1926年暑假王环心在上海大学毕业后，接受党的指派参加"北上军运十人团"（实际为11人，组长蒋光赤）离沪北上。

王环心、淦克群雕像

军运团抵北京，由李大钊接待，在苏联驻华大使馆参加20天学习训练后，王环心以国民军第二军第一骑兵旅（郑思成旅）俱乐部主任身份，赴河南卫辉县、河北邢台等地开展军运工作。1926年9月，爱人淦克群从赣来冀，协助他开展工作。

王环心在军队中，团结进步青年，创办"青年训练班"，培养骨干，同时还担任"宣传大队"大队长，带领宣传队活动于冀南的任县、南和、巨鹿、新河以及邢台等地并在邢台地区深入学校，发展了沈国华等人入党，帮助地方建立了中共党的基层组织。

1926年春，王环心回江西以省贫民教育促进会视察员身份赴景德镇视察。他以平民夜校为阵地，宣传马列主义思想，启发工人的革命觉悟，很快赢得了工人群众的信任和爱戴，夜校学生从50多名激增到数百名。不久，他秘密发展工人吕林松、余金德、陈斌等人加入共产党，领导成立了国共合作的国民党景德镇党部。

1926年4月，中共江西地委成立，王环心任委员。

1926年5月1日，景德镇全市1000多名工人举行了声势浩大的示威游行，王环心亲自起草印发了《五一国际劳动节告工人同胞书》。5月中旬，王环心奉调回永修县。王环心回到故乡，主持召开了全县党员大会。1926年7月中旬，在涂家埠组织了1600名工人、农民、学生、居民参加的示威游行。

1926年9月下旬，北伐军挺进江西，王环心、曾文甫去高安县会见了第六军政治部主任林伯渠。11月5日，北伐军光复永修。11月7日，在"纪念俄国十月革命胜利九周年"大会上，林伯渠任命王环心为永修县县长。

1926年12月，中共江西地委晋升为江西区委，王环心任区委委员。同月中共九江特支升为地委，王环心任地委委员。正当工农运动蓬勃兴起趋向高潮时刻，以陈独秀为代表的右倾投降主义错误继续发展。他们指责江西的共产党员"猎官、猎高位""腐败、堕落"，下令王环心辞去永修县县长职务，声言"如过期不理立即登报公开开除党籍"。在投降路线的压制下，王环心被迫辞去县长职务。

王环心虽受到错误处置，但毫不气馁，乘北伐胜利的有利时机，领导永修人民开展革命斗争。1927年6月，中共永修县委在艾城城隍庙成立，王环心任县委书记。

王的家乡淳湖王家，是全县有名的封建堡垒。他的大伯父王济兼，横行乡里，民愤很大，因惧怕农民清算，捎口信给王环心，希望他从中维持。王环心毫不含糊地说："我们是敌对的阶级关系，不是叔侄关系。"坚决发动农民把王济兼拉出去戴高帽子，并把他儿子王经薔捉拿归案。王环心父亲气得大骂："祖宗没积德，家出不孝子。"

王环心的表弟皮述印伪装积极，冒充左派，和王经薔暗中炮制"反共宣言"，在南昌、永修广为散发，向省政府诬告共产党在永修"无恶不作"。王环心坚决主张判处皮死刑。皮的母亲（即王环心的姑母）找他求情，王环心丝毫不为所动，维持了原判。

1927年6月，军阀朱培德"礼送共产党人出境"。王环心在党组织安排下，去武汉隐蔽。"七一五"蒋汪合流，大革命失败。

11月上旬，王环心化名"吴毓芳"从武汉返回永修，在淳湖王家祠堂秘密召开县委扩大会议，传达上级党组织关于发动德安、永修、星子、修水、景德镇等地农民暴动的计划。这天，王经薔窜回家中，发现王环心的长衫晾在后院，立即密报国民党十二师驻军，并亲自引路，连夜包围王村。拂晓破门搜捕，王环心机警地藏在床顶天花板上，敌人逮捕了淦克群，但王经薔贼心不死，中途又带领敌军返回搜查，终于发现床顶天花板露出衣服一角，王环心不幸被捕。

王环心夫妇当即被押送九江，转解南昌。王经薔伙同AB团分子吴廷桂、蔡文林、徐禹吾等人组成"控诉团"，捏造罪名，敌人每次开庭审讯，王经薔都出庭作证。王环心在法庭上大义凛然，痛骂国民党反动派的腐败，把唾沫吐到王经薔等人的脸上说："无奈时间太短，否则一定要把你们消灭得一干二净。"

1927年12月27日，王环心和他的战友袁孟冰、杨超、谢率真，在南昌德胜门外下沙窝慷慨就义。临刑前，26岁的共产党人王环心留给人间最后的话是："中国共产党万岁！""我们共产党人的精神是永垂不朽的！"

二、革命作家王环心

王环心，既是一个伟大的革命战士，又是一位卓越的诗人、革命作家。

1924年4月，王环心在上海大学学习期间加入了中国共产党，同时，还兼任上海大学附属中学语文、历史教员，上海《民国日报》副刊、新文化书社、中国文学季刊社等刊物的编辑。王环心酷爱文学，才华出众。他曾和蒋光赤、沈泽民等人组织"春雷文学社"，在上海新文化书社先后发表出版了《浪漫的结婚》《静女》《赤壁夜会》《有所思》等数十篇文学作品。他和堂兄王秋心合作的《海上棠棣》诗歌戏曲集，收入诗歌80多首，戏曲6篇，被誉为"雄浑、秀美、具大家之风范及文艺之真精神"的佳作。这些作品，对当时的读者产生了积极的感召作用。

《海上棠棣》

王环心在文学上，表现出特有的天赋，堪称一代难得的才子。诗中运用象征的手法，表现出对时代的呐喊，呼喊革命运动的到来。

这一时期，王环心除了与瞿秋白、恽代英、张闻天、沈泽民、蒋光赤等交往以外，还与许多新文学运动的进步青年同学如丁玲、施蛰存、戴望舒、孔另境等关系甚好。他们这些同学都是上海大学有名的诗人。后来同窗丁玲、施蛰存深深怀念王环心兄弟。施蛰存在《丁玲的"傲气"》文章中，他提到瞿秋白、王环心等人，他写道：

> 《新文学史料》今年1986年第二期登载了一篇《丁玲谈早年生活二三事》，是一篇录音整理记录。在这篇谈话中，丁玲谈到1923—1924年间在上海大学时的一些情况。其中有一段说："同学有戴望舒、施蛰存、孔另境、王秋心、王环心等，这些同学对我们很好，我们则有些傲气。"这寥寥三句话，确是记录了丁玲在上海大学时的姿态。她不说，我也早就感觉到，不过，在六十年之后，她还自己这样说，可知她的"傲气"，即使在当时，也是自觉的。现在我要给这一段话做一个笺释，为丁玲传记作者或文学史家提供一点资料，也为爱谈文坛轶事者供应谈助。不过，先要交代一下这里所提到的五个同学。戴望舒和我，因为在1928年以后和丁玲还有来往，可以说是丁玲比较熟悉的，孔另境是茅盾的妻弟，我和望舒都是由另境带路而开始到茅盾家里去走动，但我不记得当时丁玲曾去过茅盾家里。王秋心、王环心是兄弟二人，江西人。他们在上海大学，比我们高一班，他们是二年级，我们和丁玲都是一年级。王氏兄弟都作新诗，我们认识他们时，他们已印出了一本诗集《棠棣之花》，所以他们是上海大学有名的诗人。但他们和丁玲的来往，我们都不知道。他们离上海大学后，就去参加革命，听说在南昌起义后牺牲了。

王环心留下的诗作，如《爱国民歌》《雪晨》《雪花》（儿歌）《狱中诗》等至今仍然闪耀着光芒。《狱中诗》这首诗，是作者的绝笔之作。诗中以"世事本如云，我愿桃花逐流水"表达了自己的志向，"我生自有用，且将头颅击长天"表达浩然之气。

三、淦克群投身革命

淦克群（1905—1931），王环心之妻，号客卿，1905年出生于永修县廖坊淦村贫农家庭。在丈夫王环心的影响帮助下，早年投身革命，1924年加入中国社会主义青年团，1925年经赵醒侬、萧国华介绍，于南昌女子职业学校读书时加入中国共产党。1925年，随王环心北上河南卫辉、河北邢台等地从事军运和宣传工作，任青年训练班政治指导员。

淦克群

1926年初，淦克群回赣任省妇女协会委员、主任干事兼中共永修县委委员。在南昌组织成立了织袜女工会、拣茶工会，她兼任织袜、拣茶女工支部书记，活动于南昌、永修地区。同志们称赞她和弟弟淦克鹤是"一对革命的姐弟"。

1927年11月，她协助王环心组织农民暴动，夫妻同时被捕，押送南昌。审讯中，她坚贞不屈，被判8年徒刑，投入南昌监狱。

狱中，她联络同志，建立狱中党小组，团结难友展开斗争。不久，她利用保外分娩机会，与上海地下党组织建立了通讯联系。她曾写下"我有一片心，无人共与说，狱中生涯黑魆魆，思念乡国只有向明月"等诗句，表达了革命者坚定的信仰和崇高的情操。诗词由地下党传递，登载于我党主办的《上海工人》报刊。

1930年8月1日，红一军团攻入南昌北郊牛行车站，隔江鸣枪举行"八一"示威。狱中党组织获悉这一消息后，积极组织暴动。她当即写信给爱人的堂兄王秋心："秋兄，努力吧！时代是不会辜负我们革命者的苦志的，我们终有一天会在赤霞满天的祖国大地上相见。"

当天夜晚，狱中共产党人和革命青年听见远处传来的枪声，不顾狱警的威吓，点起红烛，放声高歌，翩翩起舞，庆祝光明即将来临。

在牺牲前夕，她从容地对难友们说："同志们，我们今晚就要死了，这是光荣的死，胜利的死，做了伟大时代的牺牲者，为了祖国的革命事业而死，我们是值得的！"她镇定地将3岁女孩交给狱卒，从容赴难。

当天夜晚，没有枪声，没有血痕，淦克群和同狱的100多名同志，被反动派用电触死。敌人为了毁尸灭迹，又用麻袋装裹尸体，深夜运往德胜门外，抛入赣江。

四、无愧于"革命的姐弟"

淦克鹤（1907—1930），系淦克群烈士胞弟。

1921年，淦克鹤入"含英小学"读书，受到了新民主主义思想教育。

1924年1月，淦克鹤加入社会主义青年团。1924年12月，和胡祖胜等人组织了"江西青年学会永修分会"，发动青年学生反对腐化教育，鼓励、协助青年学生到外地求学。分会会员发展到百余人。

淦克鹤

1925年初，淦克鹤回家乡廖坊淦村组织成立了"廖坊农民协会"，他当选为农协委员长。6月，淦克鹤加入中国共产党。6月底，国共合作的国民党永修第一次代表大会在涂家埠召开，他当选为县党部执行委员和青年部长。

1925年9月，淦克鹤和曾文甫赴广州第五期农民运动讲习所学习。12月8日，从农讲所结业，他同曾文甫秘密回赣。淦克鹤留南昌，从事农民运动。

在中共江西执行委员会领导下，淦克鹤经常深入南昌、新建近郊和铁路沿线，在"团结起来，组织农民协会""减租减息""平均地权"等口号下，组织起各级农民协会，领导农协组织为北伐军侦察敌情，送饭带路，运输粮草辎重，破坏敌军的交通运输。

1926年11月19日，在方志敏、淦克鹤主持下成立了"江西省农民协会筹备处",方志敏任委员长,淦克鹤任筹备委员。

在省农协工作期间,淦克鹤经常以省农协特派员身份,到永修、星子、德安、湖口等地开展农运活动。他为人勇敢、刚毅、豪爽、豁达,同志们称他是"急先锋",土豪劣绅们既恨他,又怕他,背地里称他是"活李逵""猛张飞"。

在方志敏、淦克鹤等同志努力下,短时期内全省农民协会由原来6个县发展到54个县,农协会员由5万余人发展到30余万人。

1927年初,AB团头目段锡朋派出爪牙打进省农协筹备处,企图篡夺领导权。方志敏、淦克鹤、汪辰等当即决定,尽快召开全省农民代表大会,巩固党对全省农民运动的领导权,并秘密通知各县选派代表出席全省农代会。国民党右派获悉后,派出走狗,借同学、同乡、亲戚朋友的名义,请代表上馆子、看戏、馈赠礼品"联络感情",甚至出5块大洋买一张选票。针对敌人的卑劣手段,淦克鹤等分别到代表中进行深入的思想教育,揭穿敌人的丑恶面目。他还撰写了《右派收买农友的内幕》一文,刊登在《江西农民》"反右专号"上,给AB团以有力的回击。

1927年2月20日,省第一次农民代表大会在南昌召开,方志敏、淦克鹤等共产党员和国民党左派人士13人当选为省农协执行委员,淦克鹤还当选为常务委员。

1927年4月,淦克鹤从南昌、新建、永修三县挑选青年农民120余人,由南昌市公安局局长朱德供给100多条枪,正式成立省农民自卫军大队(暂编一个中队)。他任省农民自卫军部部长兼大队长。大队部设状元桥天花宫。

省农协自卫军大队在淦克鹤的领导下,很快训练成一支坚强而富有战斗力的队伍。方志敏满意地说:"这真正是我们自己的武装。省农协成立了自卫军大队,给各县农协作出了榜样,这确是一件大好事啊!"

"四一二"蒋介石叛变革命,永修县发生"四一五"惨案,张朝燮遇害消息传来,方志敏当即命令淦克鹤率领农民自卫军大队去永修清剿。吴廷桂、彭立生等匪首吓得闻风逃窜。自卫军打开他们的粮仓，挖开地窖，将财物分给贫苦农民。

1927年7月底，被礼送出境的淦克鹤，秘密返南昌，参加了八一南昌起义。

淦克鹤返回永修同曾文甫、李德耀等将原县农民自卫军改编为"永修云山游击队"，淦克鹤任游击大队总指挥，率领游击队主力第二大队，活跃在云山周围和永修、新建、安义、靖安山区。

1928年，游击队捣毁了滩溪区公署，处决了大土豪蔡鹏九。不久，又伏击熊式辉向他家乡安义县运送武器弹药的车队。9月，淦克鹤率领11名游击队员，在杨家岭铁路工人配合下，潜入杨家岭转兵站击毙敌军7名，烧毁了兵站。游击队还化装长途奔袭靖安县仁守街，烧毁了敌区公署和食盐公卖处。

1928年底，游击队在燕山小坑帅村被敌军重兵包围，在激战中，队伍被冲散，淦克鹤与邹敬国、曾修甫等冲出包围圈，决定分头投奔方志敏的赣东北红军。

1929年初，淦克鹤找到邵式平，参加了赣东北红十军。历任指导员、团长、师党代表等职，后在一次战役中牺牲（亦说在"兵变"中牺牲），年仅23岁。

新中国成立后，省长邵式平到永修，看望和慰问了烈士的母亲，向烈士致以深切的哀悼。

碧血丹心，浩气长存

——革命烈士张朝燮、王经燕

张朝燮，字淡林（澹林），1902年生于永修县艾城街。

1919年，五四运动风暴席卷全国，5月7日，在江西省立第二中学读书的张朝燮，代表二中学生参加南昌市中等以上学校学生代表会。会议决定发起全市总罢工、罢课、罢市、游行示威等活动。他负责省农校学生的组织工作。5月12日拂晓，张朝燮化装成买菜的伙夫，冲破校方阻挠，率领农校学生队伍开进了皇殿侧会场，参与了震撼全省的示威活动。7月，张朝燮与同在南昌读书的王环心、王弼、曾去非等，利用回家度假的机会，组织县立小学部分学生成立"反帝爱国讲演团"，奔走城镇乡村，宣传"热心救国""抵制日货"。涂埠有家商行偷卖日货，张率讲演团打上门去，扯下招牌，砸烂柜台。老板吓得面如土色，连连打躬作揖……

1921年，张和王环心、王弼、曾去非、王秋心等在南昌江南会馆成立"永修教育改造团"。同年，张毕业回永修，与改造团成员创办了"含英小学"和"云秀女校"，自任教员，进行新文化的传播。

新学派兴学办教，遭到了以他父亲张文渊为首的旧学派的激烈反对（张文渊任县教育会会长），大骂改造团是"大逆不道"，新文化"不成体统"，白话文是"胡说八道"，男女同校更是"乌烟瘴气、伤风败俗"。并

张朝燮

以督学名义施加压力,以扣发工资、收回校舍相威胁。张文渊斥责儿子"不忠不孝""败坏门庭",限他立即退出改造团,否则就赶他出门。张朝燮据理反驳,毫不让步,坚持与旧学派作斗争。

1921年秋,张朝燮考入国立武昌师范大学国文史地部(后转入历史社会学系)。1922年加入江西改造社,在武昌负责发行江西改造社的机关刊物《新江西》。在学校他结识了李汉俊教授,在李的指导下,系统地研读了许多马克思列宁主义著作,参加了武汉地区的学运活动,1923年加入了中国社会主义青年团,1924年加入中国共产党。

1925年6月初,张朝燮从武昌师大提前毕业,回江西担任中共江西支部组织委员,并同赵醒侬一道介绍王弼、曾去非入党。由他同王、曾组成中共永修党小组,张朝燮任组长。7月,国民党江西省第一次代表大会召开,张朝燮当选为国共合作的省党部执行委员兼工人部长,对外的公开身份是省立二中西洋史教员兼匡庐中学初级国文教员,并在我党开办的黎明中学兼任教员。

此时,正值五卅运动发生不久,他协助赵醒侬组织声援上海工人的正义斗争,成立援助"五卅"惨案组织,举行示威游行,开展募捐活动。同时在各地建立了一批工会组织。1925年夏秋期间,张朝燮协助赵醒侬选送一批党、团员和进步青年入广州农讲所第五期、黄埔军校第四期和莫斯科中山大学学习。12月17日,赵醒侬、刘承休、陈灼华三人被军阀以"过激派"罪名逮捕,张朝燮积极组织营救。正当他召集"民校"(即省党部)骨干开会研究营救时,消息被泄,他机警地甩脱两名侦探的追踪,幸免于难。南昌风声日紧,张朝燮暂离省城,返回永修着手整顿"永修改造团"。

1926年1月,召开"改造团"大会。不久,赵醒侬等人被营救出狱,张朝燮又回省城,从事国民党江西省党部的工作。3月,在黎明中学召开了国民党江西省第二次代表大会,张朝燮留任省执委兼任工人部长。

1926年7月,军阀邓如琢下令逮捕中共江西地方负责人赵醒侬。张朝燮与赵醒侬同在一处,侥幸脱险,又被迫离开南昌,返回永修在国民党县党部指导工作。在永修前后三个月的时间里，他步行两千余里，考察永修全境农村情况，开展农民运动。9月16日，赵醒侬被害，他慨然发出"剩好头颅酬死友，凭真面目见群魔"的誓言。

1926年11月8日，北伐军攻克南昌，张朝燮回省城任国民党省党部工人部长。他抓住有利时机，发动工人群众，建立工会组织。当月，南昌市总工会筹备处和省工会筹备处相继成立。1927年1月1日，市总工会正式成立。此时，全市行业工会已有73个，会员4万余人。九江、赣州、景德镇许多地方的工人，先后进行了各种形式的斗争。张朝燮和担任省党部农民部长的方志敏，成为江西工农运动的主要负责人。

1927年元旦，国民党江西省第三次代表大会召开，国民党右派篡夺了省党部领导权，张朝燮被解除工人部长的职务后，愤怒地表示："这班右倾投机分子，太平时就跑来的革命先生，如此行时，革命前途真是多么黑暗啊！经过这一次北伐胜利后的国民党政治上的表现，我始终真实知道北伐虽然胜利了，然距国民革命胜利之日尚远，国民革命的希望更是远之又远。"

1927年初，经中共江西区委批准，张朝燮回县担任中共永修支部宣传委员和国民党永修县党部组织部部长，同中共永修支部书记王环心领导了全县的工农运动。

1927年4月中旬，永修潜逃在外的匪首彭立生被抓获。右派县长芦翰故意拖延审判，与彭匪老婆暗通消息，串通柘林大豪绅吴廷桂，纠集40余名匪徒，于4月14日深夜扑向县城——艾城。芦翰里应外合，放出关押的彭立生，众匪又包围县党部驻地城隍庙。15日凌晨，哨兵发现敌人偷袭，此时，庙内除王环心、张朝燮几名负责人外，只有八名农民自卫军，八条快枪，形势十分危急。为了突围求援，张朝燮奋不顾身冲出，被土匪发现，乱枪齐发，不幸中弹，牺牲在艾城西北角城隍庙小山旁，年仅25岁。

中国共产党江西区执行委员会和中国共产主义青年团江西区执行委员

会，在《红灯》杂志发表《悼我们死难的同志——赵醒侬、陈赞贤、曹炳元、胡遂章、张朝燮》一文，以悼念烈士并声讨反动派。

王经燕，字翼心，又名玉如，小名若娃、荷心。1902年出生在永修县淳湖王村。自幼与张朝燮青梅竹马，订下婚约。1919年结婚后，在丈夫和堂兄王环心的影响帮助下，剪发放足，进"云秀女校"读书。

1923年，王经燕考入南昌省立第一女子中学高中师范部。她积极参加各种革命活动，组织了进步团体"女青年社"，参加江西青年学会。1924年加入了中国社会主义青年团，1925年初，加入中国共产党。1925年秋，江西地方党组织选送王经燕等13人（其中永修4人）赴莫斯科中山大学学习。这时，她已有3个孩子，最小的还未满周岁，在张朝燮的支持鼓励下，她毅然服从组织决定，于10月24日从上海乘苏联货轮出发。张朝燮为送别战友和伴侣，作《念奴娇——送别》以壮行色。

与王经燕同船到苏联去的有：向警予、李立三夫妇、沈泽民、张琴秋、王稼祥等人。11月2日抵海参崴时，因水土不服，她卧病在床。病榻上，她给张朝燮写信倾吐自己怀念亲人的眷恋之情。张朝燮接信后，当即回信，与她共同探讨正确处理个人、家庭与解放被压迫民众之间的关系，相互慰勉。

王经燕在中山大学发奋苦读，短短两年期间，学完了俄语、社会发展史等十几门课程。其中尤以俄语成绩突出，她不仅能用俄语对话，并能翻译俄文书刊，被誉为"高才生"。

1927年秋，正当王经燕整装待归时，传来了张朝燮牺牲的噩耗。王经燕悲痛欲绝，却坚定地向组织表示：共产党员就应有"见危受命"的精神！坚决要求回国投入战斗。组织上考虑到回国人员的安全，让她（他）

们绕道蒙古，从西北边陲入境，一路上历尽艰辛，跋涉数月，于11月回到江西。

她回永修协助堂兄、县委书记王环心开展农民武装暴动的准备工作。暴动的前夕，王环心夫妇被捕，不久遇害。面对又一次沉重的打击，王经燕慨然发出"欲志伤心惟努力"的铿锵誓言，接任了永修县委书记。她同县委委员李德耀、淦克鹤等同志建立了南乡根据地，恢复了党团组织，作出了开展武装斗争的决定。

1928年2月，王经燕调中共江西省委机关，先任秘书，后任组织部代理部长。她化名贺若霞，以家庭教师身份为掩护，从事营救和安置战友的工作。1928年5月，省委机关遭破坏，王经燕不幸被捕。

王经燕手书

敌人弄清了她的身份，妄想从她身上打开缺口。法庭上，王经燕大义凛然，将法庭当讲台，口若悬河，滔滔不绝，用尖锐辛辣的嘲骂，鲜明有力的论证，把昏庸的法官骂得张口结舌。在审讯室内，任凭敌人毒刑拷打、残酷折磨，铁骨铮铮的巾帼女杰王经燕如巍然屹立的高峰矗立在敌人的面前。敌人派其胞兄王经蕾到狱中劝降，遭她唾面痛斥。

一个夜晚，王经燕高唱着《国际歌》走向刑场。敌人用铁块塞住她的嘴，被她挣扎着吐了出来。敌人用刺刀割掉她的鼻子、舌头，又猛戳她反绑着的双臂和下体，在敌人灭绝人性的残害下，王经燕昏死过去了。

忠魂垂千古，肝胆照人寰。当她再次苏醒过来时，敌人的枪口已对准了她的胸前。面对死亡，年轻的女共产党员王经燕视死如归，英勇地献出了自己年轻的生命。

王经燕殉难后，我党在《列宁青年》等刊物上发表了哀悼纪念文章。

后记

永修县政协高度重视文史工作，要求文史委把"永修文化丛书"工作抓实抓紧。就我县古今的名景、名人、名诗、民俗非遗、永修历史等方面开展创作，多次召开会议，讨论编写体例等事项。

本书为丛书之一，以"正面撰述，以史为据。说清家世，突出功绩。禁用传说，少取旁材"为原则，对永修历史人物的生平事迹进行介绍。历史人物的地域范围，包括永修、新建吴城（1954年划属永修县）等地域。同时，又不完全以永修籍贯为限。三国太史慈，晋朝许逊，南朝沈约、庾肩吾，唐朝李白、白居易，北宋苏轼、黄庭坚、秦观，南宋朱熹、文天祥，元朝虞集、范梈、揭傒斯，明代解缙、真可，共16位，因与永修历史的关联较大，被收入本书。外籍历史人物着重写与永修历史有关的生平事迹，其在他处的事迹则略写。

经过搜集整理、筛选，确定79位与永修县有关联的历史名人，其中古代60位，近现代19位，时间跨度两千余年。按人物的出生年月先后排序。针对这些历史人物，有的是突出事迹，有的是写交往活动，有的是写重要作品介绍，有的是写对社会产生的影响。本书一般按照"传"的形式撰写。本书以能概括出该历史人物主要特点（包括人物自己的诗文）的两句话作为文章的标题。

本书主要参考的书目有明万历，清康熙、道光、同治版《建昌县志》，光绪版《建昌县乡土志》，1987年、2004年版《永修县志》，2011年版《修河志（永修卷）》，2016年版《文化永修》，2019年版《永修读本》，其他资料来自各类档案资料，编排时一般未注明出处。

本书编写过程中，得到许多有关部门领导、专家、学者的支持、关心和帮助。中共永修县委书记秦岭，中共永修县委副书记、县人民政府县长朱超，在百忙之中关心本书编纂进度，多次做出指示，张义红主席就搞好"永修文化丛书"提出了许多指导性、建设性意见，多次听取有关编纂情况汇报，提出具体要求，亲自审阅修改有关资料，并为本书作序。张百玲副主席前期具体分管这项工作，吴学宝副主席负责后期工作，要求务必抓紧落实。卢小扬同志参加了第一次会议，罗勇来同志无私地将多年来挖掘出来的大量研究资料奉献出来，徐婵同志为本书的编辑付出了较多心血。责任编辑李鉴和同志为书稿付出了辛勤劳动，在此一并表示感谢！

由于水平有限，书中有许多不足之处，错误在所难免，特别是还有部分著名人物未收录，有挂一漏万的现象，敬请读者和专家们批评指正。此外，由于沟通渠道有限，本书从其他书籍中引用了部分关于永修县历史人物的资料和图片，却未能与原作者取得联系，如有冒昧，请来信来函与编者联系。

2023年10月31日